대학생의 눈으로 읽는

신화와 문화의 힘

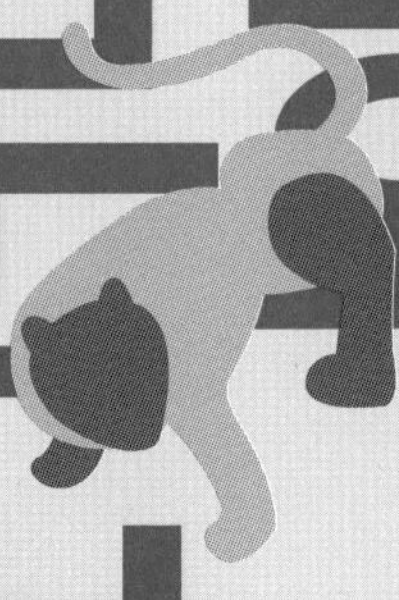

홍순희 지음

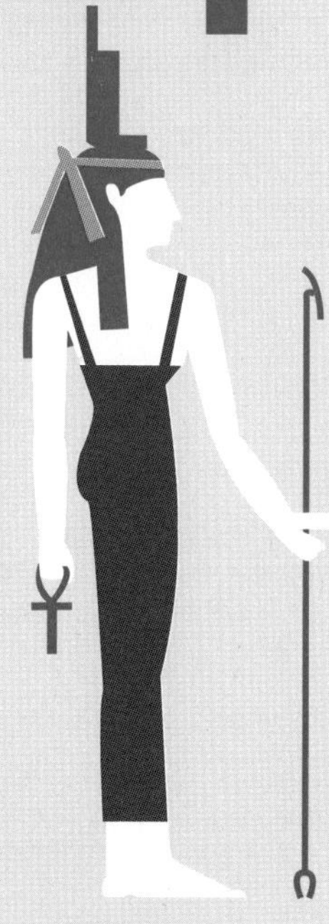

빛을여는책방

대학생의 눈으로 읽는

신화와 문화의 힘

초판1쇄 발행 | 2016년 3월 15일
초판2쇄 발행 | 2016년 4월 15일
초판3쇄 발행 | 2017년 1월 25일
초판4쇄 발행 | 2019년 2월 15일

지은이 | 홍순희
펴낸이 | 신일희
펴낸곳 | 계명대학교출판부
등 록 | 제347-1998-1호(1970. 9. 1)
주 소 | 704-701 대구 달서구 달구벌대로 1095
전 화 | 053-580-6233 **팩 스** | 053-580-6235

ISBN 978-89-7585-741-6 93900

값 14,000원

이 도서의 국립중앙도서관 출판예정도서목록(CIP)은 서지정보유통지원시스템 홈페이지(http://seoji.nl.go.kr)와 국가자료공동목록시스템(http://www.nl.go.kr/kolisnet)에서 이용하실 수 있습니다.(CIP제어번호: CIP2016006264)

대학생의 눈으로 읽는

신화와 문화의 힘

홍순희 지음

빛을여는책방

머리말

21세기에는 신화와 문화가 공존한다. 천칭저울의 두 접시 위에서 신화와 문화가 균형을 이루고 있는 것처럼 보인다. 천칭저울의 무게 중심을 잡는 것은 21세기의 문턱에서 이전 세기가 건네주는 바통을 전해 받은 우리들이다. 그리고 우리들이 지금도 생생하게 기억하는 것은 새 밀레니엄의 시작과 거의 동시에 울린 9 · 11 사이렌이다. 고막이 터지고 심장이 찢기고 실제로 온몸이 갈기갈기 찢긴 끔찍한 폭발음이다. 잊으래야 잊을 수도 없고 잊고 싶어도 절대로 잊어서는 안 되는 경고음이다.

9 · 11 테러는 인간이 발을 딛고 있는 지각의 심연을 강타한 사건이다. 그 사건으로 지반이 심하게 흔들리고 지층이 순식간에 내려앉았다. 수천 명의 사람들을 한순간에 꿀꺽 집어삼키고는 입을 굳게 다문 그런 끔찍한 사건이다. 결국 9 · 11로 인해 급격하게 지각변동이 일어났고 그렇게 해서 새 밀레니엄으로의 진입과 패러다임의 전환이 이루어진 셈이다. 그렇다면 20세기에서 21세기로의 시간 이동이 왜 9 · 11이라는 경고를 필연적으로 동반하는가? 20세기가 깔아 놓은 레드 카펫을 21세기가 그대로 밟으면 절대로 안 되는 이유는 무엇인가? 그것에 대한 고민과 해법의 결과물이 『대학생의 눈으로 읽는 신화와 문화의 힘』을 탄생시켰다.

『대학생의 눈으로 읽는 신화와 문화의 힘』은 대학생을 위해 만들어졌다. '신화와 문화의 힘'에 대한 생각을 구심점으로 삼아 책의 구성과 내용을 구상

했다. 각 나라 내지 문명별 신화와 문화의 공간적인 배경을 확인하기 위해 지도를 적극적으로 사용하였고 해당 국가의 신화와 문화를 일차적으로 이해하기 위해 대표적인 문학작품 또는 경전을 부분적으로 발췌하였다. 또한 각국 창조 신화와 영웅 신화를 스토리텔링 방식으로 재구성했고 인간 정신 활동의 흔적과 발자취인 문화의 단면들을 모아 보았다.

『대학생의 눈으로 읽는 신화와 문화의 힘』 제1부에서는 문화의 중층적 구조와 신화의 베일, 그리고 인간의 천로역정이 다루어진다. 문화의 중층적 구조에서는 문화가 가지고 있는, 문화가 인간으로부터 부여받은 우월한 힘 내지 우월한 것으로서의 문화가 부각된다. 신화의 베일에서는 시대와 사회적 요구에 따라 신화가 이런저런 베일을 쓸 수밖에 없었지만 결국에는 베일을 벗은 신화 본래의 모습이 발견된다. 그리고 인간의 천로역정에서는 각 시대별 신화와 문화에 대한 인간들의 관점이 어떠했는지, 인간이 어떤 방식으로 신화와 문화에 절대 권력을 부여했는지가 밝혀진다.

『대학생의 눈으로 읽는 신화와 문화의 힘』 제2부에서는 수메르와 히브리 · 그리스 · 켈트 · 게르만 · 이집트 · 인도 · 중국 · 일본 · 한국의 신화와 문화가 구체적으로 다루어진다. 세계 4대 문명의 발상지인 수메르(히브리)-이집트-인도-중국을 벨트화해서 고대의 신화와 문화를 수평적으로 다루기도 하고, 수메르-그리스-켈트-게르만을 연결해서 고대에서 중세로 이어지는 유럽 신화와 문화의 수직적인 흐름과 양상을 살펴보기도 한다. 근대와 탈근대를 이야기하면서 서쪽에서 동쪽으로의 중심추 이동을 염두에 두고 수메르-히브리-중국-일본-한국을 거점 지역으로 삼아 근동과 유럽과 아시아를 연결해 보기도 한다.

『대학생의 눈으로 읽는 신화와 문화의 힘』 제3부에서는 각 나라 내지 문명의 창조 신화가 가지고 있는 보편성과 특수성에 관해 다루고, 창조 신화 또는 영웅 신화 속 영웅과 여왕을 '위대한 인간'으로 등장시키는 텍스트들을 소개하며, 세계문화사적인 맥락에서 문명과 문명의 만남을 주선한다. 세계 각국은 한편으로 독자적이고 고유한 창조 신화를 가지고 있으면서 다른 한편으로 세계 보편적인 신화적 사건과 가치를 공유한다. 신화 속에 등장하는 영웅과 여신은 죽음과 전쟁, 사랑, 고향, 금기와 욕망, 죄와 벌 등의 문제에 직면했을 때 쉽게 좌절하거나 포기하는 보통 인간보다 용감하게, 때로는 무모하게 맞선다. 문명과 문명은 순차적인 이행이나 밀어냄의 방식으로도 만나고, 이원적인 대립축 또는 상생적인 공존의 형식으로도 만나는데, 그것은 세계문화사 내지 문명사적인 흐름의 일반적인 양상이다.

『대학생의 눈으로 읽는 신화와 문화의 힘』에서는 10개의 신화와 문화가 '신화와 문화의 힘'이라는 맥락에서 한정된 내용으로 다루어졌기 때문에 세계의 신화와 문화를 포괄적으로 이해하고 전문적으로 파악하는 데는 한계가 있다. 뿐만 아니라 10개의 신화와 문화조차 전체적으로, 하나부터 열까지 다 다룬 것이 아니기 때문에 누락된 부분이 상당히 많이 있다. 이번에는 '신화와 문화의 힘'이라는 보자기에 이런저런 조각들을 담았다. 그 다음에는 또 다른 보자기에 또 다른 파편들을 담을 것이다. 그렇게 작업을 지속적으로 하다 보면 언젠가 각 보자기 속의 파편들을 조각 퍼즐로 삼아 신화와 문화라는 전체 그림을 완성할 수 있을 것이다. 그때를 위해 교실 안에서는 학생들과 더불어 '신화와 문화'를 이야기하고, 교실 밖에서는 '신화와 문화' 관련 전공자와 관계자들의 이야기에 열심히 귀를 기울이며, 교실의 안팎에서는 21세기 '신화와 문화의 힘'을 증명해 줄 여러 가지 현상들을 예의주시할 것이다.

『대학생의 눈으로 읽는 신화와 문화의 힘』은 사람을 대하고, 사물을 관찰하고, 세계를 바라보는 방법을 하나하나 가르쳐 주신 선생님의 가르침을 기억하고 실천하면서 쓴 책이다. 이 책이 세상에 나올 수 있도록 산파 역할을 해 주신 나의 선생님께 감사드린다. 이 책의 최초 독자이자 가장 든든한 조력자인 나의 후배이자 제자 문효정에게 진심으로 고마운 마음을 전한다. 그리고 『대학생의 눈으로 읽는 신화와 문화의 힘』 이 제 모습을 갖추도록 물심양면으로 지원을 아끼지 않은 계명대학교 출판부, 그리고 출판부 최상근 선생님께도 특별히 감사드린다.

목차

제1부

신화와 문화라는 '도구'를 가지고 우리는 소위 말하는 대립적인 이원성을 잘 설명할 수 있다. 신화와 문화는 각각 힘을 가지고 있다. 두 힘은 때로는 아무런 상관없이, 때로는 상호적으로, 또 어떤 때는 서로 배타적으로 작용한다. 미토스mythos는 원래 '신이나 왕족, 또는 영웅이 말하다.'를 의미하는 미테오마이mytheomai에서 만들어 진 명사이다. 로고스는 그리스 시대 '여자나 노예가 말하다.'라고 할 때의 동사 레게인legein에서 파생되었다. 따라서 본래 미토스는 신비롭고 고매하고 웅장한 이야기이고 로고스는 노골적이고 비루하고 조잡한 이야기이다.

하지만 소크라테스B.C. 470-B.C. 399의 제자 플라톤B.C. 427-B.C. 347에 이르러 미토스와 로고스의 의미와 위상은 뒤집힌다. 인간의 정신적인 작용으로 가늠할 수 있고 인간의 정신적인 능력이 산출해 내는 이야기가 로고스의 옷을 입게 되고 인간의 이성 밖에 있는 이야기가 미토스로 둔갑한다. 말하자면 로고스가 인간의 이성적인 정신 활동에 관여하는 것을 대표하고 미토스가 로고스에 대립하는 것으로 자리매김한다. 이때부터 문화와 신화가 대립적인 구도 속에 놓이게 되고 천칭저울은 로고스 쪽으로 기울어지기 시작한다.

근대와 더불어 로고스와 미토스의 대립 관계는 더욱더 첨예화된다. 계몽이 탈신화화에 초점을 맞추고 근대의 주체중심주의가 로고스와 미토스를 선험적으로 구분하기 때문이다. 뿐만 아니라 근대의 질서가 양자 간의 우열을 자의적으로 결정하고 우월한 것인 로고스가 열등한 것인 미토스를 지배하는 수직적 위계질서를 조장한다. 이에 편승하여 문화가 '우월한' 힘을 획득하게 되고 문화의 힘이 극대화된다. 그리고 문화를 앞세워 상대적으로 열등한 것을 집어삼키고 잠식시키는 일이 근대에 비일비재하게 일어난다.

우리는 지금 근대와 탈근대가 공존하는 시대에 살고 있다. 공존의 시대는 말 그대로 양자택일의 시대가 아니라 둘 다, 그리고 둘이 함께 있는 시대이다. 근대와 탈근대가 공존하기 위해서는 우선 이성적인 인간이 자발적으로 근대의 폭력성에 재갈을 물려야 한다. 그리고 근대에 의해 억압받았던 것이 본래의 힘을 회복해야 한다. 그것이 가능한 시대가 바로 공존의 시대이다. 공존의 시대에는 근대와 탈근대 중 어느 하나가 다른 하나를 극복하거나 둘 중 어느 하나만을 절대화하는 것이 더 이상 용납되지 않는다. 그것은 로고스와 미토스, 즉 문화와 신화의 관계에서도 마찬가지이다.

물론 공존의 시대에도 특별히 조심해야 할 것은 분명히 있다. 오랫동안 부당하게 억압받아 온 것이 원래의 힘을 회복하기 시작하면 회복의 탄력성 때문에 회복의 허용범위를 벗어나는 경우가 있기 마련이다. 그렇기 때문에 공존의 시대를 살아가는 인간은 오히려 그전보다 더 맑은 정신으로 깨어있어야 한다. 열등하다는 이유로 근대가 억압한 것들의 가치가 근대와 탈근대가 공존하는 시대에 평가절상 되어야 하는 것은 분명하지만 그렇다고 해서 힘의 역전 현상이 일어나서는 안 된다. 어떠한 명분도, 어떠한 이유도, 어떠한 구실도 정당화될 수 없다. 왜냐하면 역전 현상에 의해 확보된 힘의 폭력성은 그 전의 힘이 가지고 있던 폭력성보다 훨씬 더 폭력적일 수 있기 때문이다.

근대에서 탈근대로의 패러다임 전환은 지금도 진행 중이다. 진행 중인 작업이 언제 끝날지, 어떻게 마무리될지는 아무도 모른다. 어쩌면 영원히 '진행 중'일 수도 있다. 그것은 '지금 여기'에 있는 우리들에게 달려있다. 근대의 사고 틀에 갇힌 대립적이고 경쟁적인 두 개의 가치가 그 틀이 와해되기 시작하면 한편으로는 상생과 공존의 방향으로 나아갈 수 있고, 다른 한편으로는 더 극단적인 상극과 파괴의 방향으로 나아갈 수도 있다. 그리고 21세기 지구촌에서는 실제로 양극화 현상이 가시화되고 있다. 세계화 시대의 문화다양성과 다문화주의에 대한 담론이 전자를 지향하는 것이라면 문명의 충돌과 신화의 역사화 내지 역사의 신화화 현상은 후자를 극단적으로 보여주는 예에 해당한다.

신화와 문화의 힘은 결국 인간의, 인간에 의한, 인간을 위한 힘이다. 본래 가치중립적인 신화와 문화에 힘을 싣는 것도 인간이고, 힘을 빼앗는 것도 인간이다. 한쪽에서 뺏은 힘을 다른 한쪽으로 몰아주는 것도 인간이고, 그 힘을 마구 휘두르는 것도 인간이다. 인간이 인간의 이익을 위해 신화를 마음대로 재단하고 문화를 그러한 목적 달성을 위한 수단으로 전락시키면, 인류의 보고인 신화와 인간의 위대한 업적인 문화는 순식간에 인간을 집어삼키는 괴물로 둔갑해 버린다. 이미 세계 곳곳에서 그러한 괴물이 속속 출몰하고 있다.

이제 우리는 신화와 문화의 본래성을 회복해야 한다. 이를 위해 신화가 시작된 시점과 공간으로의 여행이 필요하고 문화가 생겨나기 시작한 시기와 장소로의 이동이 필요하다. 그때 그곳으로 돌아가 그때 살았던 사람들과 이런저런 이야기를 나누어 볼 필요도 있다. 그래서 우리는 함께 기꺼이 타임머신에 몸을 싣는다. 맨 먼저 티그리스 강과 유프라테스 '강 사이'에 있는 수메르를 목적지로 설정하고 출발 단추를 누른다. 수메르를 둘러보다 보면 히브리 지역, 히브리 신화와 문화에 자연스럽게 발길과 눈길이 닿는다. 메소포타미아 문명과 비슷한 시기에 생긴 이집트와 인도, 그리고 중국 황하 문명을 두루 섭렵하면서 고대의 신과 영웅, 그리고 인간 군상을 만난다.

이렇게 청동기 문화를 기반으로 하는 세계 문명의 발상지를 중심으로 세계 횡단 여행을 한 후, 그 다음 행선지인 그리스와 로마에서 그 시대를 대표하는 신화와 문화 이야기를 그 시대의 신들과 거인들, 영웅들과 인간들의 입을 통해 들어본다. 그리스 신화와 문화를 만나면서 그리스 현자들이 이룩해 놓은 인류의 정신적 유산도 한번 들추어 보고 전성기 로마 제국의 찬란함이 우리 눈앞에 펼쳐지는 순간도 맛본다. 그리고 그 찬란함을 그대로 옮겨 놓은 비잔틴 제국으로 소풍 계획도 세워본다.

이러다 보면 우리를 태운 타임머신은 자연스럽게 켈트족과 게르만 민족이 활동하고 활약했던 유럽의 중세로 진입한다. 고대 근동과 그리스 문명의 만남과 충돌, 그리고 공존이 낳은 헬레니즘과 그리스 문명이 로마로 이어지면서 로마 제국에서 예수의 탄생을 계기로 재차 결집되는 헤브라이즘, 이 두 문명이 소위 말해서 유럽 문명의 양대 기둥을 이룬다. 그리고 이 두 문명이 이후 유럽의 모든 사조와 경향을 주도한다.

유럽의 중세를 이야기할 때 켈트족과 게르만족의 신화와 문화를 빠뜨릴 수 없다. 두 민족의 이동으로 중세 유럽의 지형적인 판도와 힘의 판세가 어느 정도 굳어졌다고 해도 과언이 아니다. 이 두 민족이 어디로부터 와서 어디로 이동하고 어디를 침입하느냐에 따라, 그리고 이들이 어느 민족에게 지배를 받고 흡수되느냐에 따라 중세 유럽 지도의 윤곽이 잡히고, 그 윤곽이 이후 세계 지도의 모양을 상당 부분 결정하기 때문이다.

중세로부터 벗어나면서 우리는 타임머신에서 내린다. 그리고 근대를 직접 탐험한다. 근대의 시작을 르네상스부터 보기도 하고 산업혁명을 본격적인 근대의 시작으로 보기도 한다. 신 중심의 세계에서 인간 중심의 세계로 패러다임의 전환이 이루어졌기 때문에 르네상스를 근대의 시작으로 보는 것은 타당하다. 또한 계몽주의 이후 발견되어 계발되기 시작한 인간 이성의 본격적인 활약에 힘입어 산업혁명이 일어났다고 본다면, 산업혁명을 근대의 시작으로 보는 것 역시 정당하다. 어쨌든 근대가 시작되면서 신화와 문화의 힘이 그 이전과는 확실히 다른 방식으로 작용한다는 것을 우리는 체험한다.

이제 근대와 탈근대가 공존하는 시대로 진입한 우리는 신화와 문화의 힘이 어떻게 각각, 그리고 함께 작용하는지를 정확하게 읽을 수 있어야 한다. 그 과정에서 중국의 신화와 문화가 거론되고 한국과 일본의 신화와 문화가 동원된다. 또한 미래를 예측하고 미리 앞당겨 경험하기 위해 우리는 신화와 문화의 힘을 적극적으로 활용할 수 있어야 하는데, 그것은 지금 당장 '내'가 해야 할 일이다. 우리가 신화와 문화에 대해 배우고 알아야 하는 이유도 바로 여기에 있다.

시공간적인 거리감과 내용의 허구성, 맥락의 불일치 때문에 신화는 자칫하면 무용지물이 되기 십상이다. 반면에 문화는 필요 이상의 강력한 힘을 보유하고 있기 때문에 21세기의 만능키로서 둔갑할 가능성이 있다. 이러한 바이어스적인 관점이 신화와 문화가 각각, 그리고 함께 가지고 있는 힘의 균형을 깨고 양자 간의 상극적인 대립을 조장한다. 우리 역시 그러한 관점에 사로잡혀 나와 너, 그리고 나와 세계와의 관계를 임의적으로, 자의적으로 맺으면서 이 시대를 살아간다.

신화를 인간의 이성이라는 잣대로 판단하거나 재단해서는 안 된다. 신화의 세계를 있는 그대로 들여다보면 인간의 제한적인 가능성이 신의 무한한 가능성 속에서 마음껏 유희한다는 것을 알 수 있다. 구멍이 나 있는 장독에 물을 채우려면 그 장독을 안고 강물에 풍덩 빠지면 된다. 전자가 인간의 제한적인 존재 조건이라면 후자는 그 제한성의 경계를 무한히 확장해 주는 신화 속 신의 영역이다.

문화를 인간의 이성으로 갈고 닦은 날이 시퍼렇게 선 칼이라고 생각하면 안 된다. 문화가 가지고 있는 순기능을 극대화하여 문화 융성을 꾀할 필요는 있지만 문화의 칼날을 다른 문화와 다른 가치를 향해 무차별적으로 휘둘러서는 안 된다. 그 칼날은 언젠가 칼자루를 쥔 자의 손을 베기 마련이다.

결국 신화와 문화의 힘은 신화와 문화가 공존할 수 있는 21세기에 신화와 문화를 '제대로' 이해하고 신화와 문화의 힘을 '제대로' 사용할 줄 아는 인간을 무게 중심으로 삼아 신화는 문화를, 문화는 신화를 '있는 그대로' 인정하고 서로의 가치를 '본래대로' 존중할 줄 아는 능력이다. 신화와 문화, 그리고 그 힘을 필요로 하는 인간이 신화와 문화를 통해 그 힘을 배우고 길러 그 힘을 제대로 사용함으로써 신화와 문화를 인간 삶의 이정표 내지는 내비게이션으로 삼아야 한다. 그것이 가능한 이유는 우리가 21세기라는 공존의 시대에 살고 있고 우리 각자가 그것을 할 수 있는 '위대한' 인간이기 때문이다.

제1장

문화의 얼굴 _문화의 중층적 구조

문화란 무엇인가? 이 질문에 대한 답을 한마디로 하는 것은 불가능하다. 일차적으로 문화는 자연과 대립 쌍을 이루는 개념이다. 인간이 자연에 손을 대기 시작하면서 인간의 문화적인 활동이 시작된다. 어원적으로 볼 때 문화는 '가꾸다', '기르다', '양육하다', '교양화하다' 등의 의미를 가진다. 그렇기 때문에 도구를 사용해서 땅을 '가꾸는' 농사도 일종의 문화적인 활동이 된다. '기르다'와 '양육하다' 역시 그 대상이 다르지만 문화화하는 과정은 비슷하다. 가축을 '기르다'와 인간을 '양육하다'라고 했을 때 그 가축과 인간은 더 이상 자연에 속하지 않고 문화의 대상이 된다. 태어나고 자라고 죽는 것은 자연스러운 현상이다. 하지만 생로병사의 과정에 문화가 개입하면 부자연스러운 것들이 많이 생긴다.

'교양화하다'라고 할 때, 이 말은 가장 문화적인 것이 되면서 동시에 가장 부자연스러운 것이 된다. '교양화하다'는 교양적이지 못한 것을 교양있게 만드는 것을 의미한다. 그래서 교양적이지 못한 것, 즉 미개한 것이 교양적인 것에 의해 대상화되고, 교양적인 것보다 열등한 것으로 규정된다. 심지어 '교양' 내지 '문화'를 무기로 삼아 미개한 것을 점유하거나 포섭해도 그것이 정당화된다. 교양화된 '우월한' 문화가 문화를 대표하는 얼굴인 양 행세를 한다. 인위적으로 가꾸고 다듬은 얼굴을 시도 때도 없이 붉으락푸르락하면서 한편으로는 자연을 주눅들게하고 다른 한편으로는 신화의 탈신화화를 주도하는데, 이것은 문화의 힘이 자연이나 신화가 가지고 있는 힘보다 우월하다고 규정하는 자의성 때문에 가능하다.

하지만 문화는 분명 또 다른 얼굴을 가지고 있다. 문화적 활동이라고 할 때, 그것은 통상 인간의 전반적인 정신 활동을 아우른다. 그렇기 때문에 신문에 문화란이 따로 마련되어 있다. 말하자면 신문의 문화란을 통해 문화의 또 다른 얼굴을 볼 수 있는데, 이때 문화는 인간의 순수한 정신 활동으로써 얼굴색을 칠한다. 하지만 정신적인 활동의 범위에 들어가는 육체적인 활동, 경제적인 요소가 가미된 문화적인 활동, 정치적인 색채를 띠는 문화적인 행위, 사회적인 요구를 반영하는 문화적인 행사 등으로 얼굴 각 부위의 특징을 부각시킬 수 있기 때문에 이때 발휘되는 문화의 힘에 대해서도 예의주시할 필요가 있다.

문화는 한 민족의 전통과 관습, 생활양식 등을 한데 버무려 또 하나의 얼굴을 상징적으로 만들어 낸다. 그렇기 때문에 상징체계로서의 문화 속에는 정치 · 경제 · 사회 · 문화 · 예술 · 스포츠 · 교육 · 종교 · 법 · 언어 등, 국가체계를 이루고 있는 한 민족에게 필요한 모든 요소들이 포괄적으로 들어있다. 지구촌의 모든 민족은 이런 의미에서 어느 민족도 예외 없이 고유한 문화를 가지고 있다. 그리고 그 문화가 그 민족의 얼굴을 대표한다. 얼굴 색깔이 문제되지 않고 생김새 자체가 어떤 기준이 되지 않는다. 코가 높다고 문화 수준이 반드시 높은 것도 아니다. 더군다나 상징체계로서의 문화는 수준별로 나눌 수도 없고 우열을 가릴 수도 없다. 우월한 것으로서의 문화가 가지고 있던 힘의 기준이 이 층위의 문화에서는 적용될 수가 없다. 생활양식 내지 상징체계로서의 문화는 그 어느 누구도 간섭할 수 없고, 그 어느 세력도 개입할 수 없으며, 그 무엇으로도 훼손시킬 수 없는 고유한 것이다.

세계화 시대에 다문화주의와 문화다양성에 대한 논의가 활발하게 이루어지는 것도 바로 이 때문이다. 우리는 이미 세계화 시대에 살고 있다. 지구촌 사회에서는 각 국가 간의 경계가 불분명해지거나 허물어지고 민족 간 이동도 자연스러워진다. 더 이상 민족주의를 내세워 자국의 문화만을 고집할 수도 없고 문화와 문화를 비교함으로써 한쪽을 다른 한쪽에 흡수·통합시킬 수도 없다. 자국 문화의 방출과 타문화의 유입, 그리고 문화 간의 섞임 현상은 불가피하다. 그래서 인종과 민족, 그리고 언어를 중심으로 하는 다문화주의 담론과 다문화주의를 포함하면서 각종 다양한 문화 현상과 특수 집단이 공유하는 문화를 허용하고 용인하는 문화다양성은 21세기 문화의 새로운 얼굴을 만들어 낸다. 이때 문화는 더 이상 어떤 목적 달성을 위한 수단이 아닌 도구 자체로서의 힘을 갖는다. 지금은 모든 세계 시민에게 통용되는 문화지형도가 필요하다. 문화는 문화지형도를 그리는 도구이고, 문화지형도의 밑그림이며, 문화지형도의 퍼즐조각이다. 또한 문화는 그 퍼즐조각을 맞추어 문화지형도를 완성시키는 과정에서 꼭 필요한 내비게이션이다. 이렇게 문화가 도구 자체로서의 역할에 충실하면 문화의 힘은 균형을 이루게 되고 세계화가 낳은 여러 가지 역기능에 대해서도 일종의 저항력으로 작용하게 된다.

제2장 신화의 베일

신화란 무엇인가? 이 질문에 대한 답 역시 '문화란 무엇인가?'라는 질문과 마찬가지로 대답하기가 만만찮다. 신화는 일차적으로 신들의, 신들에 의한, 신들을 위한 이야기이다. 그렇다면 신화에서 말하는 신들이란 누구이며 어떤 존재들인가? 신화에 나오는 신들의 모습은 실로 다양하다. 유일하면서 절대적인 신이 등장하는가 하면 신의 숫자가 십 수 명이 되기도 하고 수천 명에 이르기도 한다. 신의 존재가 불멸과 영원 내지 무한을 상징하기도 하고, 신이면서도 죽음을 운명으로 맞이하기도 하며, 오히려 신이기 때문에 죽임을 당하는 경우도 있다. 신의 권위와 관련해서는 인간이 감히 신의 영역을 넘보지 못할 정도로 절대적인 권력을 가진 신도 있고, 인간과 교통하고 교류하면서 신의 권위를 스스로 인간에게 넘겨주는 신도 있으며, 어떤 신은 인간으로부터 권력을 빌리거나 훔쳐서 신의 권위를 유지하기도 한다. 그렇기 때문에 신화 속에서 신의 이야기는 무궁무진하고 신이 쓰는 베일도 각양각색이다. 신들의 이야기가 어떤 때는 황당무계하고, 또 다른 때는 어처구니가 없다. 뿐만 아니라 신들이 때로는 극악무도하고 때로는 비겁하며, 어떤 때는 인간보다 훨씬 더 못할 때도 있다.

하지만 신들에 대한 이러한 평가는 신화에 대한 본질적인 평가도 아니고 신에 대한 제대로 된 평가도 아니다. 미토스를 로고스의 잣대로 재단하는 행위이고 신화 속의 신들을 로고스가 규정한 신 개념으로 이해하는 방식이다. 그런데 로고스라는 것이 미토스를 마음대로 재단하거나 각색할 만큼 그렇게 보편적인 기준이 아니다. 본래 미토스가 신들의 이야기로서 고귀한 것이었는데, 인간의 정신적인 활동 범위 내에서 논리적으로 이해되지 않는다는 이유로 터무니없는 것으로 치부되어 버린다. 반면에 노비와 여자의 비루한 이야기를 의미하는 로고스가 인간의 정신 활동과 연계됨으로써 오히려 고귀한 이야기로 둔갑한다. 그리고 로고스가 탈신화화를 외치면서 신화 속 신들에게 로고스가 만든 베일을 덮어씌운다. 그 결과 신들이 로고스의 가면에 가려 본래의 모습을 은폐하게 되는 것이다.

신화 속에 나오는 거인들도 다양한 모습의 군상을 이룬다. 어떤 거인들은 신들의 편에 서서 신들을 위해 존재하기도 하고 어떤 거인들은 신을 거역하거나 신에게 대적하기 위해서 태어난다. 또 어떤 거인은 인간에게 신성을 부여하기 위해 존재하기도 하고 인간의 인성마저 파멸하기 위해 등장하기도 한다. 보통 거인은 무한하고 결점이 없는 신들과 유한하고 결함투성이인 인간 사이에 존재한다. 그 사이에서 거인은 시소타기를 즐긴다. 어떤 때는 신의 편에 서서 신들의 능력을 극대화하기도 하고 또 어떤 때는 인간 편에 서서 인간의 능력을 신의 능력에 버금가게 만들기도 한다. 반대로 어떤 때는 신성을 위협하기도 하고 또 어떤 때는 인간을 철저하게 외면하기도 한다. 거인은 거의 신의 경지에 이를 수 있지만 온전히 신에 속하지 않는다. 거인은 인간에게 성큼 다가서지만 완전히 인간의 편에 서는 법이 없다. 거인은 신과 인간 사이에서 신이 인간을, 인간이 신을 향하도록 중재한다. 이렇게 볼 때 거인이 존재하지 않는다면 신과 인간 사이에 거리가 좁혀지기는커녕 관계 자체가 성립될 수 없다. 이런 맥락에서 거인의 베일은 이중적이다. 때로는 신의 모습으로 나타나기도 하고 때로는 인간의 모습으로 나타나기도 하는데, 어느 것이 진정한 거인의 베일인지 결정하는 것은 거인의 몫이 아니다.

신과 거인의 베일을 벗기는 것은 결국 인간의 몫이다. 신화가 신들과 거인족의 이야기이지만 그 속에 인간의 이야기가 빠지면 신화는 신화로서 온전한 이야기가 되지 못한다. 신화 속에 등장하는 인간 역시 일종의 베일을 쓰는데, 인간 중의 인간인 영웅이 주로 신화 속에서 베일을 쓰고 등장한다. 신과 거인을 흉내 내는 영웅은, 말하자면 인간 중에서도 위대한 인간이다. 물론 영웅이라고 해서 태어날 때부터 위대한 것은 아니다. 처음에는 영웅도 평범한 가정에서 보통의 인물로 태어나는데, 이 사실 자체가 영웅 구조에 있어서 중요하다. 모든 인간에게 영웅이 될 수 있는 잠재력이 있다. 보통의 인물이 성장하다가 어느 시점에 이르면 비범한 영웅으로 거듭날 사건과 맞닥뜨리게 된다. 이때 위대한 인간은 영웅의 길을 선택한다. 그리고 그때까지 평범했던 일상을 청산하고 가족과 이별을 하면서 영웅의 길을 걷는다. 그 과정에서 수많은 난간에 부딪치기도 하고, 극도로 위험한 지경에 이르기도 하며, 다시 일어설 수 없을 정도로 좌절하기도 한다. 하지만 영웅은 귀인의 도움을 받고 위기를 모면한다. 마침내 영웅은 영웅으로서의 임무를 완수하고 고향으로 돌아가게 되는데, 이때 영웅이 수행한 임무가 반드시 성공적일 필요는 없다. 뿐만 아니라 영웅이 임무를 마치고 고향에 돌아왔을 때 영웅의 업적에 대해 모든 사람들이 환호할 필요도 없다. 이것이 소위 말하는 영웅 구조에 충실한 영웅의 행적이다.

영웅에게는 신적 존재로 상승할 수 있는 가능성도 열려 있고 보통 인간으로 하강할 수 있는 길도 펼쳐져 있다. 하지만 영웅은 결코 신이 될 수도 없고 위대한 인간이기를 포기할 수도 없다. 영웅이 가지고 있는 신성과 인간의 위대함은 보통의 인간을 영웅으로 만드는 데 상호 윈-윈 작용함으로써 그 효력을 극대화한다. 하지만 영웅이 신이 되려고 하거나 영웅이 영웅이기를 포기하려고 할 때에는 신성과 인간의 위대함이 그 지분을 결코 포기하지 않는다. 오히려 그 신성을 내세워 평범한 인간이 될 수 없음을 주장하고 인간성을 강조함으로써 신이 될 수 없음을 주지시킨다. 이것이 영웅의 존재 조건이다. 위대한 인간인 영웅은 감히 허락되지 않는 신의 영역을 넘본다. 넘볼 수 없는 신의 영역을 인간이 침해하는 것을 일컬어 오만이라고 한다. 신이 직접 인간을 만들었기 때문에 신은 인간에게 모든 것을 허락한다. 하지만 신이 허락하지 않은 것을 인간이 감행할 경우, 신은 어김없이 그리고 가차 없이 인간을 벌한다. 그렇게 신은 인간을 길들이고 단련시킨다. 그렇다면 영웅의 베일은 평범한 인간의 본연을 은폐하는 도구가 된다. 영웅도 분명 인간이다. 인간이 영웅의 베일을 착용한다고 해서 그 사실 자체를 바꿀 수는 없다. 이런 맥락에서 영웅의 베일을 벗는 순간 인간은 신 앞에서 더 겸허해 질 수 있고 더욱더 본질적이 될 수 있다.

인간뿐만 아니라 신화 속에 나오는 모든 미물들도 각각 나름의 베일에 가려져 있다. 그리고 그 베일이 미물 상호 간에, 미물과 인간 사이에, 미물과 신의 관계에 변수로 작용한다. 뿐만 아니라 미물들도 수시로 베일을 썼다 벗었다 한다. 신화 속에 나오는 어떤 미물들은 미물로서 인간의 발아래 놓이기도 하고 또 어떤 미물들은 그 속에 신성 자체를 포함하기도 한다. 미물과 미물이 말을 하고, 미물과 인간이 소통하며, 미물과 신들이 교통하기도 한다. 그렇기 때문에 신화의 세계에서는 신과 거인과 인간과 미물이 서로 '거리 두기'를 하지 않는다. 늘 함께 '참여'하여 한데 어울린다. 신과 거인과 인간과 미물 사이에 수직적인 위계도 필요 없고 먹고 먹히는 먹이 사슬의 구조도 소용없다.

이러한 것이 바로 신화의 힘이다. 신화의 세계에서는 신도, 거인도, 인간도, 미물도, 언제든지, 마음대로, 수시로 베일을 썼다가 벗는다. 무도회나 카니발에서 가면을 쓰는 것은 신분을 숨기거나 실체를 은폐 내지 은닉하기 위함이다. 하지만 신화의 세계에서 베일을 쓰고 벗는 행위는 본질적으로 그것과 다르다. 베일을 쓰기 때문에 본래의 모습이 가려지기는 하지만 그렇다고 해서 그것이 변질된 목적을 달성하기 위한 의도적인 술책은 아니다. 신화의 세계에서 베일은 '참여하기' 놀이에서 서로가 서로에게 더 쉽고 편하게 다가가기 위한 장치이다. 그리고 그 놀이의 재미를 더하기 위한 방편이다. 신화의 세계에 속해 있는 것들은 선험적으로 구분되지 않고, 상호배타적으로 영역을 나누지 않으며, 대립적으로 거리 두기를 하지 않기 때문에 신화의 세계가 얼핏 무질서하고 방종하고 무방비상태인 것처럼 보인다. 하지만 신화의 세계에는 신화의 법칙을 따르는 신화의 질서가 나름대로 일관성 있게 유지된다. 그렇기 때문에 우리는 공존하고, 공생하고, 공유하는 법을 신화의 세계에서 배울 수 있고 신화를 통해 그 힘을 키울 수 있다.

제3장
인간의 천로역정

원시 시대 인간

원시인들은 수렵과 채집을 통해 자연과 더불어 살면서 자연과 하나가 되어 살기 때문에 굳이 자신의 생각을 통제하거나 자신의 욕구를 억제할 필요가 없다. 또한 원시인들은 사고가 자유분방하고 상상력이 풍부하기 때문에 자유롭게 생각하고 상상하면서 자신들의 심상을 솔직하게 표현한다. 생각이나 상상력보다 심상이 먼저 떠오르는 것이 보통인데, 원시인은 그 심상이 이끄는 대로 감정에 충실하면서 마음이 가는 대로 행동한다. 따라서 원시인들의 꿈이나 즉흥적인 발상, 그리고 기쁨과 슬픔, 공포와 환희 같은 감정은 매우 생생하고 현실적인데, 원시인들의 이러한 심상은 동굴 속 벽화나 화석에 그대로 반영되어 나타난다.

원시인들은 자연에 속해 있는 다른 생명들을 경시하거나 함부로 다루지 않는다. 원시인들은 동물과 식물, 그리고 무생물에 이르기까지 자연을 구성하고 있는 모든 것에 대해 일종의 경외심을 가지고 있다. 원시인들은 삼라만상에 정령이 깃들어 있다고 믿기 때문에, 그것들을 함부로 건드리거나 훼손할 경우 그 화가 자신들에게 고스란히 돌아온다고 생각한다. 그래서 원시인들은 자연과 자연을 구성하고 있는 모든 것들을 있는 그대로 놔두거나 그것들에게 조심스럽게 다가선다. 심지어는 나무와 돌을 기도의 대상으로 삼기도 하고 길흉화복을 자연 현상으로 점치기도 한다.

지금으로부터 약 3만 년에서 3만 5천 년 전, 기후가 따뜻해지면서 네안데르탈인이 살고 있던 유럽 일대로 보다 높은 지적 능력을 갖춘 인류의 조상이 흘러 들어온다. 그들은 네안데르탈인을 동굴과 거주지로부터 추방하고 결국 그 종족을 말살한다. 서로 이야기도 나누고 협업도 할 줄 아는 이들이 우리와 같은 혈통의 최초 인류인데, 이들의 출현과 더불어 인간에 대한 기록이 암석에 새겨지고 인류 최초 이야기가 시작된다.

지금의 인간과 혈연 관계에 있는 인류에 대한 최초의 표시와 흔적은 서유럽, 특히 프랑스와 스페인에서 찾아볼 수 있다. 그 대표적인 인종이 크로마뇽인과 그리말디인, 그리고 데니소바인이다. 갈색 피부의 크로마뇽인은 키가 크고, 뇌의 용량도 매우 크며, 북아메리카 인디언과 비슷한 체격을 갖고 있다. 그리말디인은 흑인에 가깝고 적도 이남에서 온 것으로 추정되는데, 이들은 조개에 구멍을 뚫어 목걸이를 만들고, 몸에 색칠을 했으며, 뼈나 돌에 형상을 새겼다. 동굴 속 벽면이나 바위 표면에 단순하지만 아주 능숙한 솜씨로 짐승들을 스케치하기도 했는데, 조랑말과 소, 그리고 매머드도 그들이 그린 그림 속에 등장한다. 그리고 데니소바인은 갈색 머리카락과 갈색 눈동자 관련 화석 게놈을 가지고 있는 것으로 보아 호주 원주민과 동남아시아 섬 지역 원주민들의 조상으로 추정된다.

최초의 인간은 거의 1만 년 동안 유럽의 넓은 초원에서 생활한다. 그런데 유럽의 날씨가 점점 더 따뜻해지고 습도가 높아져서 초원에 산림이 우거지자 이들은 유목 생활대신 하천이나 호수에서 고기를 낚으면서 살기 시작한다. 그래서 이때부터 수렵에 필요한 뼈로 만든 정교한 도구가 늘어난다. 지금부터 약 1만 2천에서 1만 5천 년 전에는 또 다른 '새로운 인간'

이 프랑스와 스페인 남부로 흘러들어 가서 그곳에 있는 바위 표면에 자신들에 관한 그림을 남겨 놓는다. 이들은 활을 가지고 있었고 깃털로 머리쓰개를 만들어 쓰기도 했는데, 이들이 바로 구석기 시대 사람들이다.

농경 시대 인간

'문화culture'라는 말은 'colere가꾸다 · 키우다 · 육성하다 · 경작하다'라는 라틴어 동사에 어원적 뿌리를 두고 있으며 라틴어 명사형 'cultura'에서 파생되었다. 처음에 이 말은 주로 '땅을 갈아 작물을 재배하고 키우는 일' 즉 '경작'과 '재배'의 뜻으로 사용되었는데, '농업cultura agri', '포도 재배cultura vitis' 등이 그 예에 속한다. 그러다가 키케로B.C. 106-B.C. 43에 이르러 '문화'가 정신적인 영역으로 확대 사용된다. 그는 철학을 '쿨투라 아니미cultura animi'라고 하면서 '정신 밭을 가는 일'에 비유한다. 중세 후기와 르네상스 초기에는 '정신 교화cultura mentis'라는 표현이 생겨났고 이것이 근대에 도입되면서 인본주의적이고 엘리트적인 의미를 획득하게 된다. 이렇게 볼 때 일차적으로 문화cultura란 자연natura을 있는 그대로 두지 않고 거기에 인간이 의식적으로 손을 대는 행위 및 그 결과를 말한다. 그리고 그 최초의 흔적이 바로 농지 경작 또는 농업의 형태에서 나타난다.

기원전 1만 2천 년에서 1만 5천 년 전쯤 구석기 시대 최후의 인간이라 불리는 중석기 시대 아질리아인이 스페인 남부에 머물러 있고 초기 수렵인 일부가 스페인 북쪽과 동쪽으로 유랑하고 있을 때, 지금은 지구상에서 사라지고 없는 어느 한 종족이 농사와 가축이라는 매우 중요한 두 가지 일을 하고 있었다. 그들은 돌을 갈아서 도구를 만들기 시작했고, 바구니 세공을 했으며, 식물로 직물을 짜기도 했다. 그 과정에서 인류의 대부분이 신석기 시대의 수준에 도달하게 되는데, 이것이 지금부터 약 1만 년 전의 일이다. 농업 혁명기 또는 '제1의 물결'이라고 일컬어지는 신석기 시대에 이르러 자연과 문화가 비로소 분리된다.

유목 생활이 청산되고 수렵의 시대를 거쳐 농경에 의한 정착 생활이 시작되면서 인류의 생활에 큰 변화가 생긴다. 농산물의 경작과 가축의 사육으로 생산성이 크게 향상되면서 인구가 증가하고 사회 · 경제적 생활 환경이 급속도로 개선된다. 사회적으로는 혈연중심의 씨족 사회가 형성되고 인간의 평균 수명도 연장되며 삶의 경험이 축적됨으로써 문화를 전달하고 학습할 수 있게 된다. 농경과 저장, 주거 관련 기술이 개선되고 도구의 제작에 있어서도 그 기술이 획기적으로 변화한다. 신석기 시대 사람들은 자연 환경에 무조건 순응하기보다 계획적으로 환경을 바꾸려고 하였기 때문에 자연을 그대로 두는 대신 용도와 목적에 맞게 자연을 재단하기 시작한다. '문화culture'의 최초 단계로서 '농업agriculture'은 인류가 선택한 자연에 대한 최초의 재단인 셈이다.

문명·기술 시대 인간

지금부터 약 1만 년 전 고지대에 촌락 규모의 공동체가 생겨나기 시작하고, 그 후 약 4천 년이 지나면서 공동체의 규모는 점점 커진다. 강 주변에 복합적인 공동체가 생겨나고, 자연 강우가 아닌 관개를 이용한 농경이 이루어진다. 그 결과 사회적으로 획기적인 변화가 생기는데, 말하자면 생산자가 비생산자를 먹여 살리는 사회 시스템이 도입된다. 도시 혁명의 시대에 접어들면서 농산물 산출량이 증가하고 노동력도 그만큼 필요하게 된다. 인류 역사상 최초로 분업이 다양한 형태로 이루어지고, 관료제와 조세제도가 시행되며, 불평등과 같은 사회 분화 현상도 나타난다. 도시화가 급속도로 진행되면서 한편으로는 문명이 발달하지만, 다른 한편으로는 인구의 도시 집중화 현상을 비롯한 여러 가지 사회 문제가 발생한다.

이처럼 세계 4대 문명의 발상지를 중심으로 하는 도시 문명 시대에는 사회 구조가 급격하게 변화하고 훨씬 더 복잡해지기 때문에 동시대인들 역시 훨씬 더 바쁘고 분주한 생활을 한다. 예술과 학문을 포함하는 도시 혁명기의 문명이 이러한 사회적 · 정치적 · 문화적 복합성을 그대로 반영한다. 문명은 미개의 원시 상태에서 벗어난 인간이 이룩하고 발전시킨 기술과 제도 등을 총망라한다. 농경 시대의 인간이 정착 생활을 하면서 집단을 이루고 집단의 규모가 커지면서 집단 간의 이해 관계가 상충하는데, 이때 불거지는 문제를 해결하고 집단을 이끌어 갈 지도자가 필요하게 된다. 그리고 이 지도자를 중심으로 각 집단을 보호하기 위한 장치들이 마련된다. 주거지에 성벽을 쌓아 다른 집단의 침입을 막다가 싸움에서 이기면 그 집단의 세력이 확대되어 마을이 도시로, 도시가 국가로 발전하게 된다. 이러한 맥락에서 도시 문명이 최초로 발생한 지역은 세계 4대 문명의 발상지로 일컬어지는 메소포타미아의 티그리스강과 유프라테스 강, 이집트의 나일 강, 인도의 인더스 강, 그리고 중국의 황하 강 유역이다.

인류학과 달리 역사학에서는 약 5천 5백 년 전부터 인간에 대해 연구하기 시작하는데, 이것은 인류의 기원과 문자의 사용이 불가분의 관계를 맺고 있다고 보기 때문이다. 문자를 가진 민족이 문자가 없는 민족을 지배하는 방식으로 역사가 전개된 것이 사실이다. 역사의 기록 역시 문자를 사용하는 지배자의 몫이고 지배자의 관점에서 이루어진다. 실제로 인류가 저지른 잔인하고 파괴적인 행위들은 대부분 소위 말하는 문명국가에서 자행되었다. 그럼에도 불구하고 문명인들이 역사를 기록할 때에는 자신들의 야만행위를 정당화하거나 미화하고 심지어는 정복자의 과오와 죄를 피정복자에게 뒤집어씌우기도 한다. 유럽인들이 유럽과 다른 대륙에서 자행한 여러 가지 만행들, 예를 들면 수십 년, 수백 년에 걸친 수차례의 종교 전쟁과 신대륙 발견, 그리고 각종 개발은 문화인의 자격으로 원주민을 억압하고 문명화를 명목으로 원주민의 문화와 종교와 언어를 말살한 것에 지나지 않는다.

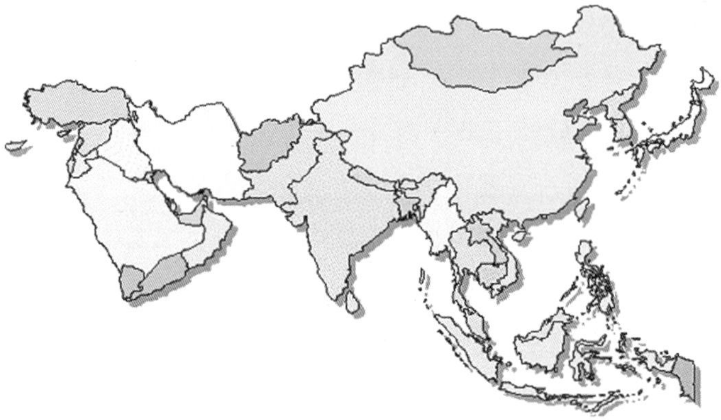

세계 4대 문명의 발상지와 관련 지명 표시

산업혁명 시대에 접어들면서 인간은 문화에 과학과 기술의 이름을 덧입혀 무분별하고 무차별적으로 자연에 대해 개입하고 자연을 정복한다. 산업화 · 공업화 시대의 문화는 그것에 걸맞은 문명으로 옷을 바꿔 입고 더 구체적으로 자연을 지배하는데, 이것은 근대가 보장하는 주체중심주의 원리가 문화와 자연의 관계에서 그대로 적용되기 때문에 가능한 일이다. 근대적 질서에 의하면 소위 긍정적이고 우세한 가치들이 부정적이고 열등한 가치들을 지배하고 정복함으로써 그 위에 군림한다. 문화와 자연의 수직적 관계에서 문화가 자연에 비해 긍정적이고 우세한 것으로 규정되고 문화에 의해 자연이 객관화된다. 그리고 이 둘 사이에 문제가 발생할 경우 언제나 문화가 자연을 포섭하거나 장악할 수 있다. 또한 문제해결이 지연

되거나 여의치 않을 경우, 자연에 대해 문화가, 다시 말해서 우세한 것이 열등한 것에 대해 폭력을 행사해도 된다. 이것이 바로 근대가 보장하는 주체중심주의 질서의 수직적인 지배-종속 구조이다.

이러한 구조에 힘입어 문화는 발견과 개발, 그리고 정복이라는 미명하에 자연을 마구 파괴한다. 자연 속 자원을 고갈시키는 것은 물론, 마음대로 자연의 모습을 훼손하고, 심지어는 자연의 자생력에 손해를 입히고 손상을 가한다. 자연에 대한 두려움은커녕 자연을 상대로 인간은 오만방자함을 극대화한다. 이에 자연은 더 이상 인간의 만행을 좌시하지 않으며 인간의 폭력에 묵묵부답하지 않는다. 인간의 행위에 대해 반응을 함으로써 인간에게 경각심을 일깨우고 자연의 종말이 곧 인류의 멸망임을 인식하게 한다. 자연의 법칙에 따라 자연의 방식으로 인류에게 되돌려주는 징후들이 지구촌 곳곳에서 빈번하게 발생한다. 자연의 분노에 인간은 속수무책이고 자연의 공격을 받은 인간은 순식간에 무기력해진다.

물론 인류가 역사적 행보를 해 오면서 인류 발전과 문명화를 위해 자연을 개발하는 것은 불가피했고, 그러한 맥락에서 자연개발은 당연히 허용되었다. 자연을 개발함으로써 인류는 눈부신 발전을 이룩했고 그 결과 우리는 모두 그 혜택을 누리며 산다. 더욱이 지금 와서 우리가 자연개발이 가져다 준 이점과 편리함을 포기할 수 있는 것도 아니다. 하지만 개발이라는 미명 하에 자연에 대한 인간의 무분별한 개입과 무자비한 파괴를 무조건 정당화해서는 안 된다. 바로 이 순간에도 선진국은 선진국 나름대로 정당한 이유를 내세우면서 자연개발에 혈안이 되어있고, 개발도상국은 개발도상국대로, 제3세계는 제3세계대로 앞을 다투어 자연을 개발하고 있다. 그런데 문제는 지나치게 자연을 개발하면 환경이 심각하게 파괴되고 여기저기에서 상처투성이인 자연의 신음소리를 들을 수 있다는 것이다. 봄·여름·가을·겨울의 순환궤도를 이탈한 비정상적인 기후 현상이 자주 나타나고, 인간의 무분별한 개발에 대해 부글부글 속만 끓이고 있던 땅과 바다가 시도 때도 없이 뒤집힌다. 강우와 증발의 주기와 범위가 좀처럼 조절되지 않아 가뭄과 홍수로 지구촌은 몸살을 앓는다. 더 큰 문제는 자연이 이러한 증상을 보이는데도 불구하고 인간이 자연개발을 계속한다는 것이다.

| 쉬어가는 코너 |

1492 콜럼버스 신대륙 발견, 어떻게 볼 것인가?

지금까지는 콜럼버스가 신대륙을 발견했고, 이 역사적인 대발견은 콜럼버스가 신대륙에 살고 있던 원주민을 구원한 것으로 해석되었다. 하지만 이제 기존의 해석과는 다른 관점이 제기되고 있다. 수차례에 걸친 십자군 전쟁 이후 동방 무역이 다시 활발해지면서 향로, 비단, 보석 등이 유럽에 전해지고, 유럽인들의 동양에 대한 관심도 자연스럽게 높아진다. 하지만 이슬람 국가인 오스만 투르크가 동로마 제국의 수도인 콘스탄티노플을 정복해서 함락시켰기 때문에 유럽에서 동방으로 가는 길이 차단된다. 이에 모험가들과 여행객, 그리고 무역상들이 인도를 비롯한 동방으로 가는 새로운 길을 찾는데 혈안이 된다. 이때 마침 유럽에서 기술적으로 항해를 가능하게 하는 지리 관련 지식과 항해술이 발달하고, 갈릴레이와 코페르니쿠스에 의해 지구 구형설과 지동설이 제기되어 인도로 가는 항로의 발견과 세계 일주의 가능성에 이론적으로 힘이 실리게 된 것이다.

콜럼버스는 지구가 둥글다고 확신하고 스페인 여왕의 후원을 받아 현재 바하마 제도의 어느 섬에 도착하는데, 그는 죽을 때까지 자신이 발견한 땅을 인도라고 확신한다. 콜럼버스가 발견한 서인도 항로 덕분에 아메리카 대륙은 유럽인들의 활동 무대가 되는데, 이것은 바로 콜럼버스에 의해 아메리카 인디언들의 수난이 시작되었음을 의미한다.

그럼에도 불구하고 콜럼버스의 신대륙 발견은 지구상의 여러 지역과 문명이 서로 밀접한 연관성을 맺음으로써 진정한 의미의 세계사를 쓰게 한 의미 있고 중요한 사건으로 기록되고 기억된다. 그러나 이것은 어디까지나 유럽인의 관점에서 유럽인이 쓴 역사이다. 콜럼버스의 신대륙 발견에 대한 주체중심적이고, '우월한'의 문화를 정당화하는 근대적인 해석방식이다. 이러한 해석의 바탕에는 인디언의 역사를 문명 이전의 야만적이고 미개한 것으로 치부하고 스페인 중심의 서구 문명이 아메리카 원주민을 문명화하고 그들에게 진보를 가져다주었다는 서구 우월적인 사상이 깔려있다.

아메리카 원주민들은 자신들의 역사를 야만적이고 미개한 것이 아니라 위대한 문명을 일으킨 자랑스러운 것으로 인식한다. 원주민들의 관점에서 볼 때 콜럼버스의 신대륙 발견은 유럽의 아메리카에 대한 정복이며, 유럽인의 원주민에 대한 무자비한 학살과 아메리카의 환경에 대한 무차별적인 파괴이다. 말하자면 콜럼버스의 신대륙 발견으로 그들에게 재난의 역사가 시작되었고 그 재난 때문에 중남미 지역이 지금까지도 가난에 허덕이고 있다고 생각한다.

이렇게 콜럼버스의 신대륙 발견이라는 역사적인 사건에 대해 전혀 다른 해석의 가능성이 열릴 때 비로소 우리는 지금까지 인류가 '문명화'라는 명목 하에 '대발견'의 방식으로 자행해 온 것들에 대해 비판적인 관점을 확보할 수 있다. 물론 신대륙의 발견이라는 역사적인 사실 자체를 전면적으로 부인하자는 것은 아니다. 신대륙 발견이 가져다준 긍정적인 요소조차 부정하자는 의미는 더더욱 아니다. 다만 문명을 빙자한 힘의 논리에 의해 세계 질서가 유지될 때 약자에 대한 강자의 폭력과 지배를 정당화하는 근대의 주체중심주의적인 구조에 이의를 제기하자는 것이다.

문화 시대 인간

서구의 근대는 모든 민족으로 하여금 육상대회에 출전하게 한다. 그리고는 약육강식의 원리와 적자생존의 원칙을 육상대회의 기준으로 정한다. 건장한 청년과 절름발이 소년이 함께 뛰어 그 결과에 따라 우열을 매기고 경기에서 패배한 사람을 도태시켜 버린다. 진화론에 관한 이야기이다. 제국주의에 의한 식민지 개척도 동일한 구조를 가지고 있다. 식민지 주민을 교양인으로 만든다는 것이 식민지 개척의 명분이었고 그것을 위해 폭력을 사용하고 무력을 동원하는 것조차 당연시되고 정당화되는 것이 서구 근대화의 논리이다.

그러나 20세기 중후반부터 서서히 패러다임이 바뀌기 시작한다. 난공불락의 근대라는 지반이 흔들리기 시작하면서 근대와 탈근대가 공존하는 지형이 마련된다. 문화의 절대성은 상대화되고, 특히 냉전이 종식되면서 세계가 지구촌을 형성하고 문화의 우월성 내지 문화 절대주의는 문화다양성 개념으로 대체된다. 이것이 가능한 것은 바로 문화가 최후의 보루나 최종의 목표가 아닌 '도구' 자체로서 사용되기 때문이다. '문화를 위해서' 자연을 개발하고 훼손하는 것이 아니라 '문화를 통해서' 문화와 자연이 공존하는 법과 그 사이에서 인간이 인간답게 사는 법을 배울 수 있는 것이다.

21세기의 문화는 더 구체적인 것으로서 앞으로의 문화 정책 수립을 위해 도구로서 역할을 할 수 있어야 한다. 이때 무엇보다 중요한 것은 우리가 자연과 문화 사이에서 문화가 나아가야 할 방향을 정하는 일에 적극적으로 '참여'해야 한다는 것이다.

문화 개념의 도구화를 좀 더 분명하고 구체적으로 파악하기 위해서는 문화의 본질을 이해하는 방식 역시 확실하게 변했다는 사실을 명심해야 한다. '문화 민족'과 '원시 민족'을 구별하는 잣대로서 '우월함' 내지 '뛰어남'의 문화는 이미 구시대적인 유물이 되었다. 이제 문화는 사람과 민족이 각자의 삶을 표현하는 방식으로 이해된다. 인간이 자연 속에 살면서 끊임없이 자연을 바꾸는데, 이것이 바로 문화적인 활동이다. 이렇게 볼 때, 문화의 영역은 매우 넓어진다. 또한 과거에는 문화를 명사적 속성이 강한 것으로 이해했지만 이제는 문화의 동사적 속성을 강조하기 때문에 문화의 역동성 또한 커진다. 명사로서 문화 유산을 모아 놓은 것도 문화에 속하지만 다양한 행동 양식과 관련되어 있는 동사로서의 문화 활동도 문화에 속한다. 또한 인간의 능동적인 활동과 관계있는 전통까지도 문화에 포함된다. 따라서 문화는 가변적이고 구성적인 것으로서 미래를 향해 그 구조가 열려 있다.

지금 우리에게 필요한 것은 현재의 문화를 직시하고 진단하면서 동시에 과거에서 미래로 향하는 문화의 발전 방향을 정해주고 발전 모습을 미리 보여주는 문화지형도이다. 우리는 이 지형도를 보면서 문화 발전의 모습과 방향을 평가해야 하는데, 이것은 우리가 살고 있는 시대의 문화 현상이 정당한가에 대한 질문을 항상, 그리고 반복적으로 하는 것을 의미한다. 자연으로부터 비롯된 문화가 근대에 이르러 자연과 '거리 두기'를 하면서 자연을 객관화하고 지배 또는 장악했다면 근대와 탈근대가 공존하는 21세기에는 다시 자연에게 말을 걸고 자연에게 손짓하는 것으로 도구화된다. 도구화된 문화는 문화를 빙자하거나 문화를 무기로 삼아 자연을 파괴하거나 자연에 도전하지 않는다. 우리는 도구화된 문화를 통해 자연과 교통하는 법과 소통하는 법을 배운다. 그 결과 문화적인 존재로서 인간은 자연을 존중하고, 인간을 배려하며, 신을 경외한다.

제2부

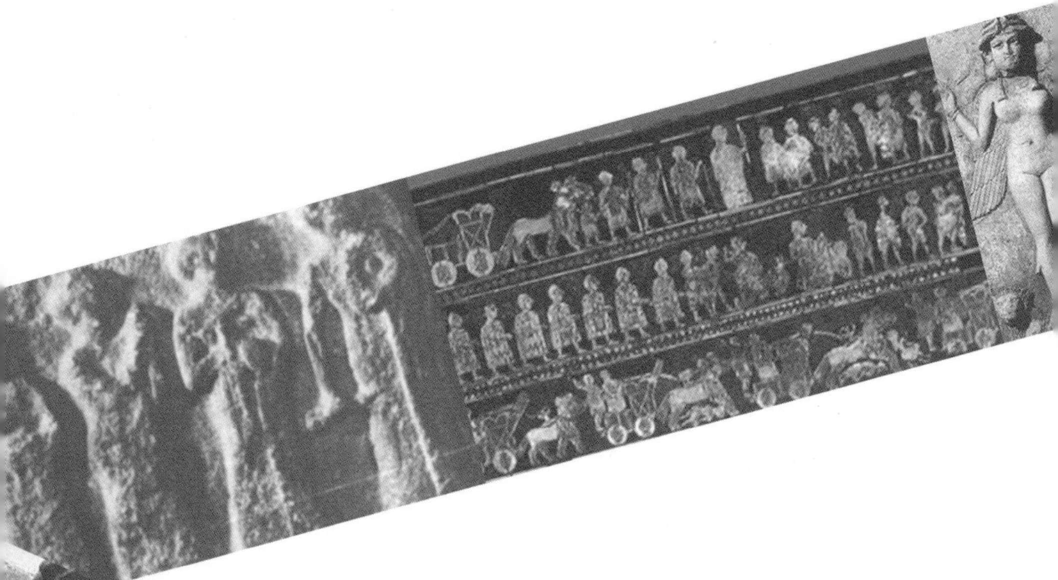

제1장
수메르 신화와 문화

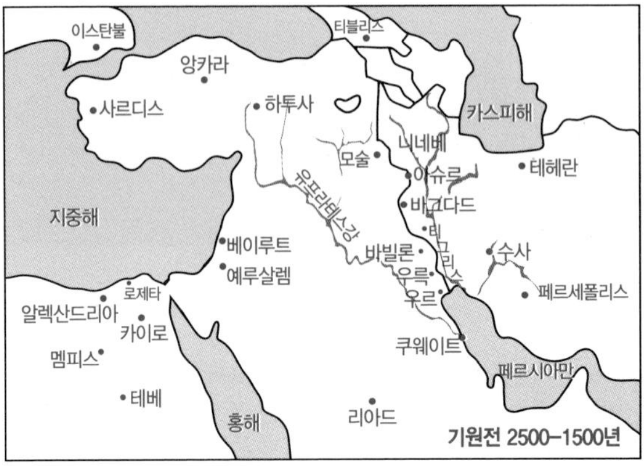

메소포타미아 고대 도시들

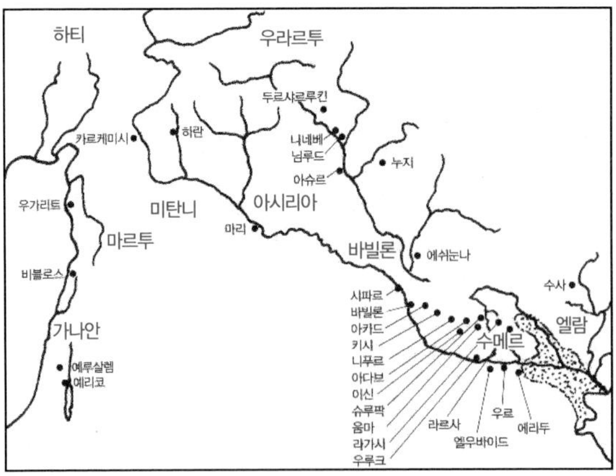

수메르 주요 도시국가

인류 최초의 신화

수메르의 쐐기 문자 '*'는 한편으로 최고신 아누를 의미하고 다른 한편으로 별을 가리킨다. 수메르인들에게 이 애스테리스크는 자신들을 지배하는 왕권이 하늘의 별에서 내려왔음을 직접적으로 나타내는 표시로서 아누가 하늘의 별과 동일한 존재임을 상징적으로 표현한 것이다. 또한 수메르인들은 왕권이 미치는 영역, 즉 신의 처소가 태양과 달을 포함하는 태양계의 12개 행성으로 구성되어있다고 믿는다. 놀랍고 신기한 것은 수메르 인들이 기원전 2500년에 파악한 태양계와 현대 과학이 증명한 태양계의 구조가 별반 다르지 않다는 사실이다.

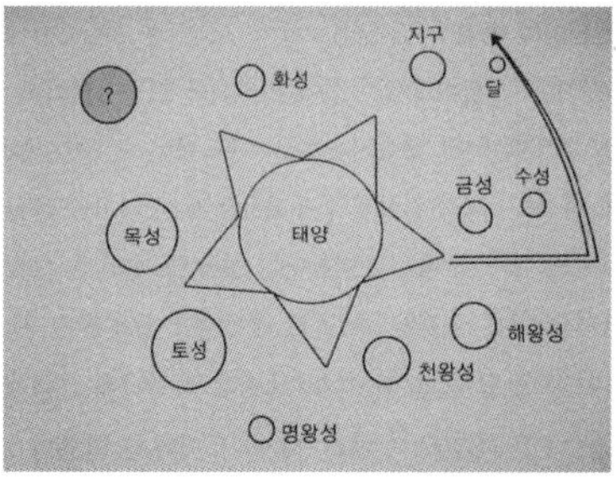

수메르의 태양계[1]

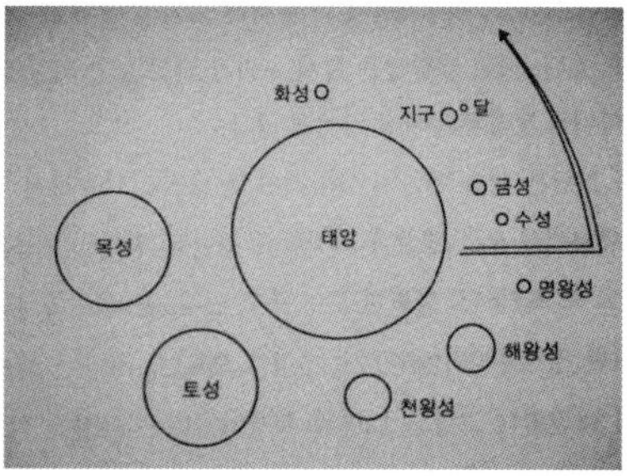

현대 과학이 찾아낸 태양계[2]

주신인 아누와 엔릴과 엔키가 중앙에 빛을 발하는 하나의 크고 둥근 원과 더불어 애스테리스크 모양을 하고 있고, 이것을 둘러싸고 있는 11개의 행성이 비교적 그 크기대로 그려져 있다. 그런데 수메르인들이 그린 태양계와 현대 과학이 밝혀낸 태양계의 차이는 목성과 토성보다는 작고 다른 행성들보다는 큰 하나의 별이 더 있다는 사실이다. 수메르 신화에서 태양은 압수라고 불리는데, 그것은 생성의 근원을 도저히 알 수 없는 심연을 뜻한다. 하지만 수메르에서도 태양신은 그리스에서와 마찬가지로 다른 신들의 지배자가 아닌 천체를 구성하는 행성 중 하나이다.

1845-1851년 사이에 영국의 고고학자 레이어드 경Sir A. H. Layard이 아슈르바니팔 왕의 도서관 유적에서 일곱 장의 문서를 발견한다. 이 문서는 고바빌로니아어로 쓴 아카드 시대의 텍스트인데, 여기에 「창세기」의 천지 창조와 구조적으로는 유사하지만 세부적인 내용이 다른 천지 창조 이야기가 기록되어 있다. 그 이후 1912년에 역시 영국의 고고학자 킹L. W. King이 일곱 장의 이 문서를 성서의 천지 창조 이야기에 빗대어 「창조의 일곱 문서판」이라고 명명하는데, 이것이 오늘날 「에누마 엘리쉬Enuma Elish」로 알려진 바빌로니아 주신 마르두크를 찬양하는 창조 설화의 희귀본이다.

인류 최초의 문화

19세기 후반부터 20세기에 걸친 수메르에 대한 연구는 전 세계적으로 학계의 비상한 관심을 불러 일으킨다. 수메르와 수메르인들이 인류의 역사 발전과 세계사적인 흐름에 큰 영향을 미쳤다는 사실이 연구를 통해 속속 드러난 것이다. 특히 수메르인들의 종교 문학과 의식은 오늘날 서양 문명의 양대 뿌리 중 하나로 일컬어지는 기독교 중심의 히브리 문명에 상당 부분 남아 있는 것으로 밝혀지고 있다.

기원전 3500년경 메소포타미아 지역에 정체를 알 수 없는 한 무리의 사람들이 몰려들어 정착하기 시작한다. 이 사람들의 머리카락이 검은색이었기 때문에 이들을 '수메르인'이라고 불렀다. 그런데 너무나 신기한 것은 이들이 티그리스강과 유프라테스강 근처로 올 때 이미 자신들의 문자와 학교 제도, 법 제도 등을 가지고 있었다는 사실이다. 게다가 그들이 어디에서부터 왔는지에 대해서는 여전히 해결되지 않은 '수메르 문제'로

남아있고,[3] 서양 학자들은 이 문제와 관련해서 수메르 문명이 갑자기, 어떠한 이전의 문명도 전제하지 않고 독자적으로 생겨났다는데 의견을 모은다.

| 쉬어가는 코너 |

믿거나 말거나!

수메르인은 어디에서 왔나? 수메르의 창세 신화를 보면 수메르인은 후두부가 평평하고 머리카락이 검은 인종이다. 이는 전형적인 아시아 사람의 모습이다. 그리고 수메르의 점토판 기록에 따르면 수메르인은 '안샨Anshan으로부터 넘어왔다.'고 하는데, 수메르 말로 안An은 '하늘', 샨shan은 '산'을 의미한다. 이렇게 볼 때 그들이 넘어간 안샨은 곧 환국 문명의 중심이었던 천산天山과 동일한 말이다. 그렇다면 서양 학자 누구도 시원스럽게 밝히지 못한 수메르인의 본래 고향은 과연 어디인 것일까?

김상일은 최남선의 『불함문화론』을 바탕으로 고대에 수메르인과 한민족이 불함문화라고 하는 공통 문화권 속에 살다가 갈라졌다고 주장한다. 불함문화권이란 중앙아시아에서 몽골에 이르기까지 산악 이름 중 상당수가 공통적으로 '박밝, 白' 자를 쓰는 것에서 연유한 것으로, 최남선은 동북아의 문화를 불함'박'의 한자 전음문화라 불렀다. 불함문화는 인류의 가장 오래된 문화일 뿐만 아니라 그 발달 계통으로 볼 때 가장 넓은 지역에 분포되어 있던 문화이다. 환국이 바로 이 불함문화권에 속한다는 것이다. 즉 수메르 문명은 옛 환족 중 환국의 천산을 넘어 남쪽으로 간 종족이 일으킨 문명인 것이다. 또한 김상일은 최남선의 주장을 바탕으로 수메르인을 동북아의 몽골인 계통으로 보며 천산을 본거지로 오만 리 경내에 수메르와 환국이 있었을 것이라고 말한다.[4]

나일강 유역의 이집트 문명도 수메르 문명보다 무려 1천 년 이후의 것이고 인더스강 유역의 인도 문명도 이집트와 비슷한 시기에 발생한 수메르 이후의 문명이다. 수메르인들이 처음부터 가지고 있던 문명은 그 당시는 물론 그 이후의 사람들조차도 도저히 상상할 수 없는 고급 문명에 해당하는데, 당시의 수메르 문화 중 상당 부분이 세계 최초의 기록을 세운다.[5]

수메르의 도시에는 상하수도 시설이 갖추어져 있었고 심지어 화장실도 수세식이었다. 수메르인들이 설형문자를 사용할 당시 히브리인들에게는 문자 자체가 없었다. 수메르인들이 직조기술을 이용하여 옷감을 짜고 염색한 옷감으로 옷을 지어 입을 때 히브리인들은 기껏해야 동물 가죽을 벗겨 걸치고 다닐 정도였다. 건축술이 발달하여 수메르인들은 그때 벌써 2층 집을 짓고 살았다. 최초로 도시를 건설한 수메르인들의 건축 기술은 수메르의 신전 지구라트에 잘 반영되어 있는데, 이 신전은 수메르 이후 중동 각지에 세워진 신전 양식의 전형이 된다. 성경에 나오는 바벨탑과 이집트의 피라미드 역시 수메르의 지구라트를 모델로 한 것으로 추정된다.

수메르인들의 사회 제도와 관료 제도, 법률 제도 등도 후대의 제국들에게 그대로 차용된다. 기록으로 남아있는 인류 최초의 법률 역시 수메르인들이 만든 것이다. 수메르인들의 종교적 관념과 종교 의식 등도 거의 그대로 이식되는데, 말하자면 바빌론과 아시리아 제국의 신들 대부분이 수메르 신들을 그대로 차용해서 이름만 바꾼 것들이다.

1830년대 이라크에서 수메르 문자가 발견되면서 히브리 문명을 근간으로 하는 기독교가 가장 큰 충격에 휩싸인다. 창세기의 창조 이야기와 홍수

사건과 유사한 것이 설형문자로 수메르 토판에 이미 기록되어 있었던 것이다. 그때까지 기독교인들은 세계 창조라는 최초의 사건이 팔레스타인 지역을 중심으로 일어났을 것이라고 여겼고 천지 창조의 공간적 배경이 되는 에덴동산도 팔레스타인 지역 어디일 것이라고 굳게 믿고 있었다.

수메르인들이 고급 문화를 가지고 메소포타미아 지역으로 와서 농사를 지으면서 정착 생활을 할 때, 그 근처에서 유목 생활을 하던 떠돌이 무리들이 있었다. 그중에서 셈족이 가장 큰 영향력을 행사했는데, 이 셈족이 바로 오늘날 유대인과 아랍인의 조상이다. 그러니까 수메르 문화가 고대 중동 지역의 보편적인 문화로 작용하고 있을 때, 그 주변의 유목 민족 중 셈족이 수메르 문화의 영향을 직·간접적으로 받았을 가능성은 충분히 있는데, 구약 성서에서 다수 발견되는 수메르적인 요소가 이를 뒷받침해 준다.

창조 신화_티아마트와 마르두크

창조의 서사시라고도 불리는 「에누마 엘리쉬」는 총 일곱 장으로 된 거의 1천 행에 이르는 서사시이다. 고고 역사학계에서는 메소포타미아 역사상 최초의 창세 설화로 보지만 사실상 수메르에 그 기원을 두고 있다.

> 위에 하늘이 이름 붙여지지 않았고
> 밑에 마른 땅이 이름으로 불려지지 않았는데
> 처음으로 그들[신들]의 아버지 압수[지하수]와
> 그들 모두를 낳은 모체 티아마트[바다]는
> 자기네들의 물을 하나로 섞고 있었다.
> 갈대 집이 엮어지지 않았고, 늪 있는 땅도 보이지 않았다.

그때 어떤 신들도 나타나지 않아서,
이름으로 불리지 않았고, 운명도 정해지지 않았다.

그리고 신들이 그 속에서 생겨났다.
라흐무와 라하무가 생겨났고, 이름이 불려졌다.
그들이 커지고, 강해졌다.
안샤르수평선와 키샤르지평선가 태어났다.
그들[라흐무와 라하무]보다 더 컸다.
그들의 날수가 많아지고, 햇수가 더해졌다.
그들의 맏아들 아누하늘신는 그의 아버지를 견주었다.
안샤르는 그의 자식 아누를 그와 닮게 만들었다.
그리고 아누는 누딤무드지하수신를 그의 모습으로 낳았다.
누딤무드는 그의 아버지보다 더 나았다.
지혜롭고 총명하며, 힘이 매우 세었다.
그의 아버지를 낳은 안샤르보다 더 강했다.
그의 형제 신들 중에 그를 견줄 자가 없었다.

형제 신들이 모두 모였다.
그들은 티아마트를 괴롭히고, 소리치며 그 주위를 돌았다.
티아마트의 뱃속을 엉키게 했다.
그들의 시끄러움으로 신들의 거처가 어지럽혀졌다.
압수는 그 시끄러움을 줄일 수가 없었다.
티아마트는 그들 앞에 조용했다.
그들의 행동은 그들을 해쳤다.
그들의 행위가 좋지 않아도 그녀는 관대했다.
그래서 큰 신들의 아버지 압수는

그의 시종 뭄무를 불러 말했다.
"뭄무, 나를 즐겁게 해주는 시종이여!
오라, 티아마트한테로 가자."
그들은 가서 티아마트 앞에 앉았다.
그들의 자식들인 신들에 대한 문제를 상의했다.
압수는 입을 열고
티아마트에게 큰 소리로 말했다.
"그들의 행위가 나를 해칩니다.
낮에는 쉴 수가 없고 밤에는 잘 수가 없습니다.
그들의 행위를 없애고 그들을 쫓아 버려야겠습니다.
조용하게 되어 우리가 잘 수 있도록 합시다."

티아마트가 이 말을 듣자
화가 치밀어 그녀의 남편에게 소리쳤다.
그녀는 지독하게 소리쳤고 혼자서 분노에 떨고 있었다.
그녀는 속으로 악을 참았다.
"우리가 만든 것들을 어떻게 없애 버릴 수가 있습니까?
그들의 행위가 해를 끼친다고 하더라도 우리는 좋게 견딥시다."
뭄무는 압수에게 대답하고 상의했다.
시종은 모신 티아마트의 조언에 동의하지 않았다.
"주인님, 낮에는 쉴 수 있고, 밤에는 잘 수 있도록
그들의 괴롭히는 행위를 끝장냅시다."
압수는 그와 즐거웠고 얼굴빛이 밝아졌다.
자식 신들을 상대로 사악한 어떤 계획을 세웠다.
뭄무는 그의 목을 껴안고
그의 무릎에 앉아 입을 맞추었다.

그들이 계획한 모든 것이
자식 신들에게 여러 번 알려졌다.
자식 신들은 듣고 당황했다.
그들은 조용했고 말없이 앉아 있었다.

매우 똑똑하고, 현명하며, 재간이 있는
에아는 무엇인가를 감지하고 그들의 계획을 알아차렸다.
모든 방안을 올바로 세웠고
그의 거룩한 주문은 멋있고 훌륭했다.
그가 주문을 읊자 물은 잠잠해졌다.
그가 잠을 쏟자 깊이 잠들었다.
압수를 잠들게 하자 잠 속에 빠졌다.
조문관 뭄무는 눈이 몽롱하여 졸았다.
그[에아]는 그[압수]의 허리띠를 풀고 왕관을 벗겼다.
그의 빛나는 후광을 빼앗아 자기에게 씌웠다.
그는 압수를 묶고 그를 죽였다.
몸무를 붙잡아 그 위에 매어 놓았다.
에아는 그의 적들을 잡아 물리친 후에
자기편을 향해 승리의 함성을 질렀다.
그는 어두운 방 속에서 조용히 쉬었다.
'압수'라고 이름을 지어주고 성전이라고 알려 주었다.
그곳에 그의 밀실을 만들었다.
에아와 그의 아내 담키나는 호사스럽게 지냈다.

방안의 거처인 운명을 정하는 방에서
용사 중의 용사, 신들의 현자인 주主가 태어났다.

압수 속에서 마르두크가 만들어졌다.
거룩한 압수 속에서 마르두크가 태어났다.
그의 아버지 에아가 그를 만들어 내었다.
그의 어머니 담키나가 그를 낳았다.
그는 여신들의 젖을 빨았다.
그를 기른 유모는 그에게 위엄을 채워 주었다.
그 모습은 찬란했고 그의 눈매는 불길 같았다.
태어났을 때부터 용사였고 처음부터 용감했다.
그의 아버지를 낳은 아누가 그를 쳐다보았다.
아누는 즐거웠고 얼굴색이 밝아졌다.
그의 심장은 기쁨으로 찼다.
그를 완벽하게 만들어 그의 신성은 두 배가 되었다.
그는 더욱 커져서 최고가 되었다.
그의 모습을 만든 재주가 뛰어나서 누구도 알 수 없었다.
생각할 수 없으며 상상하기도 어려웠다.
눈이 네 개이며 귀가 네 개였다.
그의 입술이 움직일 때 불길이 타올랐다.
귀가 매우 커서 네 배로 감지하고
그리고 눈도 마찬가지로 모든 것들을 감찰했다.
그의 형상은 신들 중에 제일 크고 최고였다

「에누마 엘리쉬」 제1토판[6]

아득하게 먼 옛날에는 '하늘'과 '땅지구'이 높은 곳과 낮은 곳으로 구분되어 있지도 않았고, 따라서 '하늘'과 '땅'이라는 개념도 없었다. 오직 존재하는 것은 세 개의 별, 즉 세 신뿐이었는데, 그 하나가 압수라는 남신이고, 다른 하나가 티아마트라는 여신이며, 나머지 하나가 압수의 시종인 뭄무수성다. 맨 처음 압수와 티아마트라는 담수와 염수가 서로 섞여 다른 신들이 태어난다. 라흐무[금성]와 라하무[화성]가 먼저 태어나고 뒤이어 안샤르[목성]와 키샤르[토성]가 태어난다. 그리고 다시 이 둘 사이에서 아누[천왕성]와 누딤무드[해왕성]가 태어난다.

아누는 압수처럼 가가[명왕성]라는 시종을 거느리고 있었는데, 말하자면 명왕성 가가가 천왕성 아누의 위성인 셈이다. 그리고 그때까지 지구와 달은 아직 태어나지 않은 상태였다. 신들은 태어나자마자 고삐 풀린 망아지처럼 제멋대로 행동하며 난동을 부리는데, 이들의 아버지인 태양신 압수는 이들의 소란을 방관함으로써 다른 신들의 원성을 사게 되고 이에 에아 신이 번뜩이는 기지와 탁월한 지도력을 발휘하여 민첩하게 압수를 제압한다.

태양계의 외곽, 아득히 먼 곳에서 새로운 신이 새로운 행성으로 모습을 드러내는데, 그가 바로 젊고 늠름한 바빌로니아의 주신 마르두크이다. 마르두크는 티아마트로 대변되는 구질서를 파괴할 목적으로 나타나는데, 모든 신들은 일제히 그의 등장을 환영한다. 마르두크는 아누를 만나고 이때 네 명의 강력한 시종을 위성으로 거느리게 된다. 제5행성인 티아마트는 마르두크에 맞서기 위해 열 명의 괴물을 공격용 소행성으로 만들고 그들에게 빛의 무리로 왕관을 만들어 씌운다. 이제 이 괴물들은 신들처럼 보이게 된다. 티아마트는 자신의 위성인 킹구라는 신을 지휘관으로 삼아 이들과 함께 마르두크와의 전투를 대비한다.

한편 마루두크를 열렬히 환영한 천상의 신들은 마르두크를 새로운 왕으로 추대하기로 결정하고 마르두크에게 티아마트에 대한 전권을 위임한다. 아누가 마르두크에게 세 명의 부하를 보태주어 마르두크의 시종은 총 일곱 명으로 늘어나는데, 이들이 바로 '폭풍의 전차'라고 불리는 7개의 위성들이다.

이제 두 신은 정면충돌을 한다. 티아마트와 마르두크가 서로에게 접근했을 때, 마르두크가 지휘하는 '폭풍의 전차'들이 티아마트에게 돌진하여 단숨에 티아마트를 두 동강낸다. 이에 티아마트 휘하의 소행성들은 순식간에 뿔뿔이 흩어진다. 마르두크는 두 조각난 티아마트의 몸 중에 한 개를 그때까지 '알려지지 않은 행성의 궤도'로 이송하라고 명령한다. 티아마트의 조각난 몸은 울퉁불퉁하고 들쑥날쑥했는데, 수천만 년, 수억 년의 시간이 흐르는 동안 둥근 모양으로 바뀌게 된다. 이렇게 해서 지구가 탄생한다. 우주의 생성 신화에서 티아마트를 '바다의 여신', '물의 여인', '물의 괴물' 등으로 부르고, 지구를 '물의 행성', '대양의 행성'이라고 하는데, 지구가 티아마트의 반쪽 몸으로 만들어졌다는 점에서 지구와 티아마트의 유사성은 어느 정도 설명이 가능하다.

마르두크는 티아마트의 나머지 반쪽 몸으로 스스로 돌진하여 그녀의 몸을 수천 개의 조각으로 분해한다. 그리고는 그 조각들을 망치로 두드리고 늘려 팔찌 모양의 '커다란 하늘 띠'를 만든다. 이렇게 마르두크가 티아마트를 제거 내지 폐위시키는 순간 지구와 소행성대가 동시에 생성된다. 마르두크가 티아마트의 반쪽 몸으로 지구를 창조한 다음 지구를 태양에 맞춰 운행하게 하고 밤과 낮을 구분한다. 그리고 바다와 육지를 창조하고 산과 강을 만든다.

달은 원래 티아마트가 만든 괴물 위성들의 우두머리인 킹구에서 비롯되는데, 킹구는 마르두크와 티아마트의 전투에서 괴물 위성들의 선두 지휘를 맡는다. 그런데 마르두크는 티아마트를 파괴시키면서 킹구를 없애지 않고 오히려 킹구의 길을 지구의 궤도 주변으로 옮겨 달이라는 지구의 위성으로 만든다. 결과적으로 지구의 탄생이 티아마트의 부활로 이어지고 달이 지구의 위성이 됨으로써 티아마트는 지구와 달을 잇는 탯줄로서 그 기능을 회복한다. 하지만 마르두크는 지구와 달의 연합 전술에 의한 티아마트의 역공을 미연에 방지한다. 마르두크는 달이 본래 가지고 있는 성장에 필요한 생명의 요소들을 박탈함으로써 달을 생명이 없는 흙덩이로 남겨둔다.

이제 마르두크는 태양계의 모든 행성들이 제 궤도를 유지하도록, 즉 태양신을 중심으로 모든 신들이 신들의 역할에 충실하고 신들 상호 간에 균형을 유지하도록 태양계를 엄격하게 통제한다. 지구와 달을 만들고 밤과 낮, 그리고 사계절을 정한 마르두크는 이어 지상에 온갖 종류의 동식물과 인간을 창조한다. 그리고 천신들의 처소를 모델로 하는 바빌론을 세우고 웅장한 사원을 만들어 신과 인간들이 자신을 최고의 신으로 섬기게 한다. 드디어 신들은 마르두크를 바빌로니아의 최고신으로 추대하고 엔릴[바람의 신]과 동등한 신으로 추앙한다.

영웅 신화_길가메시

길가메시 서사시[7]는 기원전 3000년경 메소포타미아의 도시 국가 우루크를 다스린 반신반인, 좀 더 정확하게 말하면 신과 인간의 결합으로 태어났지만 2/3가 신이고 1/3이 인간인 위대한 왕 길가메시에 관한 이야기이다. 길가메시는 인간보다 월등하게 힘이 세고 정신적으로도 매우 강력한 영웅이다. 길가메시 서사시에서는 죽을 수밖에 없는 인간의 운명에 대해 처절하게 거부하고 그러한 운명을 극복하기 위해 치열하게 항거하는 길가메시라는 인간의 투쟁과 사랑, 그리고 모험이 펼쳐진다. 이런 맥락에서 길가메시 서사시는 인간과 인간의 죽음, 그리고 인간의 운명과 비극에 대한 인식을 최초로 주제로 삼은 인류 최고의 기록으로 볼 수 있다. 뿐만 아니라 길가메시 서사시를 통해서 고대 메소포타미아 지역의 신과 신화, 삶과 죽음, 그리고 현세와 내세의 관계 등에 대해서도 알 수 있다.

> "지금부터 길가메시의 행적을 알리노라. 그는 모든 것을 알았고, 세상 모든 나라를 알았던 왕이다. 슬기로웠으며 신비로운 사실을 보았

고, 신들만 알던 비밀을 알아내었고, 홍수 전에 있었던 세상에 대하여 우리에게 알려주었도다. 그는 긴 여행 끝에 피곤하고 힘든 일에 지쳐 돌아와 쉬는 중에 이 모든 이야기를 돌 위에 새겼노라."[8]

길가메시는 신이기도 하고 인간이기도 하지만 동시에 완전한 신도 아니고 온전한 인간도 아니다. 말하자면 길가메시는 전지전능의 신이 아니면서 '모든 것을 알았고, 세상 모든 나라를 알았'다. 동시에 길가메시는 인간이 아니면서 죽을 수밖에 없는 인간의 운명을 가지고 태어났다. 이것이 바로 길가메시의 존재 조건이다. 신들로부터 부여받은 완전하고 아름다운 육체와 과감한 용기, 황소 같은 힘을 겸비한 길가메시는 모든 인간들을 분명히 능가한다. 하지만 길가메시의 신성에 포함되어 있는 인간적인 유한성으로 말미암아 길가메시는 신의 불멸성과 무한성에 대한 지칠 줄 모르는 갈망과 욕망을 가진다. 따라서 길가메시는 끊임없이 인간들과 싸우고, 그 싸움은 언제나 길가메시의 승리로 끝난다. 신과 인간, 그리고 길가메시의 관계는 단순히 신과 신의 관계가 아니고, 신과 인간의 관계도 아니며, 인간과 인간의 관계도 역시 아니다. 바로 이 지점에서 길가메시는 신적이면서도 인간적인, 동시에 신도 인간도 아닌 존재 조건을 부여받는다.

신적인 요소를, 그것도 2/3나 지니고 있는 길가메시와 인간과의 싸움에서 인간이 매번 패했기 때문에 인간들은 우루크의 신 아누에게 길가메시를 대적할 수 있는 한 인간을 탄생시켜달라고 간청한다. 그래서 창조의 여신 아루루가 물속에 손을 담가 움켜 쥔 진흙을 광야에 뿌려 신의 형상을 닮은 엔키두를 탄생시킨다. 엔키두는 순전한 인간으로서 길가메시의 또 다른 자아가 된다. 여신의 창조 행위에 의해 길가메시의 신성과 인간성이 분리되고, 마침내 신적인 존재 길가메시와 순전한 인간 엔키두는 친구의 관계를 맺는다.

엔키두는 원시인으로 태어나 자연에서 야생 동물들에 의해 키워진, 그야말로 순수한 자연인이다. 따라서 엔키두에게는 죽음에 대한 의식도 인간의 유한성에 대한 인식도 없다. 그런데 이 엔키두가 도시에서 온 창녀에게 동정을 빼앗긴 후 자연인으로서의 삶을 청산하고 문명화되는 길로 접어든다. 도시 처녀와의 성적 경험이라는 통과 의례를 거침으로써 엔키두는 동물들과 한데 어울려 살았던 자연을 떠난다. 옷을 입고 인간의 음식을 먹으면서 엔키두는 문명의 도시인 우루크로 흡수된다. 그리고 그곳에서 엔키두는 길가메시를 만나 씨름을 하게 된다. 이 둘의 대결은 그야말로 용호상박의 막상막하였다. 결국 승패를 내지 못한 채 서로가 서로를 인정하고 마무리된 이 싸움을 계기로 길가메시와 엔키두는 피를 나눈 형제와 같은 우애를 쌓고 진한 우정을 나눈다.

하지만 길가메시와 엔키두는 각자 다른 존재 조건을 가진 영웅들이다. 처음에는 둘 다 신들이 부여한 운명을 거부하고 인간적인 목적을 달성하기 위해 모험을 시작한다. 하지만 길가메시와 엔키두가 힘을 합치고 태양의 신 샤마시의 도움을 받아 삼목산의 파수꾼 훔바바를 죽이고 향나무를 베어 우루크로 돌아오는 도중에 여신 이시타르가 영웅 길가메시를 유혹하는 일이 생긴다. 그리고 이시타르의 자존심을 건드리는 사건이 발생하여 이시타르는 하늘 황소를 우루크로 내려 보내 7년 동안 가뭄이 들게 한다. 그러나 길가메시와 엔키두가 하늘 황소를 죽여서 다시 한 번 하늘 신들을 모욕한다. 그 과정에서 신들의 노여움을 사게 되고 인간 엔키두는 훔바바와 하늘 황소를 죽인 죄의 대가로 죽음을 맞이한다.

엔키두의 죽음 이후 길가메시는 모든 행위가 의미 없음을 알게 되고 위대한 영웅도, 왕도 결국에는 죽을 수밖에 없는 무기력한 인간임을 깨닫는다. 그리고 길가메시는 혼자 두 번째 모험을 감행한다.

> "내 어찌 편히 쉴 수 있겠는가! 어찌 편안히 지낼 수 있겠는가! 내 마음은 절망으로 가득하다. 내 형제는 지금 어디 있는가? 내가 죽는

날, 나도 또한 그럴 수밖에 없지 않겠는가? 죽음이 두렵다. 있는 힘을 다해 머나먼 곳으로 불리는 우트나피쉬팀을 찾아가리라. 그들은 신들의 모임에 들어갈 수 있었으니까. 그에게 죽는 것과 사는 것에 대하여 물어보리라."[9]

이렇게 길가메시는 우트나피쉬팀이 사는 강의 입구를 향해 머나먼 여행을 떠난다. 여행 중에 길가메시는 태양의 신 샤마시로부터 영원한 생명을 구할 수 없다는 말을 듣지만 그 충고를 무시한다. 또한 바닷가에서 만난 시두리라는 여인은 신들과 달리 인간은 태어나서 죽을 때까지 자신에게 주어진 운명에 순응하고 그것을 만끽하며 살아야 한다고 길가메시를 설득하지만 아무런 소용이 없다. 이 여인이 가르쳐준 대로 길가메시는 사공 우르샤나비와 함께 죽음의 바다를 건넌다.

길가메시를 만난 우트나피쉬팀 역시 길가메시에게 인간의 운명에 순응할 것을 권고하면서 노아의 홍수와 비슷한 홍수 이야기를 해준다. 죽음의 바다 속 심연까지 들어가 온갖 고난을 겪고 우여곡절 끝에 길가메시는 소위 말하는 불로초를 얻는다. 하지만 우루크로 돌아가는 길에 그 불로초를 뱀에게 빼앗겨 버린다. 그 후 길가메시는 죽음을 거부하거나 피해보겠다는 인간적인 갈망과 욕망, 그리고 그것들이 동력이 되는 인간의 모든 행위와 모험이 부질없음을 절감한다. 길가메시는 모든 투쟁과 모험을 끝내고 고향으로 돌아온다. 결국 인간으로서 길가메시가 얻고자 했던 모든 것은 그것이 무엇이든지 간에 사라진다. 신적인 인간, 영웅 길가메시 마저 결코 인간의 운명으로부터 자유로울 수가 없다.

생각해 볼 문제

1. 수메르 신화의 의미와 의의를 찾아봅시다.
   1) 티아마트와 마르두크의 권력 이양 과정을 서로 이야기해 봅시다.
   2) 여신과 남신의 권력 이양 과정에서 두드러지는 특징을 이야기해 봅시다.
   3) 수메르 신화에서 찾을 수 있는 신화의 힘을 이야기해 봅시다.

2. 수메르 문명 또는 문화를 중심으로 토론해 봅시다.
   1) 수메르 문명의 기원에 대해 토론해 봅시다.
   2) 인류 최초의 기록을 세운 수메르 문명에 대해 토론해 봅시다.
   3) 수메르 문명이 타 문명에 끼친 영향에 대해 토론해 봅시다.

3. 수메르 창조 신화에 대해 스토리텔링 해 봅시다.
   1) 수메르 신들 중에 특별히 관심이 있는 신에 대해 스토리텔링 해 봅시다.
   2) 티아마트와 마르두크의 치열한 투쟁에 대해 스토리텔링 해 봅시다.
   3) 수메르 창조 신화의 현대적 의의에 대해 이야기해 봅시다.

4. 길가메시 영웅 신화에 대해 스토리텔링 해 봅시다.
   1) 영웅 신화 구조에 따라 길가메시의 일생을 스토리텔링 해 봅시다.
   2) 영웅의 운명에 대해, 인간의 운명에 대해 서로 이야기해 봅시다.
   3) 인간에게 허락되는 것과 허락되지 않는 것에 대해 서로 이야기해 봅시다.

주

1. 제카리아 시친, 『수메르 혹은 신들의 고향』, 이근영 역, 서울: 이른아침, 2009, 251면.
2. 같은 곳.
3. 위의 책, 86면.
4. 계연수 편저, 『환단고기』, 대전: 상생출판, 2012, 161-162면 참조.
5. S. N. 크레이머, 『역사는 수메르에서 시작되었다: 인류 역사상 최초 39가지』, 박성식 옮김, 서울: 가람기획, 2002, 4-5면. 서양 역사상 최초로 수메르에서 시작된 것들: 학교, '촌지', '청소년 문제', '신경전', '양원제', '역사가', '세금 감면', '모세', '판례', '의학서', '농업서', '나무 그늘 원예술', '창조론과 우주론', '도덕적 사고', '욥', '속담과 격언', '동물 설화', '문학 논쟁', '성서', '노아', '부활', '성 조지Saint George', '문학적 인용', '영웅시대', '사랑 노래', '도서 목록', '황금시대', '병든 사회', '종교적 애도가', '메시아', '마라톤 우승자', '문학적 상상력', '성적 상징성', '슬픔에 잠긴 성모', '자장가', '문학적 초상', '만가', '노동자 승리', '수족관'.
6. 조철수, 『수메르 신화』, 파주: 서해문집, 2003, 153-159면.
7. 길가메시 서사시는 19세기 고고학자들이 중동 지방에 묻힌 고대 도시들을 발굴하면서 세상에 알려지기 시작한 작품이다. 이전에는 창세기의 내용이 알려졌을 뿐인데, 길가메시 서사시의 발굴로 인해 수메르의 우루크 지방으로 타임머신을 타고 갈 수 있게 되었다. 길가메시 서사시는 호머가 쓴 일리아드, 오디세이 서사시보다 적어도 1500년 먼저 쓰였는데, 이 사실만으로도 세계문학사에서 획기적인 사건이 된다. 길가메시 서사시는 대부분 기원전 2천 년대 초반에 이미 쓰인 것으로 알려져 있다.
8. N. K. 샌다스, 『길가메시 서사시』, 이현주 옮김, 파주: 범우사, 1999, 15면.
9. 위의 책, 71-72면.

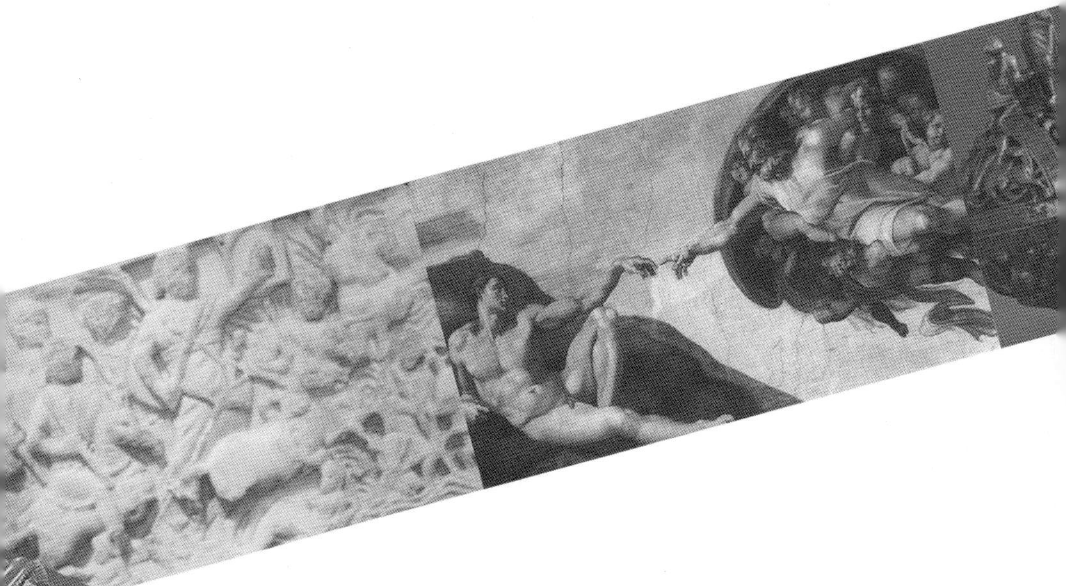

제2장

히브리 신화와 문화

이스라엘과 지중해 주변의 중동 국가

이스라엘

헤브라이즘

일반적으로 볼 때 그리스적 사유에 비해 히브리적 사유는 동적이고 열정적이다. 이스라엘의 하나님 야훼는 말씀을 행동화하고 그 행동을 실천하는 가운데 신의 능력과 은혜를 증명해 보인다. 이런 맥락에서 죄를 범한 자에 대한 야훼의 심판은 때로 지나치다 싶을 정도로 엄격하고 어떤 때는 야속할 정도로 가차없다.

'히브리Hebrew'는 이스라엘 민족의 선민사상이 반영되어 있는 용어이기 때문에 히브리인은 하느님 백성을 일컫는다. 그리고 유대인도 히브리인과 이스라엘 민족을 칭한다. 이렇게 볼 때 히브리인과 유대인, 그리고 이스라엘 백성은 동일한 민족을 일컫는 다른 말이다. 하지만 이 세 용어는 그 생성 기원과 사용에 있어서 각각 고유의 의미를 가지고 있다. '히브리인'은 우선 아브라함의 자손을 일컫는다. '강을 건너는 사람' 또는 '이리저리 옮겨 다니는 사람'을 의미하기 때문에 '히브리인'이라고 하면 이집트에서 4백 년 이상을 노예로 살다가 모세의 지도 아래 출애굽을 감행한 이스라엘 백성들이 연상되고 21세기까지 지속되고 있는 이스라엘 민족의 디아스포라가 떠오른다.

이스라엘은 야곱의 또 다른 이름이다. 야곱의 아버지가 이삭이고 할아버지가 아브라함이기 때문에 이스라엘 사람이라고 하면 그 역시 아브라함의 자손임을 뜻한다. 이런 맥락에서 히브리인과 이스라엘 사람은 같은 조상의 동일한 뿌리를 가지고 있고 유대인 역시 아브라함의 계보에 등장하는 아브라함의 후손이다. 물론 21세기에 사용되는 이스라엘은 국제 사회에서 통용되는 공식 국가명이고, 이스라엘 사람은 이스라엘 시민권자 모두를 말하는데, 여기에는 유대인은 물론 아랍인들도 포함된다.

히브리 신화와 문화를 제대로 이해하고 21세기 중동의 현상을 더 정확하게 파악하기 위해서는 유대인에 대해 좀 더 상세하게 알아볼 필요가 있다.

유대인은 본래 유다 사람을 말한다. 유다는 야곱이 낳은 열두 아들 중 한 명이다. 야곱이 낳은 아들들이 이스라엘 민족의 12지파를 이루는데, 그 지파 중 한 개가 유다 족속이다. 유다 족속에서 다윗이 태어나고, 다윗이 유다의 왕이 되어 처음에는 유다 사람들을 다스리다가 나중에 이스라엘 왕이 되어 이스라엘 전체를 다스리게 된다. 다윗의 아들이 솔로몬이고 솔로몬의 아들이 르호보암인데, 르호보암 때 이스라엘이 북 이스라엘과 남 유다로 나뉘어 북쪽은 솔로몬의 신하 여로보암이, 남쪽은 솔로몬의 아들 르호보암이 각각 통치한다. 결국 북 이스라엘은 앗수르에 의해, 남 유다는 바빌론에 의해 멸망하고 수 세기가 흐르는데, 수백 년 동안 아브라함의 후손으로서 이스라엘의 정체성을 그나마 유지해 온 것은 남쪽의 유다 사람이었다. 바로 이들이 이때부터 유대인으로 불린다. 이렇게 볼 때 유대인은 아브라함의 자손이면서 구체적으로 유다와 다윗의 후손을 말한다.

예수 역시 유대인의 자손이다. 그런데 예수를 십자가에 못 박아 죽인 자들 역시 유대인이다. 이 지점에서 유대인과 유대교인을 구분할 필요가 있다. 엄격하게 말하자면 예수의 존재를 부인하고 예수에 의한 구원의 역사를 부정하는 자는 유대교도인 유대인들이다. 이스라엘에는 유대교를 믿는 유대인도 있고, 유대교 외에 타종교를 믿는 유대인도 있으며, 예수를 믿는 유대인도 있다. 예수를 메시아로 믿는 사람은 채 1%도 안 되는데, 이스라엘 초대 교회 신자들 대부분이 유대인이었으며 사도 바울과 베드로를 포함한 예수의 열두 제자 등도 유대인이다.

유대인들은 히틀러의 홀로코스트를 비롯해서 역사적으로 수천 년 동안 유대인 말살을 책동하는 반유대주의에 직면해 왔다. 그것은 한편으로 1948년 이스라엘 국가 수립 후 중동 여러 나라와 이스라엘 사이의 수차례 전쟁과 이란의 핵무기 개발, 이스라엘에 대한 핵 공격 위협의 형태로 전개되고, 또 다른 한편으로 중세와 심지어 구약성서와 신화 속에 표출된 반유대인 감정으로 확인된다.

중세 유럽의 종교재판에서 유대인 말살 의도가 노골화되어 유대인들이 중세 마녀사냥의 희생제물이 되기도 한다. 유대인을 대상으로 하는 강제 개종과 강제 추방, 로마에 의한 2차 성전 파괴 사건과 유대인 디아스포라 등, 이 모든 것들이 중세 반유대주의를 표방하는 일련의 역사적인 사실이다. 또한 구약성서 「에스더」에 나오는 하만장관의 유대인 말살 계획, 모압 족속과 이스라엘 민족의 투쟁, 그리고 장자의 권리를 둘러싼 에서와 야곱의 투쟁 등도 반유대주의라는 집단 트라우마를 끄집어 낼 수 있는 성경의 내용이다.

이러한 신화적 · 성서적 · 역사적 사실로 미루어볼 때, 유대인의 역사는 한마디로 말해 고난과 핍박으로 점철되어 있다. 한 민족의 존재 조건이 이렇게 처참할 경우, 현실을 부정하거나 현실과 타협 또는 현실에 굴복하는 것이 보통인데, 말하자면 전자의 경우가 유대인의 정체성을 유지하는 방식이고 후자의 경우가 유대인의 정체성을 포기하고 동화를 선택하는 생존 전략이다. 하지만 국가가 없는 상태에서는 그 어떤 것도 반유대주의에 대한 유대인의 생존 전략이 되지 못하는데, 홀로코스트가 그것을 여실히 증명해 준다.

유대인의 시오니즘 운동이 시작된 이유가 바로 여기에 있다. 그리고 시오니즘 운동의 결과, 비록 '시온'이라는 약속의 땅 팔레스타인에 이스라엘 국가가 세워진 것은 아니지만 어쨌든 1948년에 예루살렘을 중심으로 이스라엘 국가가 탄생한다. 그리고 그렇게 세워진 국가의 존립을 위협하는 것에 대해 그것이 무엇이든지 간에 타도와 제거의 대상임을 천명한다. 이것이 분리와 동화의 과정을 겪으면서 유대인이 선택한 생존 전략이고 그 전략에 따라 이스라엘과 팔레스타인의 반목 내지 분쟁 관계는 불가피해진다.

이스라엘과 팔레스타인의 분쟁은 시공간적으로 단순히 20세기의 특정 영토에 국한된 전쟁이 아니다. 신약성서에 나오는 유대인은 아브라함이 하나님께 약속 받은 땅 가나안, 즉 지금의 팔레스타인에 살고 있었다. 하지만 디아스포라 이후 유대인들은 유럽 각지에 뿔뿔이 흩어져 살게 되고 본래 유대인의 땅이었던 가나안에 아랍인들이 들어와서 살게 된다. 수백 년 떠돌이 생활을 하던 유대인들의 가나안 입성에 대한 소망은 유대인의 정체성과 관련해서 도저히 포기할 수도, 버릴 수도 없는 것이다. 마침내 2차 세계 대전 이후 미국의 승리에 결정적인 역할을 한 이스라엘이 미국의 도움으로 독립 국가를 세우게 되는데, 이때 유대인들이 아랍인의 점유지인 팔레스타인을 그 근거지로 삼고자 했기 때문에 이스라엘과 팔레스타인의 분쟁이 본격화된다.

이슬람 세계 들여다보기

이스라엘의 건국과 건국 이후 이스라엘과 팔레스타인의 분쟁에 미국과 이슬람 국가들이 개입함으로써 결국 수차례의 중동 전쟁이 발발한다. 새 밀레니엄 벽두에 발생한 9 · 11 테러를 발화점으로 기독교와 이슬람교로 대변되는 문명의 충돌이 첨예화되고 극단화된다. 그 과정에서 한편으로는 이슬람과 이슬람교, 이슬람 국가 등에 대한 관심이 고조되고 다른 한편으로는 이슬람 원리주의가 폭력과 테러를 앞세워 세계사의 전면에 부상한다. 이런 상황에서 극악무도한 테러를 일삼는 이슬람 원리주의자들과 이슬람을 동일시하는 우를 범하게 되고 그 결과 이슬람에 대한 오해가 점점 더 커지고 있다.

근대 이슬람 원리주의 이론의 창시자인 사이드 쿱듭에 의하면 무함마드 탄생을 기준으로 그 이전이 무지와 우매의 시대이고 무함마드의 출현으로 그 시대는 극복된다. 그리고 지금 다시 무함마드 탄생 이전의 상태로 퇴행했다. 사실 이슬람의 창시자인 무함마드의 초기 고민도 우상숭배를 일삼고 무지와 몽매 상태에 놓인 이슬람교도들을 그 상태로부터 벗어나게 하는 것에 초점이 맞춰져 있었다. 무함마드 출현 당시에도 모든 아랍 민족들이 수많은 부족으로 나뉘어져 서로가 서로를 죽이는 무질서한 상황이었다. 이때 무함마드가 이슬람교의 창시자이자 지도자로서 등장해 산산조각 난 아랍 세계를 이슬람을 구심점으로 삼아 연합전선을 구축하고자 했다. 그런데 지금 다시 이슬람 세계가 무함마드 탄생 이전의 무질서한 상태로 전락했기 때문에 사상적으로 무장하고 조직적으로 행동하는 테러 집단이 무력을 사용해서라도 무함마드의 고민을 해결하고 이슬람교의 종교적 신념을 고수하고자 하는 것이다. 이러한 사상을 배경으로 무슬림 형제단 · 알카에다 · 탈레반 · 헤즈볼라 · 하마스 등 거의 모든 무슬림 투쟁 조직이 생겨난다.

이러한 사이클, 즉 무함마드 탄생 이전의 미개 상태 내지 무법 천지가 무함마드의 등장으로 극복되고 정리되는 현상은 이슬람 역사에서 반복적으로 나타나는데, 이슬람 원리주의자들은 이러한 현상을 역사적 교훈으로 삼아 자신들의 정체성을 무함마드에게서 찾고, 자신들의 테러를 정당화하며, 자신들의 파괴행위를 합법화한다. 유럽에서 십자군 전쟁이 일어난 당시 중동의 아랍 지역은 정치적 분열이 극에 달하여 암살과 파괴가 판을 치는 그야말로 무법 천지였다. 그러다보니 아랍 세계는 도시 국가를 중심으로 편성된 십자군에게 거듭 패할 수밖에 없었고 마침내 이슬람의 3대 성지인 예루살렘마저 함락된다. 그런데 이때 살라딘이라는 아랍 세계의 지도자가 등장해서 분열된 아랍 세계를 하나로 결집하고 예루살렘을 탈환하며 마침내 십자군을 물리친다.

2차 세계대전 이후에도 이러한 현상은 동일한 패턴으로 반복된다. 중동의 아랍 국가들이 서구열강에 의해 분열되고 각 중동 국가들이 서로의 분열을 획책하는 동안 예루살렘을 중심으로 이스라엘이 건국된다. 이스라엘 독립 이후 중동 국가들은 수차례의 중동 전쟁을 통해 이스라엘을 몰아내기 위해 시도하지만 합의점을 도출하지 못해 결국에는 실패한다. 이러한 상황에서 무함마드와 중세의 살라딘과 같은 강력한 힘을 지닌 지도자에 대한 염원이 이슬람 원리주의자들의 신념과 결합되어 ISIS와 같은 테러 집단이 속출한다. 하지만 이 지점에서 분명히 짚고 넘어가야 하는 것은 이슬람 사람들이 모두 이슬람교도들이 아니며 이슬람교도들이라고 해서 전부 이슬람 원리주의자가 아니라는 사실이다.

창조 신화_창세기

제1장

1 태초에 하나님이 천지를 창조하시니라
2 땅이 혼돈하고 공허하며 흑암이 깊음 위에 있고 하나님의 영은 수면
위에 운행하시니라
3 하나님이 이르시되 빛이 있으라 하시니 빛이 있었고
4 빛이 하나님이 보시기에 좋았더라 하나님이 빛과 어둠을 나누사
5 하나님이 빛을 낮이라 부르시고 어둠을 밤이라 부르시니라 저녁이
되고 아침이 되니 이는 첫째 날이니라
6 하나님이 이르시되 물 가운데에 궁창이 있어 물과 물로 나뉘라 하시고
7 하나님이 궁창을 만드사 궁창 아래의 물과 궁창 위의 물로 나뉘게 하
시니 그대로 되니라
8 하나님이 궁창을 하늘이라 부르시니라 저녁이 되고 아침이 되니 이
는 둘째 날이니라
9 하나님이 이르시되 천하의 물이 한 곳으로 모이고 뭍이 드러나라 하
시니 그대로 되니라
10 하나님이 뭍을 땅이라 부르시고 모인 물을 바다라 부르시니 하나님
이 보시기에 좋았더라

11 하나님이 이르시되 땅은 풀과 씨 맺는 채소와 각기 종류대로 씨 가
진 열매 맺는 나무를 내라 하시니 그대로 되어
12 땅이 풀과 각기 종류대로 씨 맺는 채소와 각기 종류대로 씨 가진 열
매 맺는 나무를 내니 하나님이 보시기에 좋았더라
13 저녁이 되고 아침이 되니 이는 셋째 날이니라
14 하나님이 이르시되 하늘의 궁창에 광명체들이 있어 낮과 밤을 나뉘
게 하고 그것들로 징조와 계절과 날과 해를 이루게 하라
15 또 광명체들이 하늘의 궁창에 있어 땅을 비추라 하시니 그대로 되니라
16 하나님이 두 큰 광명체를 만드사 큰 광명체로 낮을 주관하게 하시고
작은 광명체로 밤을 주관하게 하시며 또 별들을 만드시고
17 하나님이 그것들을 하늘의 궁창에 두어 땅을 비추게 하시며
18 낮과 밤을 주관하게 하시고 빛과 어둠을 나뉘게 하시니 하나님이 보
시기에 좋았더라
19 저녁이 되고 아침이 되니 이는 넷째 날이니라
20 하나님이 이르시되 물들은 생물을 번성하게 하라 땅 위 하늘의 궁창
에는 새가 날으라 하시고
21 하나님이 큰 바다 짐승들과 물에서 번성하여 움직이는 모든 생물을
그 종류대로, 날개 있는 모든 새를 그 종류대로 창조하시니 하나님이
보시기에 좋았더라
22 하나님이 그들에게 복을 주시며 이르시되 생육하고 번성하여 여러
바닷물에 충만하라 새들도 땅에 번성하라 하시니라
23 저녁이 되고 아침이 되니 이는 다섯째 날이니라
24 하나님이 이르시되 땅은 생물을 그 종류대로 내되 가축과 기는 것과
땅의 짐승을 종류대로 내라 하시니 그대로 되니라
25 하나님이 땅의 짐승을 그 종류대로, 가축을 그 종류대로, 땅에 기는
모든 것을 그 종류대로 만드시니 하나님이 보시기에 좋았더라

26 하나님이 이르시되 우리의 형상을 따라 우리의 모양대로 우리가 사
람을 만들고 그들로 바다의 물고기와 하늘의 새와 가축과 온 땅과 땅
에 기는 모든 것을 다스리게 하자 하시고
27 하나님이 자기 형상 곧 하나님의 형상대로 사람을 창조하시되 남자
와 여자를 창조하시고
28 하나님이 그들에게 복을 주시며 하나님이 그들에게 이르시되 생육
하고 번성하여 땅에 충만하라, 땅을 정복하라, 바다의 물고기와 하늘
의 새와 땅에 움직이는 모든 생물을 다스리라 하시니라
29 하나님이 이르시되 내가 온 지면의 씨 맺는 모든 채소와 씨 가진 열
매 맺는 모든 나무를 너희에게 주노니 너희의 먹을거리가 되리라
30 또 땅의 모든 짐승과 하늘의 모든 새와 생명이 있어 땅에 기는 모든 것
에게는 내가 모든 푸른 풀을 먹을거리로 주노라 하시니 그대로 되니라
31 하나님이 지으신 그 모든 것을 보시니 보시기에 심히 좋았더라 저녁
이 되고 아침이 되니 이는 여섯째 날이니라

제2장

1 천지와 만물이 다 이루어지니라
2 하나님이 그가 하시던 일을 일곱째 날에 마치시니 그가 하시던 모든
일을 그치고 일곱째 날에 안식하시니라
3 하나님이 그 일곱째 날을 복되게 하사 거룩하게 하셨으니 이는 하나
님이 그 창조하시며 만드시던 모든 일을 마치시고 그 날에 안식하셨음
이니라
4 이것이 천지가 창조될 때에 하늘과 땅의 내력이니 여호와 하나님이
땅과 하늘을 만드시던 날에
5 여호와 하나님이 땅에 비를 내리지 아니하셨고 땅을 갈 사람도 없었
으므로 들에는 초목이 아직 없었고 밭에는 채소가 나지 아니하였으며

6 안개만 땅에서 올라와 온 지면을 적셨더라
7 여호와 하나님이 땅의 흙으로 사람을 지으시고 생기를 그 코에 불어
넣으시니 사람이 생령이 되니라
8 여호와 하나님이 동방의 에덴에 동산을 창설하시고 그 지으신 사람
을 거기 두시니라
9 여호와 하나님이 그 땅에서 보기에 아름답고 먹기에 좋은 나무가 나
게 하시니 동산 가운데에는 생명나무와 선악을 알게 하는 나무도 있더라
10 강이 에덴에서 흘러 나와 동산을 적시고 거기서부터 갈라져 네 근원
이 되었으니
11 첫째의 이름은 비손이라 금이 있는 하윌라 온 땅을 둘렀으며
12 그 땅의 금은 순금이요 그 곳에는 베델리엄과 호마노도 있으며
13 둘째 강의 이름은 기혼이라 구스 온 땅을 둘렀고
14 셋째 강의 이름은 힛데겔이라 앗수르 동쪽으로 흘렀으며 넷째 강은
유브라데더라
15 여호와 하나님이 그 사람을 이끌어 에덴동산에 두어 그것을 경작하
며 지키게 하시고
16 여호와 하나님이 그 사람에게 명하여 이르시되 동산 각종 나무의 열
매는 네가 임의로 먹되
17 선악을 알게 하는 나무의 열매는 먹지 말라 네가 먹는 날에는 반드
시 죽으리라 하시니라
18 여호와 하나님이 이르시되 사람이 혼자 사는 것이 좋지 아니하니 내
가 그를 위하여 돕는 배필을 지으리라 하시니라
19 여호와 하나님이 흙으로 각종 들짐승과 공중의 각종 새를 지으시고
아담이 무엇이라고 부르나 보시려고 그것들을 그에게로 이끌어 가시
니 아담이 각 생물을 부르는 것이 곧 그 이름이 되었더라
20 아담이 모든 가축과 공중의 새와 들의 모든 짐승에게 이름을 주니라

아담이 돕는 배필이 없으므로
21 여호와 하나님이 아담을 깊이 잠들게 하시니 잠들매 그가 그 갈빗대
하나를 취하고 살로 대신 채우시고
22 여호와 하나님이 아담에게서 취하신 그 갈빗대로 여자를 만드시고
그를 아담에게로 이끌어 오시니
23 아담이 이르되 이는 내 뼈 중의 뼈요 살 중의 살이라 이것을 남자에
게서 취하였은즉 여자라 부르리라 하니라
24 이러므로 남자가 부모를 떠나 그의 아내와 합하여 둘이 한 몸을 이
룰지로다
25 아담과 그의 아내 두 사람이 벌거벗었으나 부끄러워하지 아니하
니라[10]

영웅 신화_창세기 영웅

아담은 하나님이 최초로 만든 인류의 조상이다. 아담의 아들로서 성경에 이름이 올라 있는 사람은 카인과 아벨, 그리고 셋이다. 카인이 아벨을 죽였기 때문에 카인의 자손은 살인자의 자손이 되고 믿음의 자손은 셋을 통해 태어난다. 그중에 노아가 있다. 하나님이 죄를 지은 인류를 멸하고자 홍수를 일으켰을 때 노아와 노아의 가족만이 유일하게 살아남는다. 그래서 노아가 새로운 인류의 조상이 된다. 노아의 아들 세 명, 즉 셈과 함과 야벳 중 셈의 후손으로 아브라함이 태어난다. 아브라함 이후 인간들은 역시 죄를 짓고 타락한다. 홍수 이후 더 이상 물로 심판하지 않겠다는 약속을 지키기 위해 하나님은 믿음의 조상 아브라함을 세운다. 아브라함을 중심으로 이스라엘 민족이 형성되고 믿음의 역사가 시작된다. 아브라함이 이스마엘과 이삭을 낳고, 이삭이 야곱을 낳고 바로 이 야곱이 4명의 아내

로부터 모두 12명의 아들을 낳는데, 그중에 라헬에게서 낳은 요셉이 있다.

이집트의 총리가 된 요셉을 통해 이집트로 건너온 야곱 일가는 이집트에서 약 430년 동안 머물다가 마침내 모세의 인도 하에 하나님이 약속한 땅 가나안을 향해 이집트를 떠나는데, 이 사건을 일컬어 출애굽이라고 한다. 애굽의 바로왕이 이스라엘 백성들의 출애굽을 반대하고 방해했지만 결국 애굽에 내린 하나님의 재앙으로 이스라엘 민족은 이집트 탈출을 감행한다. 나일강 삼각주를 떠나 남쪽으로 여정을 정하고 40년 동안 유랑 생활을 하지만 하나님은 구름기둥과 불기둥으로 이스라엘 백성들의 길을 밝히고, 홍해를 갈라 이스라엘 백성들을 무사히 건너게 하며, 바위에서 물이 나오게 하고 만나와 메추라기를 음식으로 공급한다.

| 쉬어가는 코너 |

영화 「엑소더스 신들과 왕들」, 감독: 리들리 스콧, 미국 · 영국(2014)

구약성서에 나오는 모세의 일생은 영웅신화의 구조를 충실히 따르고 있다. 출애굽기 2장에 기록되어 있는 모세의 일생은 다음과 같다.

레위 가족 중 한 사람이 가서 레위 여자에게 장가들어[1] 그 여자가 임신하여 아들을 낳으니 그가 잘 생긴 것을 보고 석 달 동안 그를 숨겼으나[2] 더 숨길 수 없게 되매 그를 위하여 갈대 상자를 가져다가 역청과 나무진을 칠하고 아기를 거기 담아 나일 강 가 갈대 사이에 두고[3] 그의 누이가 어

떻게 되는지를 알려고 멀리 섰더니 4 바로의 딸이 목욕하러 나일 강으
로 내려오고 시녀들은 나일 강 가를 거닐 때에 그가 갈대 사이의 상
자를 보고 시녀를 보내어 가져다가 5 열고 그 아기를 보니 아기가 우
는지라 그가 그를 불쌍히 여겨 이르되 이는 히브리 사람의 아기로다
6 그의 누이가 바로의 딸에게 이르되 내가 가서 당신을 위하여 히브
리 여인 중에서 유모를 불러다가 이 아기에게 젖을 먹이게 하리이까
7 바로의 딸이 그에게 이르되 가라 하매 그 소녀가 가서 그 아기의 어
머니를 불러오니 8 바로의 딸이 그에게 이르되 이 아기를 데려다가 나
를 위하여 젖을 먹이라 내가 그 삯을 주리라 여인이 아기를 데려다가
젖을 먹이더니 9 그 아기가 자라매 바로의 딸에게로 데려가니 그가 그
의 아들이 되니라 그가 그의 이름을 모세라 하여 이르되 이는 내가 그
를 물에서 건져내었음이라 하였더라 10 모세가 장성한 후에 한번은 자
기 형제들에게 나가서 그들이 고되게 노동하는 것을 보더니 어떤 애
굽 사람이 한 히브리 사람 곧 자기 형제를 치는 것을 본지라 11 좌우
를 살펴 사람이 없음을 보고 그 애굽 사람을 쳐죽여 모래 속에 감추
니라 12 이튿날 다시 나가니 두 히브리 사람이 서로 싸우는지라 그 잘
못한 사람에게 이르되 네가 어찌하여 동포를 치느냐 하매 13 그가 이
르되 누가 너를 우리를 다스리는 자와 재판관으로 삼았느냐 네가 애
굽 사람을 죽인 것처럼 나도 죽이려느냐 모세가 두려워하여 이르되
일이 탄로되었도다 14 바로가 이 일을 듣고 모세를 죽이고자 하여 찾
는지라 모세가 바로의 낯을 피하여 미디안 땅에 머물며 하루는 우물
곁에 앉았더라 15 미디안 제사장에게 일곱 딸이 있었더니 그들이 와서
물을 길어 구유에 채우고 그들의 아버지의 양 떼에게 먹이려 하는데
16 목자들이 와서 그들을 쫓는지라 모세가 일어나 그들을 도와 그 양

떼에게 먹이니라[17] 그들이 그들의 아버지 르우엘에게 이를 때에 아버지가 이르되 너희가 오늘은 어찌하여 이같이 속히 돌아오느냐[18] 그들이 이르되 한 애굽 사람이 우리를 목자들의 손에서 건져내고 우리를 위하여 물을 길어 양 떼에게 먹였나이다[19] 아버지가 딸들에게 이르되 그 사람이 어디에 있느냐 너희가 어찌하여 그 사람을 버려두고 왔느냐 그를 청하여 음식을 대접하라 하였더라[20] 모세가 그와 동거하기를 기뻐하매 그가 그의 딸 십보라를 모세에게 주었더니[21] 그가 아들을 낳으매 모세가 그의 이름을 게르솜이라 하여 이르되 내가 타국에서 나그네가 되었음이라 하였더라[22] 여러 해 후에 애굽 왕은 죽었고 이스라엘 자손은 고된 노동으로 말미암아 탄식하며 부르짖으니 그 고된 노동으로 말미암아 부르짖는 소리가 하나님께 상달된지라[23] 하나님이 그들의 고통 소리를 들으시고 하나님이 아브라함과 이삭과 야곱에게 세운 그의 언약을 기억하사[24] 하나님이 이스라엘 자손을 돌보셨고 하나님이 그들을 기억하셨더라[25]

모세의 본명인 요김은 '야훼께서 세우신 자'라는 뜻을 가지고 있다. 그리고 우리가 알고 있는 '모세'는 이집트의 공주가 지어 준 이름이다. 이집트 바로왕의 히브리인 말살 정책에 따라 태어나자마자 죽을 운명에 처한 모세는 '하나님께서 세우신 자'로서 그 위기를 모면하고 이집트 공주의 아들로 성장한다. 그리고 람세스와 형제처럼 지낸다. 그러던 어느 날 자신이 히브리인이라는 것을 알게 된 모세는 람세스에게 심한 박해를 받고 힘든 노역에 시달리는 히브리인들을 구하기 위해 람세스와 맞서게 된다. 람세스의 모세와 히브리인에 대한 적대감이 고조되면 될수록 이집트에 대한 하나님의 형벌은 가혹해진다. 결국 자신의 아들을 잃고 난 후 람세스는 히브리인들의 출애굽을 허락한다.

모세가 이스라엘 백성들을 이끌고 이집트에서 나와 약속의 땅 가나안으로 향할 때 람세스는 대대적으로 히브리인들을 공격하고, 그 과정에서 우리는 홍해가 갈라지는 '모세의 기적'을 경험하게 된다. 리들리 스콧 감독의 「엑소더스신들과 왕들」에서는 모세와 람세스가 형제에서 적으로 돌아서게 되는 과정과 그 과정에서 이 두 사람이 겪는 인간적인 갈등과 고뇌가 극적으로 묘사된다. 특히 리들리 스콧 감독은 적으로 돌아선 형제의 치열하고도 위대한 대결을 대서사 블록버스터로 극대화했다고 한다.

생각해 볼 문제

1. 히브리 신화의 의미와 의의를 찾아봅시다.
   1) 하나님의 창조 과정을 서로 이야기해 봅시다.
   2) 히브리 신의 특징을 이야기해 봅시다.
   3) 히브리 신화에서 찾을 수 있는 신화의 힘을 이야기해 봅시다.

2. 히브리 문명 또는 문화와 관련해서 토론해 봅시다.
   1) 수메르와 히브리 문명의 상호 관계에 대해 토론해 봅시다.
   2) 「창세기」를 포함한 구약성서와 신약성서를 어떻게 볼 것인지에 대해 토론해 봅시다.
   3) 히브리 신화 속 남성과 여성의 위상에 대해 토론해 봅시다.

3. 히브리 창조 신화에 대해 스토리텔링 해 봅시다.
   1) 「창세기」에 등장하는 인물 중에 한 명을 골라 스토리텔링 해 봅시다.
   2) 창조 신화에서 하나님과 인간, 그리고 뱀의 관계에 대해 서로 이야기해 봅시다.
   3) 「창세기」에 나오는 홍수와 노아의 방주에 대해 서로 이야기해 봅시다.

4. 「창세기」 내용에 대해 서로 이야기해 봅시다.
   1) 왜 아담과 하와가 뱀에게 유혹을 당하는지 이야기해 봅시다.
   2) 왜 하나님이 아벨에 대한 카인의 살해를 허락하는지 이야기해 봅시다.
   3) 남성과 여성의 관계를 염두에 두고 다음 질문에 답해 봅시다.
      (1) 동정녀 마리아와 예수의 탄생_인간의 아들인가? 신의 아들인가?
      (2) 왜 하나님은 아담의 갈비뼈로 하와를 만들었는가?
      (3) 아담을 유혹한 하와는 팜므파탈인가?

주

10. 큰 글 성경 편찬위원회, 「창세기」, 1-2장, 『큰 글 성경』, 서울: 아가페출판사, 2008.

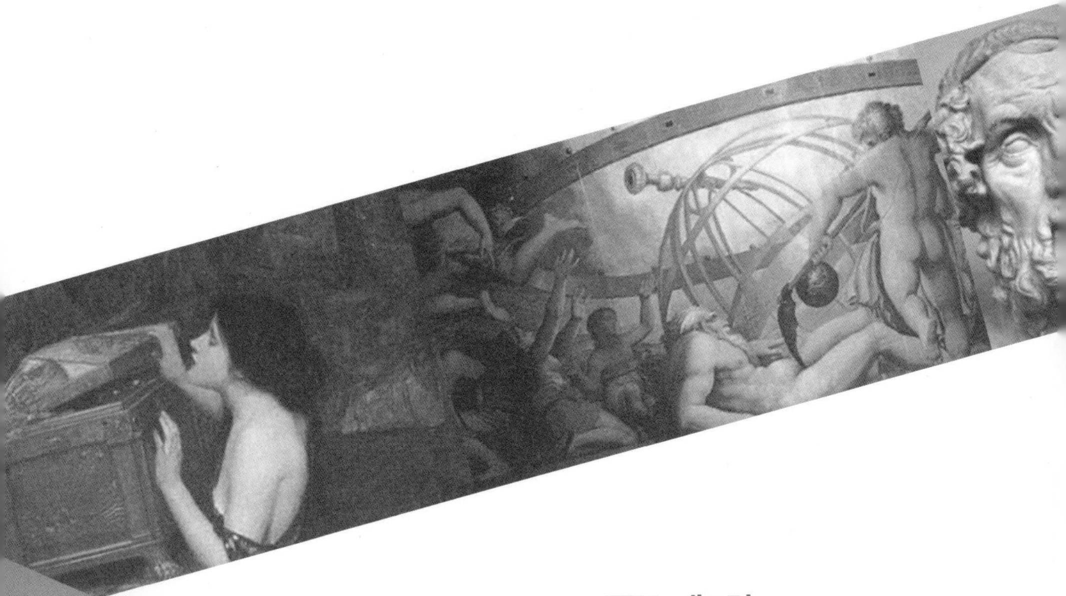

제3장

그리스 신화와 문화

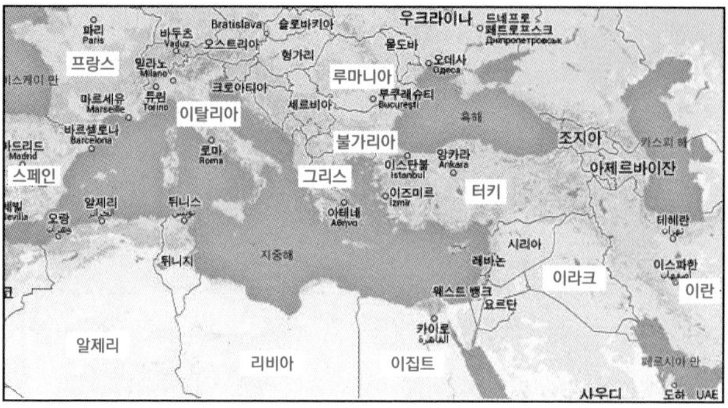

파리
Paris
바두츠
Vaduz
Bratislava
슬로바키아
오스트리아
우크라이나
드네프로페트로프스크
물도바
헝가리
오데사
프랑스
밀라노
Milano
루마니아
크로아티아
마르세유
Marseille
튜린
Torino
부쿠레슈티
București
세르비아
이탈리아
흑해
바르셀로나
Barcelona
불가리아
조지아
로마
Roma
이스탄불
Istanbul
앙카라
Ankara
스페인
그리스
아제르바이잔
이즈미르
İzmir
터키
알제리
튀니스
아테네
테헤란
지중해
시리아
튀니지
레바논
이스파한
이라크
웨스트 뱅크
요르단
이란
카이로
알제리
리비아
이집트
페르시아 만
사우디
도하
UAE

지중해 주변국

그리스 GREECE
MACEDONIA
BULGARIA
ALBANIA
빌립보
데살로니가
까발라
메테오라
에게해
델피
아테네
TURKEY
고린도
밧모
이오스
산토리니
크레테해
로도
지중해
(그레데)
크레테섬

그리스

헬레니즘과 헤브라이즘

기준	헬레니즘	헤브라이즘
사유	정적이고 조화를 추구함	동적이고 정열적임
대상 관찰법	감각을 통한 현실 파악	지각된 대상에 대한 인상 재현
시간관	직선적이고 지속적	사건의 흐름
지향	불변적 피안	종말론적 차안
영원	내세적	현세적
사물, 사건 파악 방식	상징적 · 도구적	동적 · 도구적 · 성품적
삶과 역사, 도덕 법칙	객관적 진리와 명료성	개인적 확신
사유의 특징	분석적	통합적
감각	시각	청각과 촉각
결과물	신학(이론), 논문	성경(실제), 자서전
안다	비인격적 대상에 대한 지식=이론	인격적 대상에 대한 앎=관계

서양 문화는 고대 근동에서 모체를 찾고 고대 근동과 많은 공통분모를 가지고 있기 때문에 헬레니즘이 헤브라이즘과 더불어 서양 문화의 양대 산맥으로 일컬어진다. 또 다른 차원에서 헬레니즘은 마케도니아의 알렉산드로스 대왕B. C. 356-B. C. 323이 기원전 334년 동방원정에 나서 페르시아와 시리아, 페니키아, 이집트를 차례로 정복한 후, 그리스 사람들을 그곳으로 옮겨 살게 하면서 동방에 그리스 문화를 전파하고 그리스 문화와 동방의 문화를 융합함으로써 탄생시킨 문명을 의미한다. 그러니까 기원전 334년부터 알렉산드로스 대왕 사망 후 기원전 30년까지 300년을 보통 헬레니즘 시대라고 말하는데, 그 사이에 이집트를 정복한 마케도니아 혈통의 프톨레마이오스 왕조가 멸망하고 이집트가 로마에 귀속된다.

| 쉬어가는 코너 |

영화 「300: 제국의 부활」, 감독: 노암 머로, 미국(2014)

영화 「300」은 스파르타 왕 레오니다스의 300명 전투 병력 스파르타쿠스와 페르시아 왕 크세르크세스의 100만 군대가 싸운 테르모필레 전투를 다룬 영화이다. 영화의 제목 「300」은 300명으로 구성된 스파르타의 정예 부대를 일컫고 영화도 그리스인의 관점에서 전개된다. 물론 전편에 비해 페르시아인들이 훨씬 더 인간적으로 다루어졌고 페르시아의 여전사 아르테미시아가 그리스에 대해 무자비하고 적대적인 이유도 밝혀진다. 하지만 영화 「300」에서는 여전히 전투에서 패배한 스파르타인들이 영웅으로 묘사되고 최후의 승자인 페르시아인들이 야만인으로 그려지는데, 이 때문에 이 영화가 일종의 오리엔탈리즘을 표방하고 있다는 혐의를 받는다.

동양이 서양에 종속되어 있다는 관점과 서양에 비해 동양이 미개하다는 부정적인 이미지는 기원전 6세기, 그리스와 페르시아의 전쟁에서 이미 형성되었다. 그리스의 역사가 헤로도토스는 『역사』에서 이 전쟁에 대해 썼는데, 헤로도토스가 동양에 대한 편견과 '페르시아' 전쟁에 대한 왜곡의 원조라고 할 수 있다. 말하자면 그리스인 헤로도토스가 그리스인의 관점에서 페르시아 전쟁사를 썼기 때문에 『역사』가 유럽인이 오리엔트를 표현한 가장 대표적인 작품으로 자리 매김한다.

'서양'의 시작이라고 하는 고대 그리스는 당시 페르시아 제국과 전쟁을 치르면서 '페르시아'라는 타문화를 경험한다. 그 뒤 로마 행정 문서에서 처음으로 '오리엔트'와 대비되는 개념인 '옥시덴트'가 나온다. 반면에 로마인들은 스스로를 '옥시덴트', '해가 지는 곳, 서쪽, 서양'이라고 부른다. 이 양극적인 개념이 십자군 전쟁을 계기로 본격적으로 유럽인들의 사전에 등장하는데, 당시 유럽인들은 '예루살렘'에 사는 '오리엔트', 곧 '아랍'인들을 '종교'라는 이름으로 무참히 학살한다. 또한 유럽인들은 보기에 낯설고, 알 수 없고, 때로는 신비하고 색정적인 것에다 '오리엔트'라는 이름을 붙인다. 그리고 이러한 전통이 18세기에 이르러 서양인의 동양에 대한 관심의 일환으로 표출되고 오리엔탈리즘이라는 관점으로 자리잡게 된다.

헤브라이즘은 구약성서를 바탕으로 하는 고대 이스라엘 민족의 유대교를 근간으로 한다. 구약성서에 나오는 여러 선지자들의 이야기 가운데 「이사야」서에 나오는 여호와의 고난과 죽음에 관한 이야기[11]가 신약성서에서 예수의 탄생과 삶, 그리고 십자가에서의 죽음, 부활과 연결되면서 그리스도교 중심의 서양 중세를 대표하는 사상으로 자리 잡게 된다. 말하자면 유대인에 의해 시작된 헤브라이즘이 유럽의 헬레니즘과 접촉을 하고 그리스도교와 긴밀한 관계를 맺으면서 유대인의 전유물이 아닌 전 유럽인의 문화로 자리를 잡아 나름대로 독자적인 철학과 사상적 체계를 구축하고 헬레니즘과 더불어 서양의 양대 원류라는 위상을 갖게 된다.

헤브라이즘의 사상적인 본질은 『구약성서』 안에 담겨져 있으면서 예수 탄생 이후의 이야기인 『신약성서』를 통해 그리스도교로 이어진다. 반면 헬레니즘의 경우에는 호머의 『일리아드』와 『오디세이』를 거쳐 로마로 이어지는데, 이 두 사상이 로마에서 서로 조우함으로써 이후 서양의 문명을 대표한다. 본질적으로 『구약성서』는 '하나님의 감동'을 바탕으로 쓴 책으로 알려져 있다. 하지만 인간들이 도덕적으로 청렴한 삶을 살고 영혼이 깨끗한 상태에 머물러 있기 위해서는 『구약성서』가 정하는 규율과 계명을 엄격하게 지켜야 하기 때문에 『구약성서』는 '이에는 이'와 '눈에는 눈'이라는 이미지를 표방한다. 반면 헬레니즘은 신과 인간의 수직적인 관계가 아닌 양자 간의 수평적인 관계를 표방한다. 따라서 인간에게 정치 · 경제 · 문화 · 예술과 같은 인간의, 인간에 의한, 인간을 위한 현실적인 공간을 마련해준다. 이처럼 헬레니즘과 헤브라이즘은 보편성과 차별성을 동시에 가지고 때로는 대립되고 때로는 상호보완 작용을 하면서 이후 서구 문화를 주도한다.

18세기까지만 해도 '오리엔트'와 '유럽'은 서로 같은 문화벨트를 조성한다. 말하자면 헬레니즘과 헤브라이즘, 그리고 이집트 문명조차도 같은 조상으로부터 유래되었다.

노아	함Ham	이집트 문명
	셈Shem	고대근동과 아시아 〉 헤브라이즘
	야벳Japheth	유럽 〉 헬레니즘

하지만 이와 같이 고대 근동과 유럽의 구조는 18세기 이후에 서서히 무너지기 시작하여 오리엔트와 옥시덴트라는 이원적인 구도를 갖게 되고 결국 동양과 서양은 상호 단절과 대립의 구도로 재편성된다. 르네상스부터 근대가 시작된다고 보기도 하고 산업혁명이 근대의 본격적인 시작을 알린다고도 한다. 모든 질서가 신 중심이었던 것이 인간 중심으로 패러다임이 변하기 시작한 것은 르네상스 때부터이다. 따라서 르네상스를 중세와 구분되는 근대로 보는 관점은 타당하다. 또한 신으로부터의 독립을 선언한 인간이 진정한 의미에서 개인을 발견하기 시작한 계몽주의와 개인의 완성

을 촉진시키는 산업혁명과 더불어 근대가 본격적으로 시작된다는 관점도 동시에 정당성과 타당성을 확보한다.

근대가 진행되면서 1777년에 볼프F. A. Wolf는 고전문헌학을 신학으로부터 독립시킨다. 뒤이어 빙켈만J. J. Winckelmann이 독립적인 고전문헌학의 장을 여는데, 이 사건이 고대 근동과 유럽의 구조 재편성에 결정적인 역할을 한다. 그리고 헤르더J. G. Herder가 독일의 낭만적인 민족주의를 개진한 점도 고대 근동과 유럽의 구조 재편성에 한몫을 한다. 헤르더는 각 국가와 민족, 그리고 종족과 인종이 고유한 정신 문화를 가지고 있기 때문에 그것을 바탕으로 독자적인 발전을 한다고 본다. 그렇기 때문에 특정 민족의 문화적인 정체성 역시 타문화의 영향이나 문화 간의 상호 작용을 통해 만들어지는 것이 아니라 스스로 만들어 가는 것이다. 헤르더 시대에 독일 문화가 '근간 문화' 내지 '유래 문화'가 된 것도 이러한 맥락에서 이해할 수 있다. 말하자면 독일 문화가 다른 모든 문화를 파생시키는 '근간 문화'의 의미를 획득하는데, 바로 이러한 민족주의적인 관점에서 '우월한 것'으로서의 문화가 정당화된다.

또한 고전문헌학자들의 원생 인도 유럽어Proto Indo-European와 그 문화 재구성 작업이 고대 근동과 유럽을 구조적으로 재편성하는데 일조한다. 인도의 대법관이면서 옥스퍼드 대학에서 고전문헌학을 전공한 존스W. Johns 경은 인도에 정착해서 산스크리트어를 배우고 난 후 산스크리트어에 관한 논문을 발표한다. 그 논문에 의하면 산스크리트어가 대부분의 유럽어와 같은 어군에 속하면서 그리스어보다 완벽하고 라틴어보다 어휘가 풍부하다. 또한 동사의 어근과 문법의 형태에서 산스크리트어와 유럽어가 매우 유사하기 때문에 공동의 뿌리에서 유래했을 가능성이 크다는 것이다. 존스 경의 논문 발표 이후 유럽학자들은 산스크리트어가 유럽어에서 파생되었다는 것을 증명하기 위해 고전분투하는데, 그 노력의 부작용으로서 인도-유럽어가 아닌 다른 언어들, 말하자면 셈족 언어와 이집트어를 평가절하하거나 폄하하는 일이 생겨난다.

게다가 르네상스에서 발아한 과학적 사고방식이 19세기 유럽에서 과학주의로 본격화되면서 근대적인 인간은 인간이 추구해야 할 가치를 형이상학적인 가치나 종교적인 전통 내지 신앙이 아닌 구체적이고 경험적인 과학에서 찾게 된다. 과학은 유럽인들의 업적이다. 그리고 유럽인들은 과학을 인간의 최고 업적이라고 주장한다. 과학이라는 인간의 최고 업적을 등에 업고 유럽인들은 유럽인의 순수 혈통을 재구성하기 위해 노아의 세 아들 가운데 '야벳'의 후손임을 부정하고 노아의 혈통에서 벗어난다. 그리고는 유럽인들의 새로운 조상이 될 만한 새로운 종족을 찾아 나서는데, 18세기 말 새롭게 발견된 산스크리트어 중심의 인도를 정복해서 고도의 문명을 건설한 '아리아'인들을 유럽인 혈통의 기원이라고 억지 주장을 펼치기도 한다.

유럽이 고대 근동 문명에 또 다른 관심을 가지기 시작한 것은 산업혁명 이후 경제적인 여유가 생기면서부터이다. 유럽인들은 한편으로 제국주의의 일환으로 비유럽적인 문화를 정복하여 '오리엔트'를 발견했고, 다른 한편으로 '오리엔탈리즘'이라는 이데올로기를 가지고 접근한 중동에서 우연히 자신들의 정체성을 발견하고 '오리엔트'와 조우하게 된다. 그리고 고고학과 고전문헌학의 도움으로 유럽인들은 '헬레니즘'과 '헤브라이즘'이라는 서양 문명의 두 뿌리를 확인하게 된다. 말하자면 서양이 고대 근동의 문명을 나름대로 해석하고 창조하여 헬레니즘이라는 독특한 문명을 만들어 그들 사상의 한 축으로 삼고 고대 셈족의 종교인 유대교, 그리스도교, 이슬람교가 중심이 되어 헤브라이즘이라는 유일신 종교를 만들어 나머지 한 축으로 삼아 비로소 유럽 서양 문명의 양대 축이 형성된 것이다.

그리스 문명과 신화

기원전 2000년경부터 기원전 1400년경에 걸쳐 그리스 본토의 남단에 위치한 지중해 크레타 섬에서는 크레타 문명이 번성하고 있었다. 본토인으로 추정되는 크레타인 중심의 크레타 문명이 그 세력을 확장하여 그리스 본토에까지 큰 영향을 미치게 되는데, 크레타의 왕 미노스의 이름을 따서 크레타 문명을 미노스의 문명이라고 부르기도 한다.

기원전 2000년경부터는 아카이아인이라고 하는 그리스 민족이 북방으로부터 펠로폰네소스 반도로 남하하여 그리스 본토 남부 각지에 여러 소왕국을 건설한다. 미케네와 오르코메노스, 필로스 등이 중심이 되어 미케네 문명을 구축하는데, 그중에서도 특히 미케네가 핵심적인 역할을 수행한다. 그리고 기원전 1600년경부터는 크레타를 대적할 정도로 그 힘이 급속도로 커지면서 독립적인 문명권을 형성하고 크레타 문명이 붕괴된 후에는 지중해 각 지역과의 교류에 교두보적인 역할을 수행하면서 그리스 신화의 원형을 만들어낸다.

기원전 1200년경에는 철기 문명의 도리아인[도리스인]들이 미케네 문명의 그리스 본토로 침입해온다. 도리아인의 그리스 진입 시점에 대해서는 이론의 여지가 있지만 도리아인의 침입으로 말미암아 미케네 문명이 철저하게 파괴되었기 때문에 그 시기를 '그리스의 암흑 시대'라고 보는 것이 통설이었다. 하지만 고고학 연구의 발전에 힘입어 도리아인의 침입이 미케네 문명 붕괴 후라는 가설이 등장하기도 한다. 어쨌든 도리아인이 미케네를 포함하는 펠로폰네소스 반도를 점령한 후 크레타 섬까지 진출하고 나중에는 흑해 연안과 시칠리아 섬, 이탈리아 남부에 이르기까지 많은 식민도시를 세운다.

이러한 문명의 이동 과정을 거치면서 그리스에서는 원주민과 이주민, 그리고 그들의 신앙과 문화가 뒤섞이게 된다. 그리스 신화에서도 이러한 섞임 현상은 당연히 나타난다. 그리고 이렇게 섞이는 과정에서는 신화의 원형이 온전하게 보존되기보다 오히려 변형되거나 왜곡되기도 쉽다. 따라서 신화가 변형되어 나타나거나 이종의 신화도 생겨난다. 신화의 내용 또한 여러 인종과 문화, 신앙 등을 흡수하기 때문에 복잡해지고, 이야기 흐름에 있어서도 불일치와 모순 현상이 비일비재하게 나타나며, 인간의 잣대로는 도저히 납득할 수도, 받아들일 수도 없는 일이 쉽게 일어난다.

기원전 800년경부터 그리스 문명은 지금의 형태로 재정립되기 시작하는데, 이 시기가 말하자면 그리스 사상과 신앙에 있어서의 '차축 시대'에 해당한다. 이때부터 그리스의 국가와 사회 형태가 갖추어지고, 신앙의 뼈대가 만들어지며, 그리스 사상과 예술의 틀이 잡힌다. 고대 그리스라고 할 때 우리가 보통 떠올리는 고전적인 그리스의 이미지가 바로 이 시기에 만들어진다. 그리스 신화 역시『일리아드』와『오디세이』를 쓴 호머와『역사』의 저자 헤로도토스 등에 의해 정리되고 통합되고 재구성되어 지금까지 우리들에게 전해진다. 바로 이 지점에서 우리는 또 한 번 신화가 변형되고 왜곡되었을 가능성을 생각해 볼 수 있다. 섞임의 문화와 신화가 걸러짐의 과정을 거칠 경우, 거르는 작업을 누가 주도하느냐에 따라, 그 당시의 권력 주체가 누구이며 권력 구도가 어떻게 편성되어 있느냐에 따라 본래 내용의 가감과 변형 내지 은폐, 또는 왜곡이 불가피해지기 때문이다. 신화와 문화의 힘에 대한 고민을 해 보아야 하는 이유가 바로 여기에 있다.

| 쉬어가는 코너 |

크레타 관련 그리스 신화

① 제우스와 에우로페 이야기

올림포스의 주신인 제우스가 이리저리 돌아다니다가 페니키아 왕

황소에 올라 탄 에우로페, 유럽연합 상징[12]

의 딸 에우로페를 만나게 된다. 제우스는 에우로페의 아름다움에 반해 황소로 변신하고 에우로페를 자신의 등에 태워 고향인 크레타 섬으로 데려간다. 이때 에우로페가 황소의 등을 타고 다닌 곳이 바로 에우로페의 이름을 딴 유럽이 되고 현재 유럽 연합의 상징도 여기에서 유래한다.

② 미노스 왕과 라비린토스의 미노타우로스

제우스와 에우로페 사이에서 세 아들이 태어나는데, 첫째 아들이 바로 크레타의 왕이 된 미노스이고, 이 왕의 이름을 따서 크레타 문명을 미노스 문명이라고 부르기도 한다. 미노스 왕의 아들 안드레게오스가 아테네에서 열리는 경기에서 매번 승리하여 월계관을 독차지하자 아테네의 왕 아이게우스가 미노스의 아들을 죽여 버린다. 이에 미노스 함대가 아테네를 무찌르고 미노스 왕은 9년마다 아테네 청년과 처녀를 각각 7명씩 제물로 바치라고 요구하는데, 이들은 라비린트라는 미궁에 살고 있는 미노타우로스라는 괴물, 즉 포세이돈의 노여움을 산 미노스 왕비가 낳은 소의 머리를 한 사람 모습의 괴물에게 바쳐진다.

③ 테세우스와 아리아드네

세 번째 청년과 처녀를 바쳐야 할 때 아테네 전역은 큰 슬픔에 잠긴다. 이때 아테네의 왕자 테세우스가 괴물을 죽이고 청년들과 처녀들을 구하겠다고 나선다. 그리고 이 이야기에서 검은 돛과 흰 돛의 이야기가 등장하고 돛을 바꿔 달지 못해 일어나는 비극적인 이야기들이 생겨난다. 크레타 왕국에서 만난 테세우스와 아리아드네는 한눈에 서로 반하게 된다. 연인을 위해 아버지의 뜻을 거역하는 것은 동서고금을 막론하고 사랑에 빠진 여인들이 사랑을 실현하는 방식이다. 아리아드네 역시 예외가 아니다. 테세우스가 괴물을 죽이고 난 후 미로에서 빠져나올 수 있는 방법을 알기 위해 아리아드네는 미궁을 지은 다이달로스를 찾아간다. 그리고는 다이달로스가 일러주는 대로 칼과 털실뭉치를 테세우스에게 건네준다. 공주가 털실을 잡고 있고 테세우스는 실을 풀면서 미궁 속으로 들어가 괴물과 싸워 이긴다. 그리고 털실을 다시 감으면서 미궁을 빠져나와 아리아드네를 데리고 아테네로 달아난다. 이때 테세우스가 검은 돛을 흰 돛으로 바꿔 다는 것을 잊어버리기 때문에 아버지 아이게우스는 절벽에서 투신한다.

④ 다이달로스와 이카로스

테세우스가 아리아드네를 데리고 도망친 사실을 안 미노스 왕은 노발대발한다. 그리고 그 빌미를 제공한 다이달로스와 그의 아들 이카로스를 잡아 라비린트, 즉 미궁에 가둔다. 다이달로스는 새의 날개 하나하나에 초를 녹여 붙인 후 거대한 날개를 만들어 자신과 이카로스에게 달고 하늘로 높이 날아오른다. 그런데 이카로스가 너무 높이 올라가 태양 근처까지 가게 되고 태양열에 초가 녹아 이카로스는 바다에 빠져 죽는다. 슬픔에 잠긴 다이달로스는 다행히 바다 건너 시칠리아 섬에 닿게 되고 그곳에서 숨어살게 된다. 하지만 결국에는 미노스 왕의 책략에 넘어가 발각되는데, 시칠리아 왕의 도움으로 오히려 미노스 왕을 다이달로스 자신이 만든 목욕통 속으로 유인해서 죽인다.

일반적으로 그리스 신화라고 하면 맨 먼저 제우스를 떠올린다. 그리고 보통 그리스 신화는 남성 중심의 가부장적인 신화를 대표하는 것으로 알려져 있다. 하지만 실상은 꼭 그런 것만도 아니다. 그리스 12신 가운데 여신의 수가 남신의 수보다 오히려 많고 제우스가 그리스 신들의 왕으로 등극하기 전에 이미 가이아라는 여신이 그리스 신화의 세계를 지배하고 있었다. 헤시오도스 창조 신화[13]에는 원시 신화에 등장하는 대지모신의 이미지가 여전히 보존되어 있고 최초의 우주 창조자도 여신 가이아로 소개된다. 호머의 신화에서는 여신 테티스와 남신 오케아노시스가 함께 최초의 창조자로 등장한다. 하지만 결국 이들 여신들은 생명 탄생의 의무만 수행하고 자신의 왕위를 남편이나 아들에게 물려주면서 그리스 신화의 무대에서 영원히 사라진다. 이러한 창조 여신들의 퇴위가 여신들의 자율적인 선택인가 아니면 남신들의 강요에 의한 선택인가 하는 문제는 또 다른 논쟁거리로 남는데, 그것은 남성과 여성, 문화와 신화, 히스토리와 히스테리 등의 이원적 대립과 밀접하게 연결되어 있다.[14] 이것은 비단 그리스 신화만의 문제가 아니다. 수메르 신화와 히브리 신화에서도 내용은 조금씩 다르지만 형식적 · 구조적으로 거의 동일하게 제기되는 문제이다.

수메르의 창조 신화인 「에누마 엘리쉬」에서도 우주의 창조자는 모신母神 티아마트이다. 티아마트는 남편 압수와의 사이에서 많은 신들을 낳는다. 그런데 아들 신들이 너무 시끄럽게 군다는 이유로 압수는 아들들을 죽이려고 한다. 이에 티아마트는 아들 신들과 결탁하여 남편이자 아버지인 압수를 살해하는데, 그리스 신화에서 가이아가 제우스, 크로노스와 결탁하여 크로노스와 우라노스를 살해하는 것과 같은 맥락이다. 마침내 티아마트는 젊고 힘센 남성 영웅인 마르두크와 겨루게 된다. 그리고 그 싸움에서 패한 후 남신에게 권력을 이양하고 영원히 사라진다. 바빌로니아 신화에서 혼돈, 즉 티아마트가 살해되는 것은 대립적이고 이원론적인 서구의 전형적인 사고를 보여준다. 말하자면 그것은 거대한 신화적인 장치 안에서 감성에 대한 이성, 여성에 대한 남성의 승리를 정당화하는 일종의 통과 의례인 것이다. 또한 수메르 창조 신화에서 원초적인 어머니 티아마트가 살해당하는 것은 티아마트가 질서를 교란시키고 질서유지에 방해가 되는 위험한 인물이기 때문인데, 여신의 몸이 어떤 질서나 체계를 인정하지 않기 때문에 공포를 유발하는 것으로서 제거의 대상이 된다. 그래서 '여성'을 '자연'과 일치시켜 '남성' 또는 '문화'보다 저급하고 본능적인 것으로 치부하고 여성의 육체로부터 나오는 주변적인 것들을 오염이나 더러운 것으로서 터부시하기도 한다.

기독교 창조 신화에서 남성과 여성의 대립적인 이원성은 훨씬 더 첨예화된다. 이제는 '하나님 아버지'가 최초로 창조한 인간인 '아담'이라는 남성의 갈비뼈를 가지고 '하와'라는 여성을 만든다. 정자와 난자의 수정에 의한 여성의 임신과 출산이라는 생물학적인 생명 탄생의 과정이 히브리 창조 신화에서는 완전히 도외시 된다. 기독교 문화에서 혼돈과 질서의 관계는 종속과 지배라는 수직적인 관계를 견지하고 질서와 창조를 위해 혼돈이 반드시 극복되어야 하는 것으로 규정된다. 그리고 이것이 바로 남성적인 질서와 여성적인 혼돈의 대립 관계를 설명하고 질서에 의해 혼돈이 제거되어야 한다는 정당성을 부여한다.

이처럼 수메르와 히브리, 그리고 그리스 신화에서는 혼돈이 여성과, 창조가 남성과 연결됨으로써 여신에 의한 혼돈이 남신 중심의 질서 유지를 위해 당연히 사라져야 하는 것으로 간주되었다. 심지어 혼돈이 창조를 정당화하는 도구로서 신화 속에 삽입되기도 한다. 이렇듯 최초의 여성적 생명 원리인 혼돈과 그것을 억압하고 지배하는 남성적 창조 원리가 극단적으로 대립되면서 상극으로 치닫는데, 그 과정이 바로 대립적인 이원성으로 점철된 서구의 역사이다.

창조 신화_가이아와 제우스

수메르와 히브리 신화와 마찬가지로 그리스 신화에도 창조 신화가 있는데, 그 차이점은 수메르와 히브리 신화에 나오는 신들이 유일신 전통으로 이어지는 반면 그리스 신화에 나오는 신들은 그렇지 않다는 것이다. 따라서 그리스 신화에서 세계 창조는 절대자인 유일신이 주도하는 창조 방식과는 근본적으로 다르다. 즉 신이 인간과 만물을 창조하는 방식이 아니라 삼라만상이 자연스럽게 생겨나 세계를 형성하고 그 후에 신들도 인간과 마찬가지로 생겨난다. 기원전 800년경에 살았던 서사 시인 헤시오도스가 쓴 『신통기』의 창조 과정을 살펴보면 창조 신화가 부계혈통이 아닌 모계혈통에 의해 비롯된다. 혼돈을 의미하는 카오스가 땅의 여신인 가이아를 낳고, 가이아가 에로스를 낳았다고 하는데, 물론 『신통기』에 나오는 에로스는 나중에 아프로디테의 아들로 일컬어지는 에로스와는 구별된다.

가이아는 땅의 여신으로서 대지가 모든 생명을 탄생시키듯 처녀 생식을 통하여 우주를 만들어내고 심지어 최초의 하늘 신인 우라노스를 낳아서 남편으로 삼는다. 뿐만 아니라 바다와 산의 신도 가이아가 처녀 생식으로 낳은 것들이다. 그리스 창조 신화에서는 하늘과 바다와 산이 전부 다 땅에서 생기고 동격의 위상을 부여받는다. 하늘과 바다와 산이 생기기 전에 땅이, 지모신인 가이아가 존재한다. 가이아의 아들이자 남편인 우라노스를 그 아들인 크로노스가 살해하고, 제우스 역시 아버지 크로노스를 살해한다. 이렇게 그리스 신화의 창조 이야기는 이어진다.

가이아와 우라노스의 결합에 의한 신들의 탄생은 더 이상 처녀 생식의 산물이 아니다. 이때부터는 남신과 여신의 직접적인 결합이 이루어지는데, 가이아와 우라노스 사이에서 티탄족의 형제와 자매 12신이 태어난다. 이들 중 막내 아들이 바로 아버지인 우라노스를 죽인 크로노스이고, 이 크로노스의 후손이 바로 우리가 알고 있는 올림포스 12신이다. 가이아는 남편 우라노스와 결합하여 티탄족을 낳기도 하지만 우라노스의 주체할 수 없는 성욕에 의해 외눈박이 괴물 키클롭스 삼형제와 100개의 팔과 50개의 머리가 달린 괴물 헤카톤케이레스 삼형제를 낳기도 한다. 아버지 우라노스는 괴물 아들들이 보기 싫어 땅속 깊은 곳에 있는 타르타로스에 가둬버리는데, 여기에서 말하는 '땅속 깊은 곳'은 바로 가이아의 몸속을 의미한다. 우라노스가 괴물 아들들을 가이아의 몸속으로 다시 넣었기 때문에 가이아의 고통은 이루 말할 수 없었고, 이러한 우라노스의 처사가 크로노스에 의한 아버지의 생식기 거세와 가이아와 우라노스, 즉 땅과 하늘의 분리라는 결과를 초래한다.

우라노스를 제거한 크로노스의 불안은 어쩌면 당연하다. 자식에 의한 살해를 두려워한 나머지 크로노스는 태어나는 자식을 모두 삼켜버린다. 크로노스와 레아 사이에서 막내 아들로 태어난 제우스는 어머니 레아의 속임수로 생명을 건진다. 그리고 운명에 따라 크로노스가 토해낸 형제들과 힘을 합쳐, 그리고 가이아가 풀어준 키클롭스들의 도움을 받아 아버지인 크로노스를 몰아낸다. 이때 키클롭스들은 가지고 있던 천둥과 번개와 벼락을 제우스에게 선물로 준다. 제우스가 아버지 크로노스를 죽이고 어머니 가이아를 몰아냄으로써 어머니 혈통 중심의 그리스 신화는 영원히 사라지고 남신 중심의 그리스 신화로 재탄생된다.

영웅 신화_프로메테우스

일반적으로 신과 인간의 관계는 수직적이고 인간은 결코 신의 경지에 이를 수 없다. 인간이 신의 영역을 넘보거나 침범할 경우, 신은 인간에게 죄를 묻고 벌을 내린다. 게다가 인간은 자신의 운명이 신에 의해 결정된다고 믿는데, 이것은 다수의 신들 중에 최고의 유일신을 정해 그 신을 절대화하는 수메르와 히브리 전통에 입각한 신관이다. 하지만 그리스 신화에서 신과 인간의 관계는 어느 정도 수평적이다. 기본적으로 신도 인간도 혼돈을 의미하는 땅의 여신 가이아에게서 태어났기 때문에 그 태생에 있어서 신과 인간은 동등한 동족이다.

하지만 헤시오도스의 교훈시 「노동과 나날」에서는 제우스를 비롯한 올림포스의 신들이 인간을 만든 것으로 되어 있다. 신들은 황금 종족과 백은 종족, 청동 종족과 영웅, 철의 종족을 순차적으로 만드는데, 철의 종족에 속하는 마지막 세대의 인간은 결국 화를 당하고 스스로 멸망하게 된다. 또 헤시오도스의 『신통기』에는 제우스와 프로메테우스의 이야기가 나오는데, 이 이야기를 통해 신과 반신과 인간의 위상 내지 관계가 재구성된다.

너의 하늘은 덮으라, 제우스여
구름 안개로!
그리고 엉겅퀴
목을 똑똑 따는 소년처럼
참나무와 산 언덕과 겨루어 보라!
하지만 내 땅은
그대로 두라,
네가 짓지 않은

내 오두막은 그대로 두라,
그 불로 하여
네가 나를 시샘하는
나의 화덕도 그대로 두라.

태양 아래서 너희 신들보다
더 초라한 이를 나는 알지 못한다.
너희는 권위의 명맥을
동냥과
기도의 입김으로
근근이 이어가고 있다.
그러니 어린아이와 거지들,
희망에 가득 찬 바보들이 없었더라면
굶주렸을 것을.

내 어린아이였을 적에
들고 나는 곳을 몰랐을 적에
나의 길 잃은 눈을
태양으로 향하였다. 마치 그 너머에 있기라도 한 듯이
내 탄식을 들어 줄 귀 하나
내 마음 같은 마음 하나,
억눌린 자들을 가엾이 여기는 마음 하나 있기라도 한 듯이.

거인들의 오만에 맞서
나를 도와준 자 누가 있었던가?
죽음으로부터, 노예 상태로부터

나를 구해준 자 누가 있었던가?
네가 모든 것을 스스로 완성하지 않았더냐
성스럽게 불타는 가슴이여?
젊고 선한 너는 불타지 않았더냐
기만당한 채, 저 높은 곳에서 잠자는 이에게
구원해 준 데 감사까지 하며?

나더러 너를 존경하라고? 무엇 때문에?
그 어떤 짐에 눌린 자의
고통을 네가 덜어 준 적이 있더냐?
그 어떤 불안에 떠는 자의
눈물을 네가 씻어 준 적 있더냐?
나를 단련시켜 남자로 만들어 준 것은
전능한 시간이 아니었던가
나의 주인이자 너의 주인인
영원한 운명 아니었던가?

너 혹시 착각하는가
소년의 아침-
활짝-핀-꽃-꿈들이 무르익지 않았다 하여
내가 삶을 증오하고
황야로 도망치리라고?

나 여기 앉아
내 모습에 따라 인간을 빚노니
이 족속 나를 닮아

괴로워하고 울고
즐기고 기뻐하고
그리고 너를 아랑곳하지 않으리
나와 같이.

괴테, 「프로메테우스」[15]

'먼저 생각하는 자'라는 뜻의 프로메테우스는 티탄족으로서 신과 인간의 관계를 영원불멸과 유한함으로 구분한 당사자이며 제우스에게서 불을 훔쳐 곤경에 처한 인간에게 가져다준 장본인이다. 신들과 인간의 운명모이라을 나누기 위해 제우스가 큰 소 한 마리를 잡아서 두 무더기로 나누어 놓았는데, 프로메테우스는 제우스가 먹을 수 없는 뼈 무더기를 선택하도록 꾀를 부린다. 먹을 수 있는 내장과 고기는 가죽에 싸서 밥주머니 속에 감춰두고 먹을 수 없는 뼈는 윤기 나는 흰 지방에 싸 두었기 때문에 제우스가 뼈를 선택하게 되는데, 여기에 함정이 있다. 가죽에 싼 고기와 내장은 시간이 지나면 부패하기 마련이지만 뼈는 아무리 오래 있어도 썩지 않는다는 사실을 프로메테우스가 간과했던 것이다. 바로 이 부분에서 인간의 유한한 운명이 정해지고 신은 무한한 존재로 영원히 남게 된다. 자신의 계략으로 인해 인간들이 곤란해지자 프로메테우스는 하늘에서 불씨를 훔쳐 지상의 인간에게 갖다 준다. 이에 화가 난 제우스는 프로메테우스와 인간에게 각각 벌을 내린다. 그래서 프로메테우스는 평생 독수리에게 간을 쪼아 먹히는 벌을 받게 되고 인간은 그 끔찍한 '판도라의 항아리'를 경험하게 된다.

제우스는 대장간의 신인 헤파이스토스에게 진흙으로 치명적인 매력을 가진 최초의 여자 판도라를 만들라고 명한다. 그리고 판도라를 프로메테우스의 동생인 에피메테우스, 즉 '뒤에 생각하는 자'에게 준다. 신에게 어떠한 선물도 받지 말라는 형의 충고에도 불구하고 동생은 판도라의 매력에 빠져 판도라를 선물로 받는다. 에피메테우스의 집에는 인간에게 해가 되고 재앙을 가져다주는 모든 것을 담아 봉인한 항아리 하나가 있었다. 그런데 판도라가 이 항아리를 보자마자 헤르메스의 호기심이 발동하여 결국 항아리의 뚜껑을 열게 된다. 바로 그 순간 항아리 속의 모든 죄악과 재앙들이 마구 튀어나오는데, 그것을 본 판도라는 금방 다시 항아리 뚜껑을 닫는다. 하지만 이미 때는 늦었다. 모든 악과 재앙은 이미 다 밖으로 나오고 항아리 속에는 '희망'만이 유일하게 남아 있었다. 그 때문에 인간은 온갖 불행을 겪으면서도 희망의 끈을 놓지 않는다고 한다.

그리스 신화에서는 신과 인간의 거리가 멀지 않고 그 관계 역시 그렇게 경직되어 있지 않다. 신도 인간과 같은 행위를 하고, 때로는 인간보다 더 심한 행동을 하기 때문에 오히려 신에게 친밀감을 느끼기도 한다. 또한 신과 인간을 매개하는 반신 내지 거인이 존재하기 때문에 신과 인간은 서로에게 보다 가까이 다가갈 수 있다. 그러다 보니 어떤 때는 신과 인간이 서로의 영역을 넘나들면서 상호 작용을 하기도 한다. 게다가 위대한 인간들 중에 유독 신을 닮고 싶어 하는 인간들의 이야기인 영웅 신화에서는 파란만장한 영웅의 일생이 별 여과 없이 다루어진다. 영웅은 낯선 곳에서 생소한 경험을 하기도 하고, 달콤하지만 치명적인 유혹을 당하기도 하며, 더할 수 없는 심한 좌절감을 맛보기도 한다. 하지만 결국 영웅은 인간의 한계상황을 철저하게 인식하고 신 앞에서 겸허해 지고 인간으로서 우뚝 선다. 그래서 영웅 신화는 동서고금을 막론하고 비극적인 인간 삶의 길잡이 역할을 한다.

생각해 볼 문제

1. 그리스 신화의 의미와 의의를 찾아봅시다.
   1) 그리스 여신과 남신의 권력 이양 과정을 서로 이야기해 봅시다.
   2) 그리스 12신의 특징을 이야기해 봅시다.
   3) 그리스 신화에서 찾을 수 있는 신화의 힘을 이야기해 봅시다.

2. 그리스 문명 또는 문화와 관련해서 토론을 해 봅시다.
   1) 헬레니즘과 헤브라이즘의 상호 관계 내지 상호 작용에 대해 토론해 봅시다.
   2) 서양 문화사에 있어서 그리스의 위상에 대해 토론해 봅시다.
   3) 그리스 문화가 가지고 있는 힘에 대해 토론해 봅시다.

3. 그리스 창조 신화를 스토리텔링 해 봅시다.
   1) 그리스 창조 신화에 등장하는 신을 골라 스토리텔링 해 봅시다.
   2) 아버지와 아들의 갈등 구조에 대해 서로 이야기해 봅시다.
   3) 그리스 창조 신화를 바탕으로 예상할 수 있는 가족의 모습을 그려 봅시다.

4. 그리스 영웅 신화에 대해 스토리텔링 해 봅시다.
   1) 그리스 영웅 한 명을 골라 이야기해 봅시다.
   2) 프로메테우스의 간계와 공적에 대해 이야기해 봅시다.
   3) 신과 인간의 관계에 있어서 거인의 역할에 대해 이야기해 봅시다.

주

11. 큰 글 성경 편찬위원회, 「이사야」, 52장 13-15절, 53장 1-12절, 『큰 글 성경』, 서울: 아가페출판사, 2008.

12. Frederick Painton, 「Europe: how fast? how far?」, Time Magazine, 1991. 12. 9. No. 49, 11면.

13. 장영란, 「고대 그리스의 위대한 어머니 신화에 나타난 철학적 세계관-그리스 신화의 우주생성론을 중심으로-」, 『철학연구』 제55집(2001), 67-89면 참조.

14. Ch. v. 브라운, 『논리 거짓말 리비도 히스테리』, 엄양선 · 윤명숙 옮김, 서울: 여이연, 2003, 표지면. "히스토리가 남성들의 이야기His-story라면 히스테리는 여성들의 이야기Her-story이다. 남성들의 이야기는 문자로 쓰여 졌다. 이것은 법이며 신이며 아버지이며 정신 그 자체이다. 반면 히스테리는 끊임없이 로고스의 법칙을 거부하고 정신을 육체 화하려는 몸의 언어이다."

15. 괴테, 「프로메테우스」, 『괴테 시 전집』, 전영애 옮김, 서울: 민음사, 2009, 81-84면.

ition, there is a beautiful
ndship. One of the fascinating ideas
ul-love; the old Gaelic term for this is anam
he Gaelic word for soul and ċara is the word for fri
ċara in the Celtic world was the "soul friend." I
Celtic church, a person who acted as a teacher, comp
spiritual guide was called an anam ċara. It originally re
someone to whom you confessed, revealing the hidden i
ies of your life. With the anam ċara you could sha
ost self, your mind and your heart. This
cognition and belonging.

제4장

켈트 신화와 문화

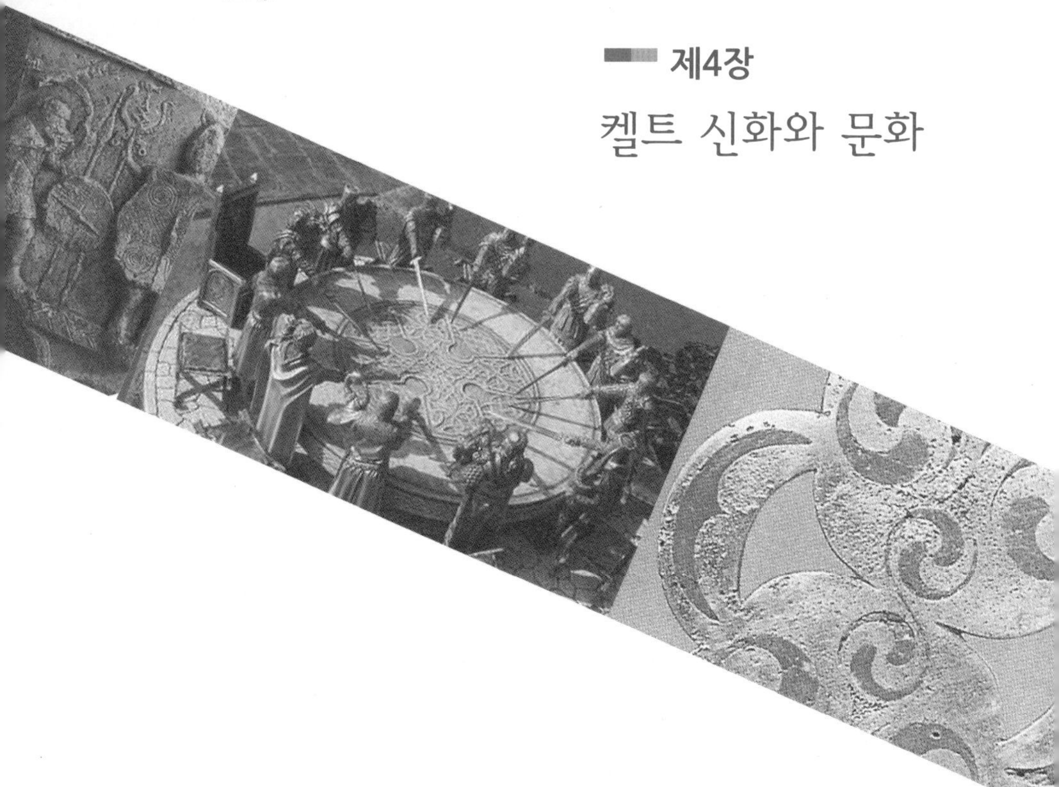

유럽지도_국가명

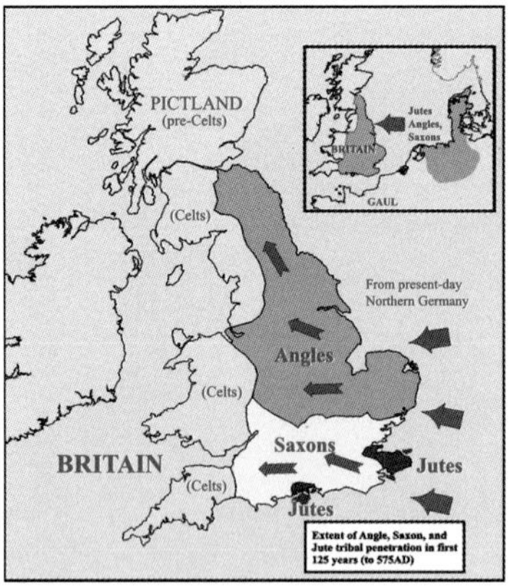

앵글로 색슨 족의 침입으로 쫓겨나는 켈트족5세기 중엽

켈트족과 켈트 신화

켈트족은 프랑스와 독일, 스위스 알프스 산맥 주변에서 출현한 인도 유럽 어족 계통의 아리아족 일파로 고대부터 유럽 전역에 분포해 있던 역사가 깊은 민족이지만 수차례 침략을 당해 도주하기도 하고 여러 차례 침략하기 위해 이주하기도 한 민족이다. 켈트인은 거의 유럽 전역에 자신들의 족적을 남기고 유럽의 경계 너머로 '위대한 팽창'을 하기에 이른다. 어떤 곳에서는 켈트족과 원주민이 섞이기도 하고, 또 어떤 곳에서는 켈트족이 원주민을 몰아내기도 하며, 또 다른 곳에서는 이주민에 의해 켈트족이 내몰리기도 한다. 일반적으로 기원전 7세기까지는 켈트족이 프랑스 알프스 주변을 중심으로 씨족 사회 형태를 유지하다가 차츰 인접 지역인 오스트리아와 스위스, 독일 등으로 이주하여 프랑크족으로 통합된다. 스코틀랜드와 아일랜드에는 비교적 순혈 켈트족이 많이 거주하는 반면 웨일스의 켈트족은 자체 문화를 거의 잃어버리고 잉글랜드에 동화된다. 기원전 4세기경에 켈트족은 로마를 공략하여 위협하기도 하고 소아시아로 진출하여 원주민을 내몰고 그곳에 일부 정착하기도 하지만 결국 로마 제국이 유럽을 장악한 후 기원전 55년에 그동안 골칫거리였던 켈트족을 침공한다. 로마의 지배하에 들어간 이후 켈트 문화는 로마 문화에 흡수되었다가 게르만 민족의 대이동으로 말미암아 그 자취를 감춘다.

켈트 신화는 유일신격화 된 수메르와 히브리 신화와도 다르고 체계적으로 자연이 신격화된 그리스 신화와도 엄연히 구분된다. 켈트 신화 속에 나오는 신은 히브리 신처럼 엄격하지도, 위협적이지도 않고 그리스 신들처럼 인간의 운명을 마음대로 좌지우지하거나 인간과 적대 관계에 놓이지도 않는다. 켈트 신화에서 신은 요정의 모습을 하고 나타나 인간과 자유롭게 만나기도 하고, 새와 동물로 변신해서 인간 앞에 나타나기도 한다. 물론 인간과 다른 동물도 시시각각 여러 가지 모습으로 변신하여 신과 만나

유희한다. 이처럼 켈트 신화의 세계에서는 신도, 인간도, 동물도 가변적이고 유동적인 존재로서 서로의 영역을 자유롭게 넘나든다.

켈트인의 죽음 문화

켈트인들 역시 이 세상과는 다른 세계가 분명히 존재한다고 믿고 있었고, 그들 또한 그 다른 세계가 죽은 자들의 영혼이 거하는 저승임을 알고 있었다. 하지만 그들이 말하는 저승은 수메르나 히브리인들의 내세 개념과는 근본적으로 다르다. 현실 세계의 이면인 음지의 세계로서 저승은 켈트인들에게 있어서 바다나 호수의 저편, 땅속 또는 숲속, 그리고 산 또는 들판 너머에 있다. 그렇기 때문에 켈트인들은 이승과 저승이 시공간적으로 현실 세계와 연결되어 있다고 믿었고 언제든지 이승과 저승을 오갈 수 있다고 생각했다. 이런 맥락에서 요정이 등장했다가 사라지고, 어린 아이가 행방불명되었다가 다시 살아 돌아오며, 죽은 사람이 다시 살아나는 일도 일어난다. 새로운 탄생이 그곳으로부터 비롯되고, 죽은 자의 영혼이 그곳으로 가며, 신과 요정의 초대를 받은 용기 있는 자만이 그곳에서 영원히 살 수 있다. 따라서 켈트인들에게 있어서 저승은 음침하고 무섭고 파괴적인 장소가 아니라 오히려 발랄하고 찬란하며 생명력이 넘치는 공간이다.

그렇다면 켈트인들을 저승으로 데리고 가는 죽음은 그들에게 있어서 더 이상 삶의 끝이 아니다. 오히려 저승에서의 영원한 삶을 위한 시작이고, 새로운 탄생을 위한 통과 의례인 것이다. 그래서 켈트인들은 살아 있는 동안 '미리' 죽음의 저편에 관심을 가지고 그곳으로 '앞서' 가본다. 살아서 죽음의 나라를 지켜보고, 죽음의 나라에서 온 요정들과 어울리며, 그들과 함께 기꺼이 그곳으로 가기도 한다. 그래서 켈트 신화에 나오는 저승의 신이 생과 사, 둘 다를 관장하는 것이다.

생과 사에 대한 켈트인들의 이러한 생각, 특히 죽음에 대한 긍정적인 생각은 켈트인들의 세계관에도 지대한 영향을 미친다. 우선 켈트인들에게 있어서는 생과 사의 구분이 그렇게 엄격하지 않기 때문에 삶과 죽음에 대한 가치 판단이 유보된다. 삶과 죽음이 대립적인 개념이고 둘 중 하나가 다른 하나보다 더 낫다고 판단할 때, 우리는 보통 더 나은 것에 매달리게 된다. 그리고 더 나은 것을 '보다 더 낫게' 만들기 위해 무리수를 두게 된다. 그러다 보니 불로초도 찾게 되고 그것을 위해 어떠한 값도 치른다.

삶과 죽음의 관계에 있어서 죽음보다 삶의 우월함을 보장하고 우월한 것으로써 열등한 것, 즉 삶으로써 죽음을 극복하려고만 한다면 결국 인간은 삶에 집착하고 죽음을 멀리하게 된다. 죽을 수밖에 없는 인간이 죽는다는 사실 자체만으로 불안해하고 죽지 않기 위해 몸부림친다면 인간은 죽음 앞에서 비굴해질 수밖에 없다. 이렇게 볼 때 켈트 신화에 나오는 영웅들의 죽음은 생에 대한 강한 긍정과 적극적인 삶에 대한 결단에서 나오는 장렬한 죽음이다.

창조 신화_신들의 종족

반Van족

켈트 신화에서도 창조의 과정에 홍수와 같은 대재앙이 개입된다. 아주 먼 옛날에 어딘지 정확히는 모르지만 동쪽 끝 어디엔가 사람들이 살고 있었다. 그런데 그때까지 인간이 일구어놓은 모든 것들을 하나도 남김없이 집어삼킨 대재앙이 일어난다. 그러자 그것을 미리 알고 대비해 온 사람들이 세 척의 배를 타고 바다로 도망친다. 뱃머리에 세운 신상이 그들을 인도한다고 믿고 그들은 항해를 계속하는데, 그 항해는 무려 7년 3개월 동안 지속된다. 그리고 그 사이에 두 척의 배는 좌초되고 한 척의 배만이 약속의 땅인 에린에 도착한다. 그때 배 안에는 50명의 여성과 3명의 전사만이 타고 있었는데, 이들이 바로 반 종족이다. 반족이 풀 한포기 나무 한 그루도 없는 척박한 땅에 도착한 지 40일이 지나자 에린에도 대홍수가 일어난다. 히브리의 노아처럼 반족의 유일한 혈통인 '핀탄'만이 살아남는다. 하지만 핀탄은 수백 년 동안 죽은 듯이 그저 바다 속을 떠돌다가 서쪽으로부터 한 척의 배가 에린을 향해 오는 것을 보고 영원히 의식을 잃는다. 반족 신화에도 환생과 재생의 모티브가 등장한다. 그렇게 한 번 죽은 핀탄은 연어나 독수리 등으로 다시 태어난다고 전해진다. 그리고 환생할 때마다 그 전생을 또렷하게 기억하고 있기 때문에, 마침내 인간으로 환생하여 에린 역사의 산 증인으로서 그 기록을 남긴다.

파르홀론Partholon족

핀탄이 바다를 떠다니다가 죽기 전에 본 배가 바로 파르홀론족의 배이고 파르홀론은 이들 족장의 이름이다. 처음에는 천 명에 이르는 남녀가 배를 타고 에린을 향했지만 결국에는 24명의 남자와 그들의 아내 24명의 여자를 태운 배 한 척만이 에린에 도착한다. 그때까지 에린에는 호수 몇 개와 열 개도 채 안 되는 강, 그리고 평원 한 개 정도 밖에 없었다고 하는데, 파르홀론이 그 수를 늘린다. 인구수에 있어서도 에린에 도착한 후 파르홀론족은 4천 명에 육박한다. 이들은 에린에 최초의 문명을 건설하고 나중에 스코틀랜드로 진출하는데, 스코틀랜드에 살고 있던 주민들과의 전투에서 살아남은 나머지 파르홀론족이 현재 스코틀랜드인의 조상이 된다.

포모르Fomor족

에린에 정착한 지 3백 년쯤 지나 파르홀론족은 최대의 위기를 맞게 된다. 바다 건너에서 팔다리가 없는 괴물의 모습을 한 거인족이 에린을 침입해 왔는데, 그들이 바로 포모르 종족이다. 팔다리가 없이 몸통만 있는 기괴한 형상의 포모르 왕 키홀이 포모르족을 이끌고 바다 건너 파르홀론족을 쳐들어온 것이다. 이 싸움에서 포모르족은 북쪽 바다인 세상 끝으로 내쫓긴다. 하지만 기이한 것은 파르홀론족이 포모르족을 내몬 다음 날 에린에 악성 전염병이 창궐하는데, 도무지 그 기세가 꺾이지 않았다. 이에 파르홀론 종족은 센 마이의 평원을 묘지로 삼아 함께 죽는다. 그때서야 전염병이 수그러들기 시작하고 파르홀론의 조카 투안만이 이 위기에서 살아남는다. 투안은 20년 동안 동굴에서 살다가 어느 날 벼랑 위에 서서 새로 배가 들어오는 것을 보고는 자취를 감춰버리는데, 늙고 병들어 초라해진 자신의 모습을 누구한테도 보이고 싶지 않았기 때문이다. 투안은 늙어 죽은 후 어떤 때는 수사슴으로, 또 다른 때는 바다 독수리로, 그리고 그 다음에는 연어 등으로 환생하는데, 투안 역시 환생할 때마다 전생을 또렷하게 의식하고 있었기 때문에 에린의 역사서를 썼다고 한다.

네메드Nemhed족

파르홀론족의 뒤를 이어 에린에 도착한 배는 투안의 사촌 형제인 네메드가 이끄는 네메드 종족이었다. 족장 네메드는 천여 명의 일행과 서른 척이 넘는 배를 이끌고 에린을 향했는데, 1년 반 정도의 시간이 지나 에린에 도착했을 때에는 한 척의 배에 남자 4명과 여자 4명만이 타고 있었다. 하지만 이들은 에린에 도착한 후 급속도로 종족을 번식시키고 평원과 호수와 강의 숫자도 늘려간다. 네메드족은 최초로 왕궁을 짓고 라흐라는 이름을 붙이는데, 이 왕궁의 수로를 지으면서 커다란 비극이 시작된다. 낯선 이방인 네 명이 단 하룻밤 만에 라흐 왕궁의 수로를 완성해 버리자 네메드는 그들에게 위협을 느낀다. 그래서 그들의 목을 쳐서 죽이는데, 그들이 바로 파르홀론족과 전쟁을 벌였던 포모르족이다. 파르홀론족에 의해 북쪽의 바다로 쫓겨 간 포모르족이 토리 섬에 거대한 요새를 세우고 호시탐탐 에린을 노렸던 것이다. 네메드족과 포모르족의 충돌은 불가피하고 두 종족은 네 차례나 큰 전투를 치른다. 네메드족이 다시 한 번 포모르족을 에린에서 내몬다. 그러자 에린에 또 다시 전염병이 돈다. 결국 두 종족의 전투는 네메드족의 패배로 끝이 난다. 네메드의 후손 피르후스와 에를란, 그리고 세울은 영국과 저승과 마법의 섬으로 도망가는데, 나중에 각각 브리튼족과 피르보르족, 투아하 데 다난족의 선조가 된다.

피르보르Firbor족

피르보르족은 '가죽부대 백성'이라는 뜻이다. 공기를 넣어 부풀린 가죽부대로 만든 배를 타고 에린으로 들어왔기 때문에 붙은 이름으로 알려져 있다. 피르보르족은 피르 도우난족, 그리고 갈리욘족과 함께 에린으로 와서 에린을 다섯 개의 지역으로 나누어 가진다. 피르보르족이 얼스터 지역을, 피르 도우난족이 남북 먼스터와 코노트 지역을, 그리고 갈리욘족이 라인스터 지역을 차지한다. 이 시기에는 포모르족이 에린을 침범하지 않는데, 그 이유는 두 종족이 혼인으로 서로 결속되어 있었기 때문이었다.

투아하 데 다난Tuatha Dé Danann족

투아하 데 다난족은 여신 다누의 일족으로 켈트 신화의 신족에 해당한다. 켈트 신화의 신이라고 하면 일반적으로 이들 데 다난족을 말하는데, 물론 이론의 여지가 있다. 데 다난족은 마술의 힘을 빌려 자연을 마음대로 조종하고, 죽은 자를 다시 살리기도 하며, 인간의 마음까지 조종할 수 있다. 이들은 거인족이라고 불릴 만큼 키가 크다. 피부는 하얗고 머리는 금발이며 푸른색 눈동자를 가졌다. 물론 그들 중에는 붉은 머리를 가진 사람들도 있지만 데 다난의 모습은 전형적인 백인의 이미지를 연상시킨다. 에린으로 돌아가기 위한 데 다난족의 항해는 귀향을 위한 오디세우스의 항해와 맞먹는다. 에린 근처에 도착한 데 다난족은 마술로 거대한 폭풍을 일으켜 은밀하게 상륙했기 때문에 피르보르를 비롯한 세 종족은 데 다난족이 에린에 들어온 줄 모른다.

사흘 동안 에린은 암흑 천지였고 피와 불이 비가 되어 내렸다. 에린을 분할 통치하고 있던 세 부족의 드루이드들이 모여 데 다난족의 마법을 풀고 거센 비바람을 물리치지만 데 다난족이 코노트의 북쪽에 이미 타라성을 쌓은 뒤였다. 데 다난족은 두 번 다시 에린을 떠나지 않겠다고 맹세하고 타고 온 배들을 모조리 불태워 버린다. 피르보르를 비롯한 세 종족에게 데 다난족의 출현은 달갑지 않았다. 더군다나 데 다난족의 은밀한 에린 상륙 작전은 그들에게 매우 못마땅했다. 결국 이 두 종족 사이에 큰 전투가 벌어지고 첫 번째 전투에서 데 다난족이 승리한다. 그 결과 피르보르족은 데 다난족에게 패권을 넘겨주고 코노트와 에린 주변의 작은 섬들로 쫓겨나는데, 이 전투를 제1차 모이투라 전투라고 부른다.

그러나 피르보르족을 비롯한 세 종족을 몰아냈다고 해서 에린에 영원한 평화가 찾아온 것은 아니었다. 피르보르족과 혼인으로 결속한 포모르족이 데 다난족을 몰아내기 위해 에린을 침략하자 데 다난족과 포모르족 사이에 큰 전투가 벌어진다. 데 다난족은 신들의 왕인 누아자와 빛의 신인 루의 활약에 힘입어 포모르족을 몰아내는데, 이것이 바로 제2차 모이투라 전투이다. 누아자에서 루로 이어지는 동안 데 다난족은 잠시 동안이나마 평화를 누린다.

밀레Mile족

이흐는 저승의 신 브레얀의 아들인데, 우연히 탑에 올라갔다가 멀리서 보이는 섬 하나를 발견하고 부하들과 함께 그 섬을 찾아 나선다. 데 다난족이 평화롭게 지내고 있던 어느 날, 한 낯선 이방인 이흐가 에린을 찾아온다. 이흐가 발견한 섬이 바로 에린이었던 것이다. 이흐가 처음 에린에 도착했을 때 에린의 왕들은 그를 환영하지만 결국 에린을 침략하기 위한 첩자로 오인하여 이흐를 죽인다. 이흐의 부하들은 이흐의 시체를 이흐의 아버지 브레얀이 있는 저승으로 옮겨 이흐가 데 다난족에게 살해당했음을 알린다. 이에 브레얀은 복수심에 불타 데 다난을 공격하라고 명하는데, 이 종족의 지도자 이름을 따서 이들을 밀레족이라 부른다. 밀레족은 데 다난족과의 전투에서 단 한 번도 패하지 않고 데 다난족을 궁지로 몰아넣는다. 마침내 데 다난의 여왕 에리우는 밀레족이 정복한 땅에 여왕 자신의 이름을 붙이는 조건으로 밀레족에게 패권을 넘겨준다. 그래서 그 땅이 에린이 된다. 에린을 차지하게 된 밀레족은 밀레의 두 아들이 패권 다툼을 한 후에야 비로소 통일 왕국을 이룰 수 있었는데, 그 밀레족이 지금까지 아일랜드의 실질적인 선조로 여겨지고 있다.

영웅 신화_쿠훌린·핀왕·아서왕

쿠훌린 이야기

켈트의 영웅들은 여신 다누의 종족을 뜻하는 투아하 데 다난족에서 유래한다. 데 다난족의 별칭인 다나 거인신족이 인간과 교섭해서 영웅을 낳는데, 일반적으로 켈트 영웅 신화는 두 개의 혈통에서 유래한다. 그중 하나는 태양신 루그와 얼스터 왕의 여동생 데크티네 사이에서 태어난 쿠훌린 계열의 영웅 이야기이고 또 다른 하나는 싸움의 신 누아다의 후예로 태어난 핀과 오신, 그리고 오스카 계열의 이야기이다.

쿠훌린은 얼스터 계열의 아일랜드 신화에 등장하는 영웅이다. 본래 이름은 세탄타인데, '쿨란의 사냥개'라는 뜻의 별명인 쿠훌린으로 더 유명하다. 많은 영웅들의 탄생과 성장이 그러하듯 세탄타 역시 부모가 아닌 다른 부부의 손에서 그 집 아들과 함께 키워진다. 세탄타는 양부모를 졸라 소년병단에 들어가게 되는데, 외삼촌인 울라의 왕 콘코바르가 세탄타의 경기를 눈여겨보게 된다. 어느 날 대장장이 쿨란이 연회를 열고 콘코바르를 초대하자 왕은 헐링 경기 중인 세탄타에게 함께 갈 것을 요청한다. 경기 중에 있던 세탄타는 경기를 끝내고 갈 것을 약속하는데, 콘코바르가 깜빡 잊고 세탄타가 올 것이라는 이야기를 쿨란에게 미처 하지 못한다. 불청객이 연회 장소에 들어오지 못하도록 쿨란은 사냥개를 집 앞에 풀어놓는다. 뒤늦게 도착한 세탄타를 개가 공격하고 이에 세탄타는 개를 죽여 버린다. 충견이 죽은 것을 보고 쿨란은 심한 충격을 받는데, 이에 세탄타가 개를 대신해서 쿨란을 지켜주기로 약속한다. 이때부터 세탄타는 '쿨란의 사냥개'라는 의미의 쿠훌린으로 불리게 된다.

쿠훌린이 17세 되는 해에 소위 말하는 '쿨리의 소몰이' 사건이 일어나게 된다. 코나크타의 여왕 메브가 울라의 수소를 빼앗기 위해 쳐들어온다. 그런데 그 전에 여신 마하가 자신의 출산을 방해했다는 이유로 울라의 남성들을 저주했기 때문에 쿠훌린을 제외한 울라의 모든 남성들이 전투 불능의 상태가 된다. 쿠훌린 혼자 메브의 군대를 물리치고 메브의 전사들을 차례로 무찌른다. 싸움이 시작되기 전, 어떤 아름다운 여성이 쿠훌린에게 구애를 했는데, 쿠훌린이 이를 거절한다. 자존심이 상한 여성은 자신이 모리안 여신임을 밝히고 여러 가지 동물로 변신해 쿠훌린의 전투를 방해한다. 늑대로 변신한 모리안이 소떼를 몰아붙이자 쿠훌린은 모리안의 눈을 찔러 물리친다. 암소로 변신한 모리안이 소떼를 엉뚱한 곳으로 몰아가려고 하자 쿠훌린은 모리안의 다리를 부러뜨린다.

쿠훌린은 강력한 힘을 가진 아름다운 청년으로 성장한다. 쿠훌린의 행적을 보고 들은 울라의 남성들은 쿠훌린이 자신의 아내와 딸들을 겁탈할까봐 두려워 에린 전역을 샅샅이 뒤져 쿠훌린의 신붓감을 찾는데, 마침내 포르갈 모나크의 딸 에버르가 낙점된다. 하지만 에버르의 아버지 포르갈은 쿠훌린을 사위로 삼을 생각이 없었기 때문에 쿠훌린에게 여전사 스카하크에게 수련을 받고 올 것을 권한다. 포르갈은 쿠훌린이 스카하크의 수

련에서 살아남지 못할 것이라고 생각하고 수련 기간 동안 자신의 딸을 무무의 왕 루가이드 막 노이스에게 시집 보낼 심사였다. 하지만 루가이드는 에버르가 쿠훌린을 사랑한다 사실을 알고 그녀와의 결혼을 거부한다.

스카하크에게서 수련을 받는 동안 쿠훌린은 스카하크의 경쟁자라고도 하고 쌍둥이 여동생이라고도 하는 이퍼와도 대결하게 된다. 쿠훌린과 이퍼의 실력은 막상막하였지만 결국 쿠훌린의 거짓말로 쿠훌린이 승리한다. 쿠훌린은 이퍼가 스카하크에 대한 적대를 멈추고 자신의 아들을 낳아준다는 조건 하에 이퍼를 살려준다. 그리고는 임신한 이퍼를 알바에 내버려 두고 에린으로 돌아온다. 후일 쿠훌린과 이퍼 사이에서 태어난 아들 콘늘라가 에린으로 아버지를 찾아오는데, 신원을 밝히지 않는 자신의 아들을 침입자로 간주해 콘늘라를 죽인다. 아버지와 아들의 갈등이 또 다른 형태로 되풀이 되는 양상이다.

쿠훌린에게 참패를 당하고 죽임을 당한 자들의 아들들이 아버지의 원수를 갚기 위해 메브 여왕을 부추겨 쿠훌린을 죽일 음모를 꾸민다. 하지만 쿠훌린은 정작 아일랜드 신화에 나오는 특유한 금기 개념인 기아스를 스스로 깸으로써 자멸하는 운명을 가지고 태어난다. 쿠훌린은 개고기를 먹어서는 안 된다는 자신의 기아스와 누군가의 접대를 거절해서는 안 된다는 고대 아일랜드의 금기 중에 하나를 선택해야 하는 상황에 놓이게 된다. 한 노파가 쿠훌린에게 개고기를 대접하자 쿠훌린은 자신의 기아스를 깰 수밖에 없었다. 개고기를 먹은 쿠훌린은 영육이 약해져 이후 벌어지는 전투에서 제대로 싸울 수 없게 된다.

결국 쿠훌린은 젊은 시절에 자신이 죽인 마법사의 아들 루가이드 손에 죽는다. 루이가드는 창을 세 개 가지고 있었는데, 예언에 의하면 이 창들이 한 명의 왕을 쓰러뜨리게 되어 있다. 루가이드는 제일 먼저 쿠훌린의 전차를 모는 마차부의 왕 레그를 죽이고, 그 다음에는 쿠훌린의 애마인 말의 왕 리어흐 마흐를 죽인다. 그리고 마지막으로 쿠훌린에게 창을 던져 치명상을 입히는데, 창에 찔린 쿠훌린은 똑바로 서서 적을 바라보고 근처에 있는 돌에 자신의 몸을 묶는다. 쿠훌린의 죽음이 임박했음에도 불구하고 쿠훌린의 위력과 광포함을 잘 알고 있던 적들은 쿠훌린에게 접근하지 못한다. 쿠훌린의 죽음을 확인한 루가이드가 쿠훌린의 목을 베자 쿠훌린의 시체 주위에서 강렬한 빛이 일어나는데, 그 빛이 너무 밝아 루가이드는 자신의 칼을 놓치고 만다. 그리고 그 칼이 루가이드의 무기 든 손을 베어버리자 빛이 곧 사라졌다고 한다.

핀왕 이야기

영웅 쿠훌린이 명성을 떨친 지 3백 년쯤 지나 영웅 핀 막쿨 왕이 쿠훌린에 버금가는 영웅으로 등장한다. 그리고 핀이 이끄는 기사단이 바로 피아나 기사단이다. 핀 막쿨, 즉 디무나의 어머니는 다누 신족의 왕 누아자의 손녀 마나이고 아버지는 바스크 집안의 쿨이다. 그런데 디무나가 태어나기 전에 아버지 쿨이 바스크 집안과 앙숙인 모나 집안과의 전투에서 사망하자 어머니는 디무나를 몰래 낳아 두 노파에게 맡기고 다른 나라의 왕과 재혼한다. 그래서 디무나 역시 부모가 아닌 다른 사람의 손에 키워진다. 핀은 디무나의 아름다운 흰 피부 덕분에 붙여진 이름이다.

소년 핀은 드루이드인 피네가스의 제자로 있을 때 연어를 먹고 세상의 온갖 지혜를 다 얻는다. 스승인 피네가스의 하산 명령에 따라 핀은 아버지 쿨의 뒤를 이어 피아나 기사단에 들어가기로 결심한다. 타라에 출몰하는 괴물을 퇴치한 후 왕의 호감을 사서 핀은 기사로 임명되고 마침내 피아나 기사단의 대장이 된다.

어느 날 핀은 사냥에서 돌아오는 길에 아기 사슴 한 마리를 발견하고 자신의 집으로 데려온다. 그리고 그날 밤 핀은 잠결에 자신의 침대 옆에서 있는 아름다운 여인을 발견하는데, 그 여인이 바로 낮에 데려온 아기 사슴이고 핀의 아내가 된 사바이다. 어느 요정이 이 아름다운 여인에게 구애를 했다가 거절당하자 앙심을 품고 마법을 걸어 여인을 사슴으로 바꾸었다. 사슴이 된 여인은 그 후 3년 동안이나 숲 속을 헤매고 다녔는데, 다른 요정이 불쌍히 여겨 마법이 풀리는 마법을 걸었고 핀이 어린 사슴을 집으로 데리고 가자 마침내 마법이 풀렸다.

핀과 사바는 금방 사랑에 빠지고 마침내 결혼을 하게 된다. 하지만 핀이 전쟁터에 나가 있는 동안 핀의 모습으로 변신한 괴물이 사바를 데리고 흔적 없이 사라져 버린다. 아무리 찾아도 사바의 흔적을 발견할 수 없었고 그렇게 7년이라는 세월이 흐른다. 결국 핀도 아내 찾는 일을 포기한다. 그러던 어느 날 핀은 사냥 중에 일곱 살 정도 된 벌거벗은 소년을 만나게 된다. 소년에게 이것저것을 물어 본 핀은 그 아이가 사바와 자신 사이에서 태어난 아들임을 확신하고 그 아이에게 오신오시안이라는 이름을 붙여준다. 그리고 그 아이를 자신의 아들로 삼는다.

어느 날 핀왕은 아들 오신과 부하 기사들과 함께 숲속으로 사냥을 하러 나간다. 그곳에서 오신은 요정들이 사는 '영원한 젊음의 나라' 왕녀 냐브가 백마를 타고 있는 모습을 보고 첫눈에 반해 버린다. 게다가 냐브 역시 오신과의 결혼을 위해 숲속으로 왔다고 했다. 오신은 왕녀의 청혼을 받아들이고 아버지와 기사단을 떠나 '영원한 젊음의 나라'로 간다. 그곳에서 냐브와 3년 동안 달콤한 신혼을 보낸 오신은 아버지와 동료 기사들을 그리워하게 된다. 냐브의 만류에도 불구하고 오신은 백마를 타고 고향인 에린으로 향하는데, 냐브는 오신에게 백마에서 절대 내리지 말 것을 신신당부한다.

드디어 오신이 에린에 도착한다. 그동안 고향 산천은 몰라볼 정도로 변해있었고 아버지의 모습도, 옛 동료들의 흔적도 온 데 간데없었다. 또한 눈에 띄는 모든 것이 3년 전보다 훨씬 작아보였다. 오신이 '영원한 젊은 나라'에서 3년을 보내는 동안 에린에서는 3백 년이라는 시간이 흘렀다. 그리고 요정의 나라 사람들은 보통 사람보다 키가 두 세배 더 크기 때문에 그

동안 오신의 몸도 커져 있었던 것이다. 사람들의 말에 의하면 3백 년 전에 핀왕이 살았고 핀왕의 아들 오신이 요정의 딸과 함께 영원한 젊음의 나라로 간 후 돌아오지 않았다는 것이다.

그동안의 사정을 알게 된 오신은 슬픔에 잠긴 채 백마를 타고 있었다. 그때 에린의 '작은 사람'들이 끙끙대며 커다란 바위 판을 옮기는 광경이 오신의 눈에 들어왔다. 오신이 그들을 도와주기 위해 말 위에서 몸을 굽혔는데, 그때 발에 힘이 너무 들어가 황금 등자가 끊어진다. 오신은 말에서 떨어지고 오신의 양다리가 땅에 닿는데, 그 순간 오신은 전신에서 힘이 빠져나가는 것을 느낀다. 오신은 주름투성이의 노인으로 변해버리고 백마는 어디론가 사라져 버린다. 냐브와의 약속을 지키지 못한 오신은 백마를 잃어버렸기 때문에 더 이상 영원한 젊음의 나라로 돌아갈 수 없게 된다.

아서왕 이야기

아서왕 전설은 게르만 민족의 침입으로 서로마 제국이 멸망하고 이민족의 침입으로 영국이 혼란을 겪던 6세기 무렵을 시대적 배경으로 한다. 아서왕 전설에 중세 기사들의 모험과 귀부인들과의 사랑 이야기가 더해지면서 중세 기사 문학으로 자리 잡고 이후 서양 문학에서 창작의 원천이 된다. 중세 역사와 고대 신화 내지 전설이 교묘하게 결합되어 탄생한 아서왕 이야기는 한 민족의 통일된 이야기가 아니라 켈트 각 종족 간의 이야기가 뒤섞여 있고 기독교 전통까지 가미된 얽히고설킨 이야기이다. 성배, 엑스칼리버, 마법사이자 드루이드인 멀린과 아서의 탄생, 아서왕의 대관식, 아서왕의 정복과 모험, 아서왕과 거네비어와의 결혼, 원탁의 기사단 창설, 기사들의 모험과 사랑, 아서왕의 로마 제국 정복, 아서왕의 죽음 등에 관한 이야기가 아서왕 이야기에 포함되어 있다.

| 쉬어가는 코너 |

영화 「킹스맨」, 감독: 매튜 본, 미국 · 영국(2015)

「킹스맨」은 켈트 신화인 아서왕 이야기를 배경으로 하고 있다. 영화 속 인물들의 별명도 아서왕 이야기에 나오는 기사들의 이름을 차용한다. 「킹스맨」의 주인공들이 본래 이름이 있는 상태에서 중세 기사들의 이름을 별명으로 사용하고 있는 것이 중세와 현대의 시공간적인 분리 내지 거리감을 나타내지만, 그렇다고 하더라도 「킹스맨」은 아서왕 이야기를 구조적 · 형식적 · 내용적으로 패러디하고 있다.

중세의 아서왕 이야기는 아서왕과 원탁의 기사들에 관한 이야기이다. 아서왕의 엑스칼리버에 얽힌 무용담과 건국이야기, 아서왕과 기사들을 둘러싼 전쟁과 사랑, 그리고 배신이야기, 기사들의 러브스토리, 기사들 간의 시기와 음모, 그리고 암투, 아발론 등에 관한 에피소드가 아서왕 이야기의 내용을 이룬다. 아서왕 이야기에서 기사들은 한편으로 기사로서 중세가 직면한 문제와 용감하게 맞서 싸우지만 또 다른 한편으로 주군의 아내 또는 이웃 나라 왕비와 연인 관계를 유지함으로써 자주 중세 연애시의 주인공이 된다.

「킹스맨」에서는 아서왕과 왕비 거네비어, 그리고 기사 랜슬럿 간의 러브스토리나 기사들 개개인의 사랑이야기는 부각되지 않는다. 그 대신 21세기가 안고 있는 인류의 심각한 고민을 영웅 신화적인 구조와 형식을 빌려 내용적으로 적나라하게 드러내고 있다. 신자유주의 물결에 휩쓸려 표류하는 자본주의의 병폐와 기술과 기계 문명에 지나치게 의존하는 현대 인간의 무기력함, 지구의 온난화와 인간 생명의 연장이라는 그럴싸한 명목을 붙여 인간 생명의 탄생과 종식을 마음대로 좌지우지하려는 인간의 오만함, 그리고 인류 구원 신화에서 반드시 등장하는 선택된 자들과 '노아의 방주' 등이 「킹스맨」의 핵심 구조를 이룬다.

「킹스맨」이 전하는 메시지에 의하면 이 모든 것의 원인을 제공하고, 모든 과정을 주도하며, 의도적인 결론을 도출해 내는 장본인이 미국의 억만장자 흑인 발렌타인이고, 발렌타인이라는 악의 축을 제거하는 정의의 사도가 영국의 현대판 기사단 킹스맨이다. 미국이 21세기 지구 사회에서 패권을 장악하고 있는 것은 사실이다. 미국이 자본주의와 IT, 환경 문제와 BT 등 거의 모든 분야에서 주도권을 장악하고 있는 것도 분명 사실이다. 거대한 자본을 장악한 발렌타인이 인류와 지구를 구원하겠다는 명목으로 현대 기술의 위력을 등에 업고 소위 '노아의 방주'에 들어갈 자들을 자의적으로 선택한다. 그리고 '선택된 자' 외에 다수를 지구 온난화의 주범으로 규정하고 그들을 제거하기 위한 대대적인 계획을 세운다. 게다가 그 계획이 이미 부분적으로나마 간헐적으로 실행되고 있는 상황이다. 지금 발렌타인을 저지하지 않으면 폭력이 난무하고 폭행이 자행되어 전 세계가 걷잡을 수 없는 혼란에 빠지게 된다. 결국 정서적으로 물리적으로 가까이 있는 사람들끼리 서로가 서로를 죽임으로써 전 세계적으로 인구가 격감할 위기에 놓이게 된다. 발렌타인의 인구 감소 작전이 본격적으로 실행되기 직전 이를 저지하기 위한 킹스맨 요원이 투입되는데, 그가 바로 「킹스맨」에서 갤러헤드를 조력자로 두고 있는 우리의 평범한 영웅 에그시이다.

「킹스맨」은 에그시의 출생과 성장과정, 갤러헤드와의 조우, 어머니와의 이별, 킹스맨이 되기 위한 시험과 시련, 조력자의 도움, 영웅으로서의 목적 달성, 그리고 귀환 등의 요소를 두고 볼 때 전형적인 영웅 신화 구조를 따른다. 에그시의 아버지는 킹스맨 요원으로서 킹스맨을 위해 목숨을 바친다. 어린 시절 에그시는 가난하고 불우한 환경에서 성장했지만 나름대로 자신의 능력과 재능을 발휘하고 두각을 나타낸다. 그러다가 청소년기를 거치면서 에그시는 표면적으로 동네 깡패들과 싸움을 하고 어머니의 정부와 사사건건 부딪친다. 그러던 어느 날 정부의 부하들과 시비가 붙어 경찰에 붙잡히게 되는데, 이 위기상황을 모면하기 위해 에그시는 갤러헤드인 해리가 어릴 때 자신에게 걸어 준 킹스맨 목걸이 뒷면의 전화번호로 전화를 건다. 이 사건을 계기로 해리와 에그시가 조력자와 영웅의 자격으로 만나게 되고 에그시의 영웅으로서의 편력이 시작된다.

생각해 볼 문제

1. 켈트 신화의 의미와 의의를 찾아봅시다.
   1) 켈트 신화의 특징을 서로 이야기해 봅시다.
   2) 켈트 신화에 나오는 신들의 특징을 이야기해 봅시다.
   3) 켈트 신화에서 찾을 수 있는 신화의 힘에 대해 이야기해 봅시다.

2. 켈트 문명 또는 문화와 관련해서 토론해 봅시다.
   1) 켈트인의 생사관에 대해 서로 토론해 봅시다.
   2) 켈트인이 신과 인간을 이해하는 방식에 대해 토론해 봅시다.
   3) 켈트 문화에서 발견되는 문화의 힘에 대해 토론해 봅시다.

3. 켈트 신화에 대해 스토리텔링 해 봅시다.
   1) 켈트 창조 신화에 등장하는 신족들 중에 하나를 골라 스토리텔링 해 봅시다.
   2) 켈트 신화 속에 나오는 영웅 중에 한 명을 골라 스토리텔링 해 봅시다.
   3) 아서왕과 원탁의 기사들의 러브스토리를 각색해서 이야기해 봅시다.

4. 기타 켈트 신화와 문화에 대해 서로 이야기해 봅시다.
   1) 신과 인간의 대립성에 대해 이야기해 봅시다.
   2) 이승과 저승 내지 삶과 죽음의 관계에 대해 토론해 봅시다.
   3) 켈트 신화를 소재로 삼는 게임을 소개해 봅시다.

제5장

게르만 신화와 문화

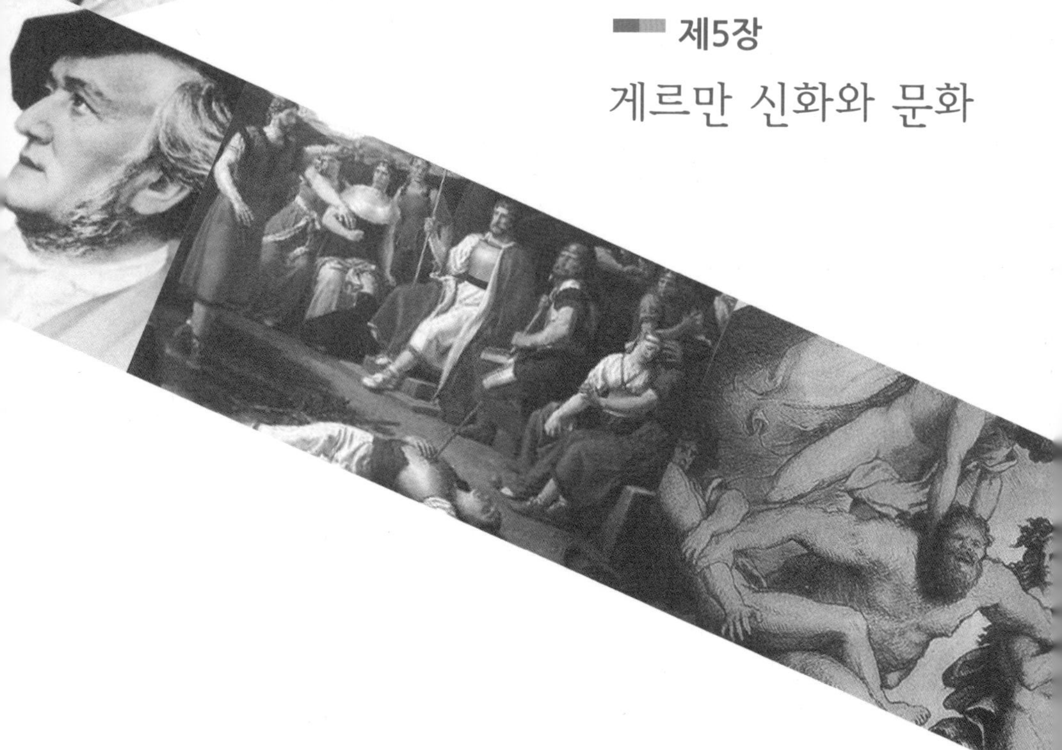

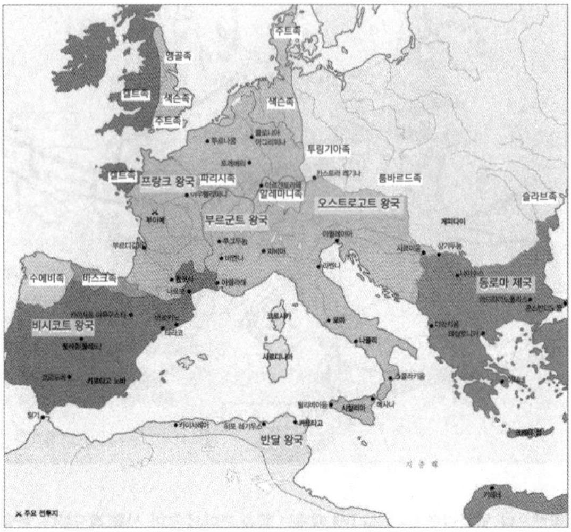

6세기 유럽의 판도[16]

게르만 민족의 대이동[17]

중세 이야기

게르만족은 인도 유럽 어족 중 게르만 어파에 속하는 언어를 사용하는 민족에 대한 총칭이다. 신석기 시대 말 중부 독일에서 북쪽으로 간 일부 게르만족이 원주민과 융합하여 원시 게르만 민족을 이룬다. 따라서 게르만족의 원주지는 발트해 연안인 유럽 대륙 북부와 스칸디나비아 지역이라고 할 수 있다. 출토되는 유물을 근거로 볼 때 게르만족은 기원전 10세기경부터 존재해 온 것으로 추정된다. 기록에 의하면 게르만족은 금발머리와 푸른 눈, 하얀 피부, 날카로운 눈매, 강건하고 거대한 체구 등을 가졌다. 청동기 시대에는 중부와 동부 유럽 일대로 활동 무대를 넓혔고, 기원전 · 후 1세기경에는 이동과 정착을 거듭하면서 목축과 농경 생활을 반복한다. 게르만족이 수렵을 좋아하고 싸움에 능하며 용감무쌍했지만 켈트족만큼 철기 문명을 발전시키지는 못했다. 기원후 2세기부터 게르만족 일부는 로마 제국의 용병이 되었고, 375년 이후 게르만족의 대이동이 시작된다. 그리고 게르만 민족의 대이동 결과 서부에서 앵글로 색슨족 · 롬바르드족 · 프랑크족이, 그리고 북부에서 스칸디나비아 반도의 민족이 형성된다. 하지만 유럽 각지로 이동하거나 침입한 게르만족의 수가 당시 유럽 전체 인구의 약 3%에 불과했기 때문에 어떤 때는 로마에 문화적으로 동화되기도 하고, 또 어떤 때는 가톨릭 교회와 대립하기도 했으며, 어떤 부족은 얼마 있지 않아 자취를 감추기도 했다.

4세기부터 6세기는 유럽에서 민족 이동이 최대 규모로 이루어진 시기이고 로마 제국이 몰락하면서 소위 말하는 유럽의 중세가 포문을 연 시기이다. 북유럽의 게르만족과 슬라브족의 민족 이동이 시작되면서 로마 제국의 국경이 허물어지고, 475년 서고트족의 동로마 국경 침입이 476년 서로마 제국의 멸망으로 이어진다. 로마 함락 이후에는 게르만의 여러 부족들이 로마 제국의 다른 영토로 이동해 왔고, 그 결과 서유럽에는 서고트 왕국[에스파냐]과 동고트 왕국[이탈리아], 반달 왕국[아프리카 북안], 부르군트 왕국[남프랑스], 앵글로색슨 왕국[영국] 등 여러 나라가 건국되었다.

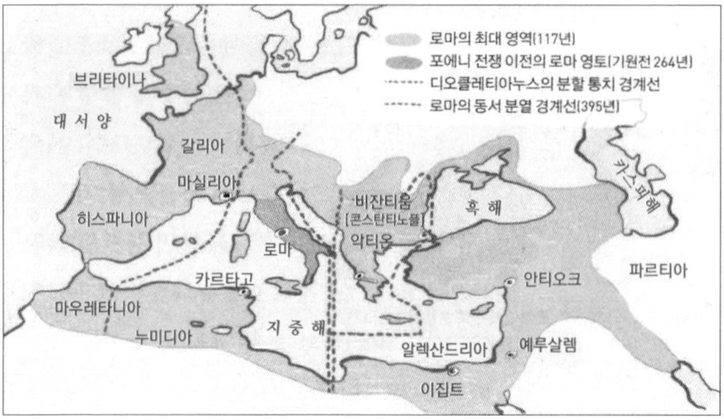

로마 제국 영토의 변화 추이[18]

동유럽에서는 게르만족보다 조금 늦게 슬라브 민족의 대이동이 시작되고, 이에 동유럽은 위협을 느끼는데, 기원후 527년에 즉위한 유스티니아누스 대제가 이를 극복한다. 유스티니아누스 대제가 한때 옛 로마 제국의 영토를 탈환하지만 결국에는 동로마 제국이 동부 지중해 연안 지역을 중심으로 비잔틴 제국이라는 또 하나의 제국을 건설하여 1453년까지 978년 동안 존속한다. 테오도시우스 황제 이후 동로마는 서로마로부터 완전히 분리되어 독립된 국가 체제를 이루었는데, 그렇다고 하더라도 로마 민족의 자부심과 정체성은 여전히 가지고 있었다. 그러다가 예수상과 마리아상에 대한 숭배 문제를 놓고 로마 교회와 비잔틴 황제의 입장이 첨예하게 대립되는데, 로마 교회는 성상 숭배를 지지하는 반면 비잔틴 황제 측은 성상 숭배를 우상 숭배로 규정짓고 성상 숭배를 반대한다. 비잔틴에서 성상 숭배 금지령이 내려진 이후 로마 교회와 비잔틴 황제는 유대 관계를 완전히 끊고 각각 가톨릭교와 그리스 정교로 갈라선다. 십자군 전쟁 때에도 성지 탈환이라는 공동의 명분과 목적이 있었지만, 그때 이미 동로마와 서로마의 유대가 끊어졌기 때문에 후기 십자군 원정에서는 오히려 정치적 · 경제적 · 문화적 이해 관계에 따라 서유럽이 동로마를 공격하기도 한다.

동양과 서양 문화의 요충지였던 비잔틴 제국은 북으로부터 슬라브족의 위협을 받고, 동으로부터는 페르시아, 남쪽과 이베리아 반도에서는 이슬람 제국의 침입을 받지만 비교적 잘 버티는데, 결과적으로 볼 때 비잔틴 제국의 건재가 외부 세력으로부터 서유럽을 지킨 셈이 된다. 그래서 비잔틴 제국을 '서유럽의 방파제'라고 일컫기도 한다. 비잔틴 제국은 한편으로 외세의 침입을 자주 받았지만 다른 한편으로는 지리적인 이점도 상당히 누렸는데, 상공업과 무역이 크게 발달한 동서 교역의 중심지로서 전성기에는 거대한 자본을 축적할 수 있었다.

서유럽이 로마와 게르만 문화의 융합적인 성격을 띤다면 비잔틴 제국은 그리스, 로마와 동방 문화의 혼재 성격을 강하게 띤다. 지리적으로 볼 때 비잔틴 제국은 기독교의 뿌리인 유대교 신앙의 중심지이고, 알렉산드리아와 안티오키아 등지는 그리스의 문화적 유산이 잘 보존되어 있는 헬레니즘 문명의 중심지이며, 또한 페르시아 사산 왕조와도 긴밀한 관계에 놓여 있다. 이렇게 비잔틴에 인접해 있거나 비잔틴에 이식된 이질 문명들이 비잔틴 제국의 전신인 로마의 지중해 문명과 융합되어 헬레니즘의 전통 위에 새롭게 세워진 것이 바로 비잔틴 문명이다.

비잔틴 제국은 6세기 유스티니아누스 황제 때 최초의 전성기를 맞이하지만 8-9세기에 성상 숭배를 둘러싼 갈등과 사라센의 침입 등으로 위기를 맞이한다. 10-12세기에 걸쳐 한때 부흥기를 맞이하기도 하지만 결국 터키의 잦은 침입과 콘스탄티노플의 함락으로 멸망한다. 이렇게 제국 자체가 역사 속으로 사라지고 중세도 그 막을 내리지만 비잔틴 제국이 이룩한 문화 · 예술적인 업적은 인류 최대의 문화 유산으로 남아 있다.

게르만 신화와 신의 운명

북유럽 일대에 퍼져 있던 게르만 신화의 특징을 한마디로 요약하면 운명에 대한 체념이다. 그런데 이 개념이 인간에게 뿐만 아니라 신들에게도 그대로 적용된다는 점이 게르만 신화가 다른 문명권의 신화와 차별화되는 점이다. 북유럽 신화에 대한 기록인『운문 에다』에 의하면 게르만 세계는 창의 시대, 칼의 시대, 폭풍의 시대, 이리의 시대를 거치면서 폭력이 난무한다. 시대 명칭에서 게르만 세계의 분위기를 알 수 있듯이 형제자매끼리 살육하고 부자간에 칼을 겨눈다. 타락의 시대, 즉 매섭고 사나운 겨울과 더불어 게르만 세계가 펼쳐지고 결국 세계의 종말이 시작되면서 게르만 신화의 장이 열린다. 그리고 그 종말 다음에 또 한 번의 창조 작업이 이루어지고 부활한 발드르와 함께 새로운 아름다운 세계가 전개될 것이라는 것을『에다』는 예언하고 있다.

게르만 신화 중에서「발드르의 죽음」에 관한 이야기는 게르만 신화 전체를 이해하는 데 있어서 가장 중요한 부분[19]이다. 신들 중에서 가장 촉망받던 발드르가 죽고 게르만 신화는 전환점을 맞이하며 결국은 게르만 신화의 주신인 오딘을 비롯한 대부분의 신들이 라그나뢰크Ragnarök를 겪는다.

게르만 신화에서 발드르는 오딘의 아들로서 '빛의 신' 또는 '가장 멋진 남신'으로 알려져 있다. 그런데 발드르가 갑자기 죽게 되는 사건이 벌어지면서 게르만 신화의 세계는 몰락의 길로 접어든다. 일반적으로 신화의 세계에서는 시간의 흐름이 분명하지 않고 그 순서도 알 수 없으며 심지어 시간이 뒤죽박죽인 경우가 허다하다. 하지만 게르만 신화 속 시간의 흐름과 이야기의 전후 상황에 대해서는 어느 정도 윤곽을 잡을 수 있는데, 그것은 세계의 창조와 신화 세계의 건설, 위기와 전환, 그리고 종말 라그나뢰크가 시간의 흐름에 따라 비교적 명확하게 순차적으로 진행되기 때문이다. 물론 예외적인 부분도 있는데, 그것은 신화이기 때문에 어느 정도 허용되는 범위에 포함된다.

그러면 발드르가 어떻게 죽게 되었는가?『산문 에다』에는 발드르의 죽음 이야기가 다음과 같이 기록되어 있다:

> 선한 자 발드르는 어찌나 격렬한 꿈들을 자주 꾸었는지 생명의 위협을 느낄 정도였다. 그가 이런 꿈들에 대해 이야기하자, 아스가르드 신들은 온갖 위험스러운 것들로부터 발드르의 안녕에 대한 약속을 받기로 결의했다. 프리그는 발드르를 해치지 않겠노라는 서약을 불과 물, 철과 모든 종류의 금속 · 돌 · 땅 · 나무 · 질병 · 짐승 · 새 · 독 · 뱀에게서 모두 받았다. 서약이 이루어지고 널리 공포됨에 발드르와 신들은 축제를 벌였다. 발드르가 군중 앞에 섰을 때 어떤 자들은 활을 쏘고, 어떤 자들은 발드르를 치고, 어떤 자들은 발드르에게 돌을 던졌지만 그 어떤 경우에도 발드르는 전혀 상처를 입지 않았다. 그리고 모두 발드르의 안녕이 아주 잘된 일이라고 생각했다.
>
> 라우페이의 아들 로키는 이 장면을 보고, 발드르가 상처를 전혀 입지 않는 점이 못마땅했다. 그래서 여자로 변장해 프리그를 찾아가 자기가 본 사실을 말하고 무슨 일이 있었는지를 물었다. [⋯] 그러자 프리그는 "어떤 무기나 나무도 발드르를 해치지 못한다. 내가 그것들 모두에게서 그렇게 하기로 서약을 받아냈지."라고 대답했다. 그러면서 "발할 서쪽에 '겨우살이 가지'라고 하는 여린 나뭇가지가 자라고 있는데, 그것에게는 서약을 받지 않았다. 너무 어려 보였거든."이라고 했다. 이 말을 듣고 여자로 변장한 로키는 겨우살이 가지를 잡아 뜯어서는 그 집회로 왔다. 거기에는 회드가 빙 둘러선 무리들의 밖에 서 있었는데, 그도 그럴 것이 그는 장님이었다. 로키가 회드에게 "왜 발드르에게 쏘지 않습니까?"라고 물었더니 "발드르가 어디 있는지 볼 수 없고, 게다가 무기도 없으니까."라고 그는 대답했다. 그러자 로키가 [⋯] "제

가 발드르가 어디에 서 있는지 가리켜 드릴게요. 이 가지를 그에게 던지세요."라고 말했고 이에 회드는 그 겨우살이 가지를 받아 로키의 안내에 따라 발드르를 향해 쏘았다. 그런데 그것이 날아가 발드르를 관통했고 그는 땅에 쓰러져 죽었다.

그래서 신들과 인간들은 엄청난 슬픔과 고통에 잠겼다. 발드르가 쓰러졌을 때, 신들은 아무 말도 할 수 없었고, 그를 일으키기 위해 누구 하나 손을 들어 올릴 수도 없었으며, 그저 서로 쳐다볼 뿐이었다. 발드르의 사체가 배에 실렸다. 발드르의 아내인, 네프의 딸 난나는 그것을 보고 슬픔에 겨워 심장이 터져 죽었다. 그녀도 장작더미 위로 옮겨졌고, 장작에 불이 붙었다. […] 모든 종족이 이 화장 의식에 참석했다. 처음에 오딘이 프리그와 함께 왔고, 발퀴리들과 오딘의 까마귀들이 수행했다.[20]

발드르가 죽기 전까지 게르만 신화의 세계는 불안과 공포가 점점 커지는 상황이었는데, 거인족 출신 로키가 거인 앙그르보다와의 사이에서 헬, 요르문간드, 펜리르라는 세 자식을 낳은 사건으로 그러한 불안감은 더욱 가중된다. 신들은 로키의 자식들이 나중에 세상 멸망의 화근이 될 것을 미리 알고 없애려고 하지만 실패한다. 로키의 딸 헬은 지하 세계로 던져지는데, 거기서 죽음 나라를 다스리는 여왕이 된다. 바다 속에 던져진 요르문간드는 세상의 땅덩어리를 주위의 바다 속에서 휘감고 있을 정도로 크게 자란다. 거기다가 로키가 회드 신을 통해 발드르 신을 죽이고, 오딘의 또 다른 아들 발리가 이복형 발드르의 죽음에 대한 복수로 회드를 죽이게 되는 끔찍한 사건이 생긴다. 또 애기르가 베푼 주연에서 로키가 신들에게 무작정 욕설을 퍼붓고 모함하는 사건도 생긴다. 바로 이러한 게르만 신화 세계의 불안이 구체적으로 발드르의 악몽으로 표현되고 이에 신들이 모두 불길한 예감을 느끼고 불안해하며 걱정한다.

이러한 불안은 한편으로 게르만 신화에서 발드르를 비롯한 여러 신들이 느끼는 불안이기도 하지만, 다른 한편으로는 그 시대 게르만인들의 불안이기도 하다. 그 당시 게르만인들은 유럽 문명의 외곽지인 북유럽의 척박한 자연 환경 속에서 살았고, 그때까지 생산력도 생산 수단도 확보하지 못한 상태였기 때문에 삶에 대한 불안과 공포를 심하게 느낄 수밖에 없었다. 바로 이러한 게르만인들의 불안과 공포가 게르만 신화에 반영된 것이다. 게르만인들의 불안이 반영된 신화 속에 나오는 신들의 불안이 커지면서 그것이 집단 전체의 불안으로 확산되고 결국에는 그 집단 전체가 병들게 된다. 그렇게 될 경우 건강 회복을 위한 후속 조치의 마련은 불가피하다.

국가의 안녕을 위해 사제 왕의 희생이 요구되는 상황이 되었을 때, 먼저 오딘의 아들인 발드르가 대리자로 죽고 라그나뢰크 때는 오딘도 죽게 되는 것으로 게르만 신화를 해석할 수 있다. 이렇게 보면 발드르는 집단을 위해 제물로 바쳐진 희생양인 셈이다. 게르만 신화에서 발드르의 죽음 이후에 라그나뢰크가 도래해 오딘을 비롯한 늙은 세대의 신들이 대거 죽는 것도, 그들과 더불어 세상의 악이 정화되는 것도, 그리고 라그나뢰크 이후 새 세상이 도래하는 것도 이런 맥락으로 해석할 수 있다.

창조 신화_이미르의 죽음

게르만 신화에 의하면 세계의 창조는 원초적인 거인 이미르의 죽음에서 비롯된다. 혼돈에서 태어난 사악한 거인 이미르가 이 세상에 최초로 존재하며 태어나는 순간부터 아무 것도 하지 않고 잠만 잔다. 아우둠라라는 암소가 이미르에게 젖을 먹여 주고, 이미르가 자면서 흘리는 땀에서 서리의 거인족이 탄생한다. 거인족 이미르에게 위협을 느낀 오딘의 삼형제는 이미르를 죽이고 이미르의 시체로 세계를 창조한다. 이미르의 뼈가 산맥이 되고, 두개골이 하늘이 되며, 피가 바다가 되는 것이 게르만 신화의 세계 창조 내용이다. 그리고 두 개의 유목, 즉 물 위에 떠다니는 나무에서 최초의 인간 남녀가 만들어진다. 세계 창조 후 인간은 세계의 중앙에 있는 땅 미드가르드에서, 신들은 하늘에 있는 아스가르드에서 살게 되는데, 우주는 세계 창조 후에 오딘이 심었다고 전해지는 거목, 즉 삶과 죽음의 세계를 뚫고 자라는 위그드라실에 의해 지탱된다.

게르만 민족의 대이동 이후 기독교 중심으로 유럽의 판도가 바뀌면서 북유럽 신화는 이단으로 취급을 받게 된다. 게다가 게르만 신화를 기록해 놓은 자료들이 불타 없어지거나 이런저런 이유로 유실되었기 때문에 게르만 신화는 구전되어 오다가 거의 자취를 감추게 된다. 바로 이것이 우리가 게르만 신화에 대해 상대적으로 잘 알지 못하는 이유이고 최근에 와서야 게르만 신화가 재발견되어 우리에게 소개되는 이유이다.

영웅 신화_지크프리트

제6장: 군터가 어떻게 이젠란트로 가서 브륀힐트에게 구혼했는가?

325 전혀 새로운 소식이 라인 강을 건너 그들에게 들려 왔답니다. 그 곳 어딘가에 많은 미녀들이 있다는 이야기였지요. 뛰어난 왕인 군터는 그녀들 중 하나를 골라 아내로 삼을 계획을 세웠습니다. 이러한 결심을 하자 영웅의 마음은 기쁨 때문에 몹시 두근거렸지요.

326 바다 건너 저편에 한 여왕이 성을 가지고 있는데, 아무튼 알려진 바로는 어떤 여인도 그녀와 비교될 수 없다는 것이었습니다. 즉 그녀는 한량없이 아름다웠으며, 그리고 그 밖에도 무시무시한 힘을 지니고 있다는 것이었지요. 용감한 영웅이 나서서 그녀의 사랑을 얻고자 할 경

우, 그는 그녀와 창던지기에서 우열을 다투어야 했답니다.

327 그녀는 돌을 멀리 던질 수 있었고, 그러고 나서 굉장한 도약을 하여 그 돌을 뒤쫓아 뛸 수 있었습니다. 그녀의 사랑을 얻으려는 자는 언제나 이 세 가지 경쟁에서 그 여왕을 이겨야만 했죠. 그가 만약 한 가지에서라도 실패하는 경우, 그는 목숨을 잃었다고 합니다.

328 그 처녀는 이미 그런 힘겨루기 시합들을 무수히 이겨 냈는데, 그런 이야기를 하인의 한 고귀한 기사가 들었던 것이고 그래서 그는 이제 모든 생각들을 아름다운 그녀에게로 향하게 했던 것입니다. 이런 이유로 해서 나중에는 많은 영웅들이 죽음을 당해야만 했지요.

329 그 때 라인의 왕이 말했습니다. "나에게 무슨 일이 생기건, 나는 강을 따라 그 바다까지 가서 브륀힐트에게로 항해해 갈 것이며, 그녀에 대한 사랑의 열정으로 내 생명을 걸겠노라. 만약 그녀가 내 아내가 되지 못한다면, 나는 내 목숨을 버릴 것이니라."

330 "저는 그런 일을 하지 마시라고 충고하고 싶습니다." 하고 그 때 지크프리트가 말했습니다. "그 여왕은 너무나 무서운 조건들을 내걸기 때문에 그녀의 사랑을 얻으려 애쓰는 사람은 그것을 위해 매우 값비싼 희생을 치르게 됩니다. 그 때문에 당신은 여행에 관한 생각을 영원히 머리에서 지워버리셔야 할 것입니다."

331 "이 경우에는" 하고 그 때 하겐이 말했습니다. "전하께서 지크프리트에게 당신과 함께 이 험난한 위험들을 헤쳐 나갈 것을 부탁하시기를 권고하옵니다. 그렇습니다. 저는 이것을 정말 전하께 조언 드리옵니다. 왜냐하면 그는 브륀힐트에 관해서 아주 정확히 알고 있기 때문이옵니다."

332 그러자 군터가 말했습니다. "고귀한 지크프리트여, 그 사랑스러운 처녀를 얻을 수 있도록 그대는 나를 도와주겠소? 만약 그대가 내 청을 들어 줘서 그 사랑스런 여인이 나의 아내가 된다면, 나도 그대를 위해

명성과 생명을 다 바치겠소. 만약 그대가 그것을 원한다면 말이오."

333 그 때 지크문트의 아들인 지크프리트는 대답했습니다. "저에게 만약 고귀한 여왕이자 당신의 여동생인 크림힐트를 아내로 주신다면 저는 기꺼이 동의할 것이며, 그 힘든 과제에 대해서는 그 밖의 어떤 보상도 원하지 않을 것입니다."

334 "지크프리트여" 하고 군터가 말했습니다. "내 그것을 그대의 손에 쥐어 줄 것을 약속하겠소. 만약 아름다운 브륀힐트가 여기 이 나라에 온다면, 나는 그대에게 내 여동생을 아내로 줄 것이오. 그러면 그대는 아름다운 그녀와 함께 영원히 커다란 기쁨 속에서 살 수 있을 것이오."

335 그 고귀한 영웅들은 그것을 선서로써 맹세하였답니다. 하지만 그들이 브륀힐트를 라인으로 데려올 수 있기 전에 이미 그들의 어려움은 그것으로 인해 다만 커졌을 뿐이었죠. 심지어 나중에 그 용감한 자들은 엄청난 위험에 자신들이 내맡겨져 있음을 보게 되었던 것입니다.

336 지크프리트는 몸을 안 보이게 하는 마법의 망토를 가지고 가야만 했답니다. 그것은 그 용감한 영웅이 커다란 위험 속에서 '알베리히'라는 이름의 한 난쟁이로부터 빼앗았던 것입니다. 그 용감하고 막강한 영웅들은 이제 여행 준비를 하게 되었지요.

337 힘이 센 지크프리트는 마법의 망토를 입자마자 굉장한 힘을 갖게 되었답니다. 즉, 열두 용사의 힘이 자기 고유한 힘에 더 보태어졌지요. 마법의 술수로 그는 나중에 그 아름다운 여자를 얻을 수 있었던 것입니다.

338 게다가 누구나 그 마법의 망토를 입기만 하면, 다른 사람들 눈에 띄지 않고 원하는 일을 할 수 있었습니다. 이러한 방법으로 그는 브륀힐트를 얻었지만, 역시 그에게는 결과적으로 그것이 너무나 값비싼 일이 되고 말았던 것입니다.

339 "그대 지크프리트 영웅이여, 내가 돛을 올리기 전에 나에게 말 좀

해 주구려. 우리가 그 바다로 나설 때, 충분히 영예를 획득하기 위해서는 브륀힐트의 나라에 다른 영웅들도 데리고 가는 것이 더 좋지 않겠소? 3만 명의 용사들은 아주 빨리 모을 수가 있을 것이오."

340 "우리가 아무리 많은 군사를 데리고 간다 할지라도" 하고 지크트리프가 이의를 제기했습니다. "그 여왕은 오만한 자신감에서 역시 모두를 다 죽이게 할 수 있다는 식으로 극단적인 공포를 마구 퍼뜨릴 것입니다. 아닙니다. 용감하고 뛰어난 영웅들이시여, 저는 여러분들에게 좀 더 나는 제안을 해 드리겠습니다.

341 우리들은 옛 영웅들처럼 라인강을 따라 내려갈 것입니다. 이제 누가 함께 갈 것인가를 당신께 말씀드리죠. 우리는 4명이 바다를 향해 돛을 올릴 것이고, 그 후 어떤 일이 우리에게 생긴다 하더라도 이런 방법으로 우리는 꼭 그 여인을 얻어 올 것입니다.

342 제가 동행자들 중 한 사람이며, 둘째는 당신이 될 것이고, 셋째는 하겐이요, 넷째는 용감한 당크바르트입니다. 이로써 우리는 이미 살아서 돌아오리라는 것이 보장되는 것이죠. 왜냐하면 1천 명의 장정들이라 하더라도 감히 우리를 섣불리 공격하지는 못할 것이기 때문입니다."

343 그 때 왕이 말했습니다. "우리가 떠나기 전에 나는 정말 브륀힐트의 왕궁에서 제대로 정장 차림을 하기 위해서는 어떤 옷을 입어야 하는지도 역시 알고 싶은데, 그러한 정보를 얻는다면 매우 기쁘게 생각하겠소. 제발 그것을 좀 말해 주오!"

344 "사람들이 일찍이 보았던 것 중에서 가장 아름다운 옷을 브륀힐트의 나라에서는 늘상 입는답니다. 사람들이 나중에 그것에 관해 이야기할 경우, 우리를 나쁘게 이야기하지 않도록 그 여주인 앞에서 훌륭한 옷을 입는 것이 우리의 도리일 것입니다."

345 그 때 그 훌륭한 영웅은 말했습니다. "그렇다면 나 스스로 나의 사랑하는 대비마마께 가서 그녀의 훌륭한 시녀들로 하여금 우리들이 입

고 그 아름다운 처녀 앞에서 영예를 얻을 수 있는 옷을 만들게 함으로써 우리를 도와주도록 간청해 보리다."

346 그 때 트론예의 하겐이 그다운 침착한 태도로 말했습니다. "전하께서는 왜 대비마마께 그런 일을 부탁하려 하시옵니까? 전하께서는 당신이 어떤 일을 계획하고 있는지를 전하의 누이동생에게 이야기하십시오! 그러면 그녀는 중요한 궁정 여행을 준비하는데 있어서 전하를 도울 수 있을 것이옵니다."

347 그래서 군터는 자신의 누이동생에게 자신과 영웅 지크프리트가 그녀를 심방하고 싶다는 말을 전하게 했지요. 그러자 그들이 오기 전에 이미 그 미녀는 가장 세련된 옷을 입고 있었답니다. 왜냐하면 그녀는 그 용감한 남자들이 오는 것을 매우 기쁜 마음으로 기다리고 있었기 때문이지요.

348 그녀의 시종들도 상황에 걸맞게 치장하고 있었습니다. 두 군주가 방으로 들어오는 소리를 들었을 때, 크림힐트는 그들을 맞이하기 위해 자리에서 일어서서 귀한 손님과 오라버니에게로 우아하게 다가갔습니다.

349 "잘 오셨습니다. 오라버니!"하고 그 처녀는 말했습니다. "그리고 같이 오신 분도요! 여러분께서 무슨 이유로 저를 찾아오셨는지를 알아도 될까요? 제가 무엇으로 고귀한 영웅들이신 그대들에게 봉사할 수 있는지 말씀해 주세요!"

350 그러자 군터왕이 말했습니다. "공주여, 내 그대에게 말하리라. 우리는 매우 의기발랄하여 별다른 걱정은 없지만, 지금 약간의 염려스러운 생각을 하고 있는 중이라오. 우리는 궁정의 모험들을 치르기 위해 먼 나라로 여행을 떠날 계획이라오. 이 여행을 위해 우리에게 훌륭한 복장이 필요하다오."

[…]

367 모든 사전 준비가 끝난 후에는 그들이 라인 여행에 타고 갈 튼튼한

배 또한 마련되었습니다. 그것은 강을 따라 바다 쪽 하류로 그들을 운반해 줄 배로서, 아주 세심하게 건조되었습니다. 고귀한 아가씨들은 자신이 맡은 일을 하느라 온 힘을 다 탕진하고 말았습니다.

368 그때 여인들은 그 영웅들이 함께 갖고 가려고 생각한 멋진 옷들이 그들의 소망대로 완성되었다고 알리게 했습니다. 이로써 모든 사전 준비가 마무리되자, 영웅들은 라인 강변에서 더 이상 머물러 있고 싶지가 않았습니다.

369 전령 한 사람이 수행원들을 모셔 오라고 보내어졌고, 영웅들은 자신들의 새 옷이 그들의 몸집에 비해 큰지 작은지 한 번 알아보고 싶어 했습니다. 실로 그 옷은 정확하게 꼭 맞는 치수를 갖추고 있었으니, 따라서 그들은 여인들에게 그것에 대해 감사를 표했습니다.

[…]

374 크림힐트는 말했습니다. "지크프리트 왕자님, 아무쪼록 제 오라버니께 성실하고 친절히 대해주세요. 그래서 브륀힐트의 왕국에서 그에게 아무 일도 일어나지 않도록 그를 보호해 주세요." 그래서 용감한 지크프리트는 그녀에게 그렇게 할 것을 서약했습니다.

375 그러면서 막강한 영웅은 말했습니다. "공주님, 제가 생명을 부가하는 한, 당신은 모든 근심을 떨쳐버릴 수 있을 것입니다. 그래야만 제가 그를 무사히 다시 라인강 이쪽으로 모셔올 수 있을 테니까요. 그 점에 대해서는 굳게 믿으셔도 될 것입니다." 그래서 아름다운 크림힐트 아가씨는 그에게 고맙다는 말을 했답니다.

[…]

382 사람들이 우리에게 전하는 바에 따르면, 바람이 12일째 되던 날 아침에 머나먼 브륀힐트의 왕국인 이젠슈타인으로 그들을 날라다 주었다고 합니다. 지크프리트 외에는 그들 중 누구도 그것을 알지 못했답니다.

383 군터왕은 그토록 많은 성곽들과 또한 길게 뻗은 영지들을 보았을

때, 욕심이 나서 물었습니다. "친애하는 지크프리트여, 내게 말해주오. 그대는 이 성곽들과 아름다운 땅이 누구의 소유인지 알고있소?"

384 이 물음에 지크프리트는 이렇게 대답했습니다. "물론이지요! 그것은 그 전에 제가 전하께 말씀드렸듯이 브륀힐트 소유의 땅과 백성이고 견고한 성은 이젠슈타인이지요. 거기서 당신께서는 오늘 중으로 그녀의 많은 아름다운 귀부인들을 볼 수 있을 것입니다.

385 그리고 저는 여러분 영웅들에게 일치단결해서 입을 맞추어 말하도록 충고드리고 싶습니다. 제가 보기엔 그것이 합당할 것 같습니다. 왜냐하면 오늘 우리가 브륀힐트 앞에 모습을 보일 경우, 그 여왕 앞에서는 아주 신중하게 행동해야만 하기 때문입니다.

386 그대 이름난 용사들이여, 오늘 우리가 그 사랑스러운 여인을 그녀의 시종들 무리 속에서 보게 된다면, 그대들은 이 한 가지 얘기만은 꼭 차질 없이 전해야 할 것입니다. 즉 군터는 나의 군주고 나는 그의 봉신이라는 점입니다. 그래야만 군터왕께서 바라는 모든 것이 실현될 수 있을 테니까요."

387 그들은 지크프리트가 그들에게 요구한 것을 기꺼이 서약하였고 또 그가 원했던 바 그대로 얘기하는 것에 대해 아무도 거부하지 않았습니다. 그렇기 때문에 군터왕이 아름다운 브륀힐트를 만났을 때, 모든 것이 그들을 위해 성공적으로 진행되었던 것입니다.

388 "물론 저는 꼭 당신에 대한 호의에서 그렇게 약속하는 것이 아니라, 오히려 당신의 누이동생인 그 아름다운 공주에 대한 사랑 때문에 그것을 서약합니다. 왜냐하면 저는 그녀를 내 영혼처럼, 내 생명처럼 사랑하니까요. 그렇기 때문에 저는 그녀를 아내로 맞이하기 위하여 기꺼이 헌신할 것입니다."라고 지크프리트는 말했습니다.[21]

| 쉬어가는 코너 |
오리엔탈리즘?

오리엔탈리즘의 정의는 동양에 대한 관점에 따라 조금씩 달라진다. 오리엔탈리즘의 사전적 정의는 낭만주의의 한 경향인 이국적인 취미를 대표하는 것으로 오리엔트, 즉 동방 세계에 대한 동경을 문학과 예술의 소재 또는 제재로 삼은 것을 뜻한다. 18세기경부터 유럽 각지의 상류 사회에서 시누아즈리chinoiserie중국 취미와 튀르크리turquerie터키 취미가 유행했는데, 모차르트의 「터키행진곡」과 고전주의자인 앵그르의 「오달리스크」, 「터키 목욕탕」이 그 예에 속한다.

근대 유럽에서 생긴 민족 개념이 18세기와 19세기를 거치면서 더욱더 확고해지고 제국주의를 통해 전 세계적으로 파급되는데, 이것은 자본주의와 산업화와 기계화, 그리고 민주주의가 발달한 유럽에서 약육강식의 원리와 적자생존의 원칙이 그렇지 못한 비유럽 지역에서보다 훨씬 더 잘 지켜진다는 것에 대한 반증이다. 그리고 이러한 경향이 강자의 약자에 대한 억압으로 이어지고 동양에 대한 서양의 편견과 우월함을 조장하는데 일조한다.

문화의 수준 차이나 문명의 격차를 설명하는 관점 중에 서양 문명의 우월성을 정당화하고 그것을 조장하는 것이 인종주의적인 관점이다. 유럽인과 아시아인, 그리고 아메리카인 사이에 선천적으로 차이가 존재하고 그 차이 때문에 유럽인은 우월하고, 아시아인은 열등하며, 아메리카 원주민은 미개하다고 규정된다. 그래서 유럽은 세계를 정복할 문명을 가지게 되고, 아시아인은 식민지를 경험할 수밖에 없으며, 아메리카인은 자신의 땅에서 불가피하게 추방된다는 논리이다. 15세기 말부터 시작된

콜럼버스의 신대륙 발견도 이러한 맥락에서 이해할 수 있고 설명 가능하다.

아시아에 비해 우월한 자연 환경과 사회 제도, 발달된 정치 체계와 법 조직 등을 갖추고 괄목할 만한 문명을 발달시킨 유럽이 17세기를 맞이하면서 시선을 유럽 대륙 밖으로 돌리기 시작한다. 그들의 발길이 '신세계'를 향하면서, '신세계'에서 원주민을 만나면서, 그리고 그곳에서 그때까지 경험하지 못하고 소유하지 못한 것과 맞닥뜨리면서 유럽인들은 자신들이 얼마나 우월한지를 확인할 수 있었다. 그리고 자신들의 우월한 힘을 열등한 것을 향해 마구 휘두를 수 있었으며, 심지어 그러한 자신들의 파괴적인 행동을 정당화했다.

사이드의 『오리엔탈리즘』에서 다루는 문제, 즉 '언어적인 세계 안에서 서양이 동양을 어떻게 바라보는가?'라는 질문은 철학의 인식론적인 질문으로 이어진다. 사이드는 프랑스 철학자 푸코의 영향을 받아 이전에 오리엔트를 대상으로 한 유럽인들의 문학과 예술 작품을 일종의 '담론discourse'으로 본다. 사이드에 의하면 유럽인들은 동양의 것을 소재나 재제로 다룬 문학과 예술 작품을 통해 비유럽적인 것을 '오리엔트'라는 추상적인 세계로 규정하고 그것을 해석하는 잣대로서 '오리엔탈리즘'이라는 세계관을 형성한다. 이때부터 '오리엔트'라는 개념에 부정적인 의미가 스며들기 시작하며 결국에는 약자에 대한 강자의 지배를 정당화하는 제국주의 논리와 식민지 사관을 관철시킨다. 이런 맥락에서 서양과 동양, 즉 옥시덴트와 오리엔트는 수직적인 지배-종속의 관계에 놓이게 된다.

유럽인들은 자신들이 맞닥뜨리는 낯선 세계를 자신들의 기준과 방식으로 인식하기 위해 기존 담론의 질서를 재구성하거나 재편성하고 그것의 반경을 넓히고자 했다. 그래서 유럽인들은 동양을 여행하여 동양에 관한 이미지를 모으고, 동양에 관한 문헌을 정리하고 탐독했으며,

동양의 언어를 연구했다. 그리고 동양인의 실생활을 경험하고 동양인의 생활상을 이론적으로 조사해서 오리엔탈리즘이라는 동양을 표상하는 담론을 만들어냈다. 말하자면 서양인이 바라보는 동양은 서양인들이 만든 동양에 대한 프레임, 즉 오리엔탈리즘 속의 동양이다. 따라서 유럽인들에게는 동양인들이 실제로 어떻게 생각하고, 생활하며, 어떤 방식으로 자신을 표현하는지가 중요한 것이 아니라 유럽인 자신들이 생각하고 이미지화한 동양인의 모습에 관심이 있었던 것이다.

그렇다면 '오리엔탈리즘'이 근대 유럽의 동양에 대한 왜곡된 시각 내지 인식에만 적용되는 담론인가? 21세기 이슬람에 대한 미국의 인식과 인도에 대한 우리의 인식이 '오리엔탈리즘'의 프레임으로부터 완전히 자유롭다고 말할 수 있는가? 강대국의 약소국에 대한 지배와 강자의 약자에 대한 폭력이 지금도 지구촌 곳곳에서 난무하고 있다. 21세기 글로벌 시대에는 다문화주의와 문화다양성이 보장된다. 인종적 · 민족적 · 언어적 차이 때문에 자국민이 이주민을 차별해서도 안 되고, 다수를 정상적인 것으로 소수를 비정상적인 것으로 규정함으로써 다수가 소수의 권리를 침해해서도 안 된다.

단일 민족과 순혈주의를 내세워 우리의 우월함을 과시하고, 이민족과 이문화를 임의적 · 자의적으로 열등한 것으로 규정하여 또 다른 오리엔탈리즘 담론을 우리 스스로 만들어 내고 있지는 않은지에 대해 늘 점검하고 고민하며 성찰하는 삶의 자세가 필요하다.

생각해 볼 문제

1. 게르만 신화의 의미와 의의를 찾아봅시다.
   1) 게르만 신화의 특징을 서로 이야기해 봅시다.
   2) 게르만 신화에 나오는 신들의 특징을 이야기해 봅시다.
   3) 게르만 신화에서 찾을 수 있는 신화의 힘을 서로 이야기해 봅시다.

2. 게르만 문명 또는 문화와 관련해서 토론해 봅시다.
   1) 게르만 민족의 대이동이 중세 유럽에 미친 영향에 대해 토론해 봅시다.
   2) 게르만족과 독일 민족의 상관 관계에 대해 이야기해 봅시다.
   3) 게르만 문화에서 발견되는 문화의 힘에 대해 토론해 봅시다.

3. 게르만 창조 신화에 대해 스토리텔링 해 봅시다.
   1) 게르만 창조 신화에 등장하는 신들의 이야기를 해 봅시다.
   2) 게르만 창조 신화를 스토리텔링하고 특징을 이야기해 봅시다.
   3) 게르만 신들의 운명과 죽음에 대한 신들의 불안을 이야기해 봅시다.

4. 게르만 신화의 영웅들에 대해 이야기해 봅시다.
   1) 게르만의 영웅을 소개하고 영웅담으로 스토리텔링 해 봅시다.
   2) 『니벨룽겐의 노래』와 「니벨룽겐의 반지」에 대해 이야기해 봅시다.
   3) 게르만 신화를 통해 들을 수 있는 영웅과 여왕의 사랑 이야기를 재구성해 봅시다.

주

16. 김창성, 『사료로 읽는 서양사 2 중세편』, 서울: 책과함께, 2014, 36면.

17. 박경옥, 『아하! 서양사』, 서울: 휴머니스트, 2013, 169면.

18. 위의 책, 109면.

19. 이민용, 「『황금가지』와 겨우살이 가지, 그리고 사회적 치유의 내러티브- J. G. 프레이저의 게르만신화 〈발드르의 죽음〉 해석을 중심으로」, 『독일언어문학』 제9집(2013), 252면 이하 참조.

20. A. Krause, Die Edda des Snorri Sturluson, Stuttgart: Philipp Reclam jun. GmbH & Co, 1997, S. 67f. 이민용, 앞의 논문, 255-256면 참조.

21. 작자 미상, 『니벨룽겐의 노래』, 허창운 옮김, 파주: 범우사, 1990, 96-111면.

제6장

이집트 신화와 문화

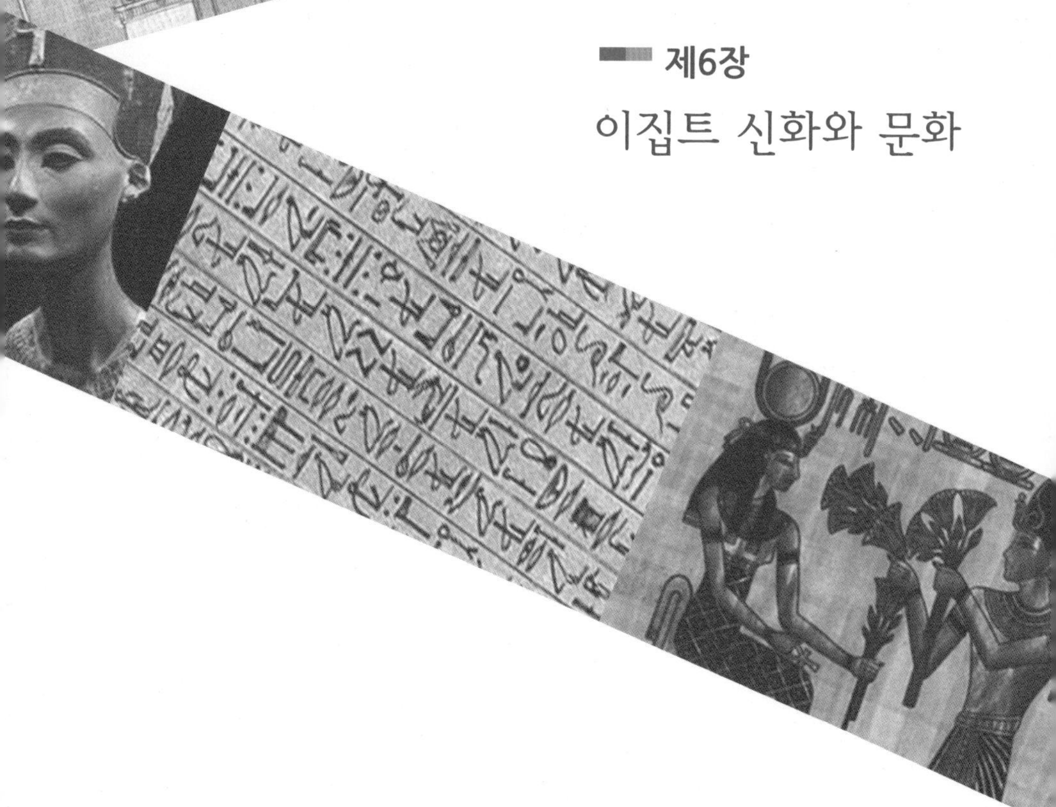

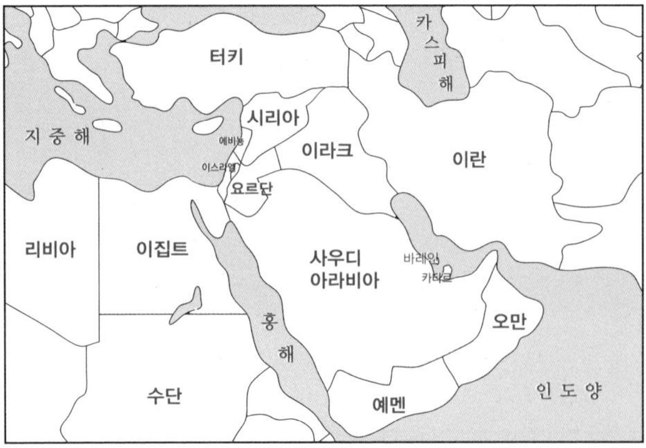
카
스
피
해
터키
시리아
지 중 해
이라크
이란
요르단
리비아
이집트
사우디
아라비아
홍
해
오만
수단
예멘
인 도 양

중동지역

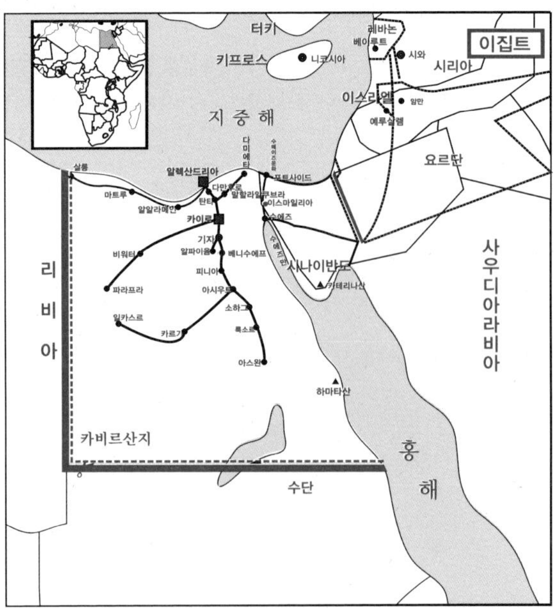
터키
이집트
키프로스
니코시아
시리아
이스라엘
지 중 해
요르단
알렉산드리아
포트사이드
카이로
사
우
디
아
라
비
아
리
비
아
시나이반도
아스완
하마타산
카비르산지
홍
해
수단

이집트

이집트 문명

기원전 1만 년경에 수메르인들이 농경 생활을 하면서 메소포타미아 지역에 정착한 이래 아프리카와 유라시아에서도 농경 생활이 자리를 잡아간다. 농경 시대를 거치면서 인류는 돌로 만든 농기구와 각종 도구를 청동으로 바꿔가면서 청동기 시대를 연다. 청동기 시대의 선두 주자 역시 수메르인들이다. 이들은 기원전 3500년과 3000년 사이에 도시 국가를 건설하고 엄청난 규모의 신전을 세우며 바퀴 달린 마차와 배 등의 운송 수단을 만든다. 청동 농기구의 사용으로 인해 생계유지에 필요한 농작물보다 훨씬 많은 양의 작물을 수확하게 되자 수메르인들은 신전에 모여 물물 거래를 하기 시작한다. 뿐만 아니라 야금술과 도자기 만드는 기술도 개발하고 심지어 우주선 축조 가능성을 상상하기도 한다.

기원전 3000년이 되기 전에 수메르가 아닌 또 다른 지역에서 도시 사회가 건설되는데, 그곳이 바로 이집트의 나일강 유역이다. 그때는 사하라 사막이 건조되기 전이라 나일강이 충분한 관개용수를 공급했고 나일강 주변 지역은 천수답 농업에 적합했다. 뿐만 아니라 이집트 사람들은 나일강 근처에서 양, 염소, 가축과 당나귀를 방목했다. 기원전 3600년경에는 장거리 해상 무역에서 벽돌이 등장하고 문자의 혁신도 이루어진다. 서로 다른 원리의 문자인 수메르인들의 쐐기문자와 이집트인들의 상형문자 이후에 페니키아 문자가 나타나는데, 음성을 기호로 쓰는 이 페니키아 문자가 현재 우리가 쓰고 있는 알파벳의 원형이다.

이집트는 왕조 이전 시대와 파라오 시대, 그리고 프톨레마이오스 왕조 시대로 구분된다. 이집트가 첫 통일 왕국을 세운 기원전 3100년부터 마케도니아의 알렉산드로스 대왕에게 정복당한 기원전 332년까지가 파라오 시대에 해당하고, 그 이전이 '왕조 시대', 그리고 그 이후, 즉 알렉산드로스 대왕과 그의 뒤를 이은 계승자부터 예수 그리스도가 탄생하기 전, 이집트가 로마제국에 흡수될 때까지를 '프톨레마이오스 왕조'라고 부른다.

파라오 시대는 구왕조와 중왕조, 신왕조로 세분되고, 신왕조 이후 외국 세력들에 의해 점령당한 외국 왕조기도 파라오 시대에 포함된다. 구왕조는 기원전 3100년부터 2155년까지 존속하다가 기원전 2180년부터 100여 년 동안 혼돈의 시기를 거친다. 이어 중왕조가 들어서는데, 중왕조는 기원전 2080년부터 1640년까지 유지된다. 그러다가 중왕조 역시 다시 한 번 혼란기를 겪게 되고 기원전 1570년에 신왕조가 들어선다. 기원전 1090년 이후의 파라오 시대에는 리비아와 아시리아, 그리고 페르시아가 이집트를 점령하기 때문에 이 시기를 외국 왕조기라고 일컫는다.

이집트의 종교는 예외적으로 파라오를 중심으로 하는 단일체제를 구축한다. 이집트 사람들은 구왕조 시대의 초기 파라오들을 여신 호루스의 화신으로 간주했고, 후기 파라오들을 태양신 레의 세습자로 인식하거나 지하 세계를 관장하는 신 오시리스로 여겼다.

문화인류학자와 역사가들은 획일적이고 엄격한 파라오의 왕권의 형태가 이집트에서 비롯되어 다른 아프리카 지역으로 전해졌다고 가정하는데, 여러 가지 가설 중에 가장 신빙성이 있는 것은 성스럽고 절대적인 왕권과 왕의 직제가 아프리카 곳곳에서 이미 독립적으로 만들어져 그 사회의 권위를 대표했다는 설이다. 말하자면 이집트에서 확고해진 왕권이나 왕의 직위가 이집트 국경 밖으로 전파된 것이 아니라 이주하거나 이동하는 아프리카 민족의 왕권과 왕의 직제가 이집트 내부와 외부로 자유롭게 넘나들었다.

이집트의 구왕조 시대에 이미 나일강 상류에 이집트의 파라오처럼 성스러운 군주가 통치하는 여러 개의 누비아 왕국이 존재했고, 기원전 2000년 전에는 누비아의 여러 지역이 이집트의 지배하에 있었다. 그리고 이집트의 신왕조 시대에는 누비아의 문화와 제도들이 이집트에 흡수되기도 했다. 뿐만 아니라 기원전 2000년경에는 히브리인들의 족장인 아브라함이

시리아의 하란으로부터 팔레스타인의 구릉 지역으로 이주한다. 그 후 아브라함은 한 곳에 정착하지 않고 여러 곳을 옮겨 다니다가 심한 기근이 닥치자 이집트로 이주해 사는데, 그 이후에도 아브라함의 이주는 계속된다.

아브라함의 아들인 이삭은 팔레스타인의 구릉 지역에 있는 어느 한 곳에서 비교적 오래 머물기도 했다. 하지만 매우 극심한 기근이 닥치자 이삭의 아들인 야곱은 이집트의 총리가 된 요셉의 초청으로 그의 모든 가족을 이끌고 이집트로 들어가서 그곳에서 4백여 년간 머문다. 그 후 이스라엘의 열두 지파는 요셉을 모르는 이집트의 파라오에게 도저히 견딜 수 없는 심한 학대를 받은 후 모세의 지도 아래 이집트로부터 탈출하는데, 이것이 바로 출애굽이다. 홍해를 건넌 후 이스라엘 백성은 시나이 반도 이곳저곳을 40여 년간 떠돈다. 그리고 모세가 느보산에서 죽자 모세의 뒤를 이어 여호수아가 가나안 땅 정복에 나선다.

외국 왕조기의 이집트는 일련의 아시아 세력들로부터 차례차례 공격을 받는다. 처음에는 히타이트족이, 그 다음에는 아시리아인들이, 마지막으로는 페르시아 군대가 이집트를 쳐들어온다. 이때까지도 이집트 군대는 가끔씩 아시아로 진군을 했고 아시아 군대 역시 이집트를 공격했다. 또한 이 시기에 이집트에는 서부에서 온 리비아인과 남쪽에서 와 이집트로 흡수된 누비아인들이 있었다. 따라서 신왕조 말기부터 외국 왕조기에 이르는 이집트의 생활과 예술에는 외국적인 요소가 많이 섞여있다. 기원전 332년 이후 프톨레마이오스 왕조와 그리스가 지배하기 전까지 각종 외래 사상들이 이집트에 이식되어 있었기 때문에 이집트 사상과 그리스의 헬레니즘 사상이 비교적 쉽게 결합될 수 있었다. 그리고 이러한 외래 사상들이 교량 역할을 했기 때문에 이집트가 지중해와 중동의 이슬람 세계로 진출할 수 있었다.

이집트인의 생사관

"세계 어느 곳을 가 보아도 이집트처럼 진한 코발트색으로 물든 하늘을 볼 수는 없다. 이집트를 둘러보면서 느낄 수 있는 것은 '죽은 자의 힘'이 그 어느 곳보다도 강하고 또 많다는 점이다. 문학은 피라미드 문서로 기록된 종교 문학이며, 현존하는 건축도 묘, 장제전, 신전 등 종교물이다. 무수한 회화와 조각도 종교적인 것으로 이집트 문화는 신을 중심으로 피어난 것이다. 이집트의 문명은 사자死者의 문명이며 그 역사는 사자의 역사라도 해도 과언이 아닐 만큼 고대 이집트는 독특하고 방대하며 매력적인 죽음 의식과 내세관을 가지고 있다."[22]

이집트의 일 년 주기는 증수기, 습기, 그리고 건조기라는 세 개의 계절이 반복적으로 순환하면서 이루어진다. 7월부터 수위가 높아지기 시작해서 나일강이 범람하는 9월까지가 증수기에 해당하고, 10월부터는 다시 땅이 드러나기 시작해서 이듬해 2월까지 축축한 상태를 유지하는데, 이 시기가 습기이다. 그리고 3월부터 6월까지는 소위 말해서 죽음의 계절인 건조기에 해당한다.

나일강은 이집트인들에게 생명의 젖줄이며 이집트 문명의 근원이다. 나일강이 유유히 흐르고 있다는 사실 자체가 이집트 문명의 영속성과 이집트 역사의 유구성을 상징적으로 말해 준다. 그리고 나일강은 이집트인의 생사관을 그대로 반영한다. 인간의 생명은 유한하고 개인의 목숨은 한정되어 있지만 인간의 죽음과 생명의 탄생이 유기적으로 연결되어 있기 때문에 인간의 역사는 개인의 죽음과 상관없이 지속된다. 나일강을 보면서 이집트인들은 이러한 사실을 수시로 확인한다. 나일의 강물이 결코 마르지 않는 것처럼 인간의 생명도, 비록 죽음으로 한 개인의 생명은 끝이 난다고 하더라도, 그 끝에 이어지는 또 다른 생명의 시작으로 말미암아 영원할 것이라는 사실을 이집트인들은 누구보다 잘 안다.

고대 이집트인들도 죽음을 두려워하기는 했다. 그렇지만 죽음을 거부하거나 피하려고 하지는 않았다. 이집트인들은 이 세상에서는 죽더라도 재생 또는 부활하여 내세에서 영원히 산다고 믿었다. 이러한 이집트인들의 내세관은 이집트의 자연 환경 조건에서 기인한다. 습기가 시체를 부패시키기 때문에 습기가 많은 지역에서 사람이 죽으면 육체는 금방 썩어 없어지고 뼈만 남는다. 반면 건조한 사막에서 사람이 죽으면 내리 쬐는 태양빛에 몸의 수분이 다 빠져 나가 자연스럽게 미라의 상태를 유지한다. 이집트인들이 보는 죽은 사람은 바짝 마르기는 했지만 생전의 모습을 거의 그대로 간직하고 있었다. 그래서 이집트인들은 사람이 죽어도 현세에서의 모습으로 사후 생활을 영위한다고 믿었다.

결국 사람이 죽으면 언젠가 육체는 없어진다. 그렇지만 혼과 정령은 죽지 않고 영원히 산다고 이집트인들은 믿었다. 이러한 생사관으로 말미암아 이집트인들은 죽음의 두려움으로부터 벗어날 수 있었다. 현세에서의 삶은 잠시이고 내세에서의 삶이 영원하다고 믿는 부활사상이 싹트면서 이집트에서는 사자를 위한 의식과 주문이 발달했고 이를 위한 지침서로서 『사자의 서』가 만들어졌다.

『사자의 서』 각 장[23]은 전부가 주문으로 되어있다. 주문은 "입으로 특정한 어구를 외움으로써 신비적이고 주술적인 효과가 있다고 생각되는 글귀"[24]를 말한다. 이집트인들은 『사자의 서』에 나오는 주문을 외우면 사자의 영혼을 파괴시키는 악령이나 귀신으로부터 사자를 보호할 수 있다고 믿었다. 그래야 사자가 오시리스의 왕국에 무사히 들어갈 수 있고 궁극적으로 사자의 영혼이 부활하여 영생을 얻을 수 있다고 믿었다.

고대 이집트인들은 사자가 부활한 후 영원한 삶을 영위하기 위해서 사후에도 육신과 영과 혼을 온전히 보존해야 한다고 믿었다. 이집트인들도 인간이 육체와 영혼으로 이루어져 있다고 본다. 다만 영혼을 영과 혼, 즉

카와 쿠으로 구분한다.

영에 해당하는 카는 사람과 함께 태어나 그 사람을 평생 따라 다닌다. 따라서 카는 출생과 더불어 존재하고 불변하며 독립적이다. 그러다가 사람이 죽으면 카는 묘에 남거나 묘 주변을 맴돌면서 사자의 유해를 지킨다. 카인 영을 보살피고 받들기 위해 사자가 생전에 사용했던 물건과 도구, 심지어 사람까지 함께 매장하는 풍습이 생기고 사자의 육체와 영을 온전하게 보관하기 위해 분묘가 건축되고 미라가 제작되었다. 또한 카가 인간뿐만 아니라 동식물을 포함하는 모든 생물과 심지어 무생물에도 깃들어 있다고 이집트인들은 믿었다.

반면 혼에 해당하는 쿠는 인간의 육체 속에 들어 있지만 인간이 잠자는 동안 인간의 몸에서 빠져나가 여기저기에서 이런저런 사람들과 만나는 것으로 여겨졌다. 그리고 죽은 조상이나 죽은 지인 등을 만나는 꿈을 꾸었을 때 이집트인들은 자신의 혼과 그들의 혼이 만났다고 생각했다.

카와 쿠 외에 영혼의 새를 상징하는 제3의 개념 바도 있다. 바는 사람의 머리에 새의 모습을 하고 있다. 생전에는 바가 몸속에 있다가 사후에는 몸속에서 빠져 나와 비상하는데, 사자의 미라 주변을 빙빙 돌거나 미라 위에 앉아 있다가 다시 사자의 몸속으로 들어간다. 바는 내세에서 얻을 수 있는 생명과 영원을 상징하는 셴을 발톱으로 움켜잡고 있다. 사자의 몸속에서 빠져나간 바가 다시 사체와 결합하여 부활함으로써 영생을 누린다는 믿음 때문에 이집트에서는 사자의 몸을 보존하고 보호하는 기술이 특별히 발달한다.

이렇게 카는 사람이 죽은 후 무덤에 남아서 죽은 자의 시체를 지키고 바는 이승과 저승을 넘나들면서 죽은 자가 내세에 가는데 필요한 절차를 밟는다. 그리고 남은 사람들은 카와 바가 다시 돌아와 결합하는데 필요한 물건들과 도구들을 갖추고 사자가 굶어서 두 번 죽지 않도록 온갖 종류의 음식을 바친다. 또한 사자의 몸과 분리되어 떠돌아다니고 있는 바와 카가 사자를 쉽게 찾아 올 수 있도록 관에 죽은 사람의 얼굴을 그려 놓고 미라에는 죽은 사람의 얼굴 모습을 한 마스크를 씌워 놓는다. 아무도 무덤을 손상시키거나 파괴하지 못하도록 무덤 앞에 죽은 사람의 모습을 한 카의 상을 세워 두기도 한다.

이미 죽어서 시체가 된 미라는 움직일 수가 없다. 그런데 바는 미라의 몸속과 바깥을 마음대로 오갈 수 있다. 바는 낮에 미라를 떠났다가 밤이 되면 다시 미라 속으로 돌아온다. 낮 동안에 바가 떠돌아다니다가 미라의 카를 찾아 사자의 육신으로 다시 돌아와 미라와 다시 결합하면 사자는 부활하여 불멸의 존재가 되는데, 이러한 존재를 이집트인들은 아크라고 부른다.

사자가 다 아크가 될 수 있는 것은 아니다. 오시리스 신이 지배하는 명계에서 오시리스가 주관하는 법정의 최후 심판을 받고 심판을 통과하는 자 만이 아크가 될 수 있다. 우선 사람이 죽는 순간 그 사람의 몸을 떠나는 바가 오시리스의 면전에 이르기까지 거쳐야 할 관문이 너무 많다.[25] 설사 라의 태양선을 타고 라의 도움으로 관문을 무사히 통과했다고 하더라도 오시리스의 최종 심판을 통과하기란 그리 쉽지 않다.

명계의 입구인 아멘테트로부터 마침내 오시리스의 법정에 도착한 사자의 바는 황금 옥좌에 앉아있는 오시리스 앞에 서서 지상에서의 행위에 대한 심판을 받는다. 우선 사자는 생전에 지은 죄의 '부정고백'을 해야 하는데, 이것은 42명의 신 앞에서 죽은 자가 생전에 강도, 절도, 살인, 거짓말, 신에 대한 저주와 모독, 사악한 말, 남의 대화 엿듣기, 비방, 강간, 테러, 범법 행위 등을 하지 않았다고 스스로를 변호하는 일이다. 여기를 통과하면 사자는 영혼의 지배자인 호루스 신의 안내를 받으며 오시리스 옥좌 앞으로 간다.

오시리스의 심판에서는 사자가 심장의 무게로 심판을 받아야 하는데, 이것은 사자가 내세에 들어갈 자격이 있는지의 여부를 심사하고 결정하는 일이다. 이집트인들에게 영혼만큼이나 중요한 것이 양심이다. 따라서 양심을 상징하는 심장은 신체 기관 이상의 의미를 지닌다. 심장이 멎으면 사람이 죽는 것처럼 죽은 자의 심장이 상하거나 도둑맞으면 부활과 영생의 가능성은 없어진다.

사자가 호루스의 안내에 따라 '마아트의 홀'이라고 불리는 오시리스 법정에 들어서면 그곳에는 손에 왕홀을 들고 상하 이집트의 왕관을 쓴 오시리스가 사자를 기다리고 있다. 그리고 양심을 상징하는 사자의 심장, 진리를 상징하는 타조의 깃털, 그리고 이 둘을 계량하는 저울이 법정의 중앙에 놓여있다. 천문학과 문자, 수학을 발명한 토트신의 보조인 원숭이와 개의 머리를 한 아누비스 신이 저울추를 점검하고 타조의 깃털과 사자의 심장을 저울 양쪽에 각각 올려놓는다. 사자가 죄의 부정고백 단계에서 진실만을 말했다면 저울은 수평을 유지한다. 그렇게 되면 사자는 오시리스로부터 내세로 가는 생명의 열쇠 앙크를 전해 받고 내세에서 영원한 삶을 살게 된다. 만약 사자가 거짓말을 했을 경우, 저울은 기울어지고 심장은 아래로 떨어진다. 그렇게 되면 머리는 악어, 몸은 사자, 다리는 하마의 모습을 하고 있는 명계의 괴물 암무트가 굶주린 배를 채우기 위해 심장을 먹어 버린다. 암무트가 심장을 삼키는 순간 사자의 혼인 바도 소멸해 버리기 때문에 사자는 영원한 죽음을 맞이하게 된다.

오시리스의 심판에서 천칭 저울의 중심추가 되는 기준은 마아트의 진실이다. 이집트인들은 이승에서의 삶과 저승에서의 삶을 별개로 보거나 단절로 생각하지 않았기 때문에 이승에서든 저승에서든 삶의 기준이 되는 것 역시 별반 다르지 않았다. 인간이 사후에 영생을 누리기 위해서는 생전에 마아트의 진실에 상응하는 양심적인 삶을 살아야 했다. 이집트인들에게 있어서 부활의 의미는 이승으로의 환생이 아니라 저승에서의 영생을 의미하기 때문에 마아트의 진실은 고대 이집트인들의 삶의 기준이고 생활의 지침이며 양심의 척도였다.

창조 신화_누·아툼·라

이집트에는 이천 명이 넘는 신들이 있었다. 게다가 마흔 개가 넘는 지방마다 고유한 신을 숭배했고 왕조가 변천할 때마다 신들의 위계나 역할이 바뀌었다. 이것은 이집트의 신관이 수메르나 히브리, 그리고 그리스의 신관과는 근본적으로 다르다는 것을 의미한다. 말하자면 이집트 신들은 유일한 신도 아니고 전지전능하거나 편재의 신도 아니다. 게다가 영원불멸의 존재도 아니다. 이집트 신들은 인간과 마찬가지로 생로병사를 피해갈 수 없고 희로애락을 비켜갈 수도 없다. 그만큼 신과 인간 사이의 간격이 좁고 신들의 이야기 속에 인간의 삶과 죽음이 고스란히 반영되어 있다.

수많은 고대 이집트 신화 중에서 모든 왕조에 걸쳐 거의 전 시대에 등장하는 신은 바로 누다. 태초에 세계에는 아무 것도 없었고 어떠한 구분도 없었다. 그저 하늘의 폭포에서 흘러내리는 물만 존재했는데, 이 유일한 존재인 하늘의 물, 또는 그 폭포 속에 살았던 신을 이집트 사람들은 '누'라고 불렀고 아툼의 화신이라고 믿었다. 그리고 바로 이 누 신이 천지 창조를 주관했다는 이집트 신화가 기원전 1350년경 세티 1세 때 정착된다.

아툼 신은 자신의 의지에 의해 태어났기 때문에 어떤 구체적인 모습을 띠지 않는 신으로 알려져 있다. 아툼 신은 마음만 먹으면 이 세상에 존재하는 모든 것을 다 생각해낼 수 있다. 아툼 신이 생각하는 것을 토트 신이 단어로 적고 그 단어를 아툼 신이 중얼거려 삼라만상이 만들어졌다고 전해진다. 모든 신들 가운데 가장 오래된 신으로 알려져 있는 아톰 신은 태양신 라가 최초 신으로 등장하기 전까지 모든 신들 중에 최고의 위치를 차지했다. 『사자의 서』에서 아툼은 이런저런 모습으로 변신하기도 하고, 인간이나 왕의 형상으로 구체적인 모습을 띠기도 하며, 다른 신들과 결합되어 나타나기도 한다.

누 신의 짝은 누트 여신이고 아툼과 하늘의 여신 하토르 사이에서 쌍둥이 슈와 테프누트가 태어난다. 이 둘은 남매이면서 부부로 누트와 게브를 낳고 누트와 게브 역시 남매이자 부부로 오시리스와 이시스, 네프티스와 세트를 낳는다. 그리고 오시리스와 이시스 사이에서 호루스가 태어난다. 그리고 헬리오폴리스의 주신들 가운데 가장 숭배 받는 신은 태양신 라이다.

이집트 신화에 나오는 천국에는 라를 비롯해서 남신과 여신들, 그리고 생전에 선행을 베풀어 사후 천국에 들어올 수 있는 사자死者들의 영혼이 함께 산다. 이집트 사람들은 현세에서 육체적으로 고통 받으면서 사는 것보다 죽어서 영혼이 천국에 사는 것을 더 행복하다고 생각했는데, 여기에서 이집트인들의 생사관과 내세관이 잘 드러난다. 이집트인들에게 삶과 죽음의 경계는 그렇게 분명하지 않다. 죽음은 삶의 연장이고, 죽음을 통해 고통스러운 삶으로부터 벗어날 수 있고 불쌍한 영혼이 구원 받을 수 있다고 믿었다. 따라서 이집트인들은 죽음을 극복하기 위해 애를 쓰거나 죽음을 피하기 위해 무리하지 않았다. 오히려 죽음을 두려워하지 않고 담담하게 받아들였으며 죽은 자의 영생을 믿었기 때문에 생전 삶에 대한 자세가 진지했고 사후 세계에 대해 관심이 많았다.

태양신 라가 주관한 천지 창조 신화에 의하면 이 세계는 라에 의해 창조되었고 바다와 육지에 살고 있는 모든 동식물도 라에 의해 만들어졌다. 그리고 인간을 만든 것도 태양신 라의 눈물이었다. 라는 자신이 만든 인간의 행동을 관찰하고 감시하기 위해 매일 인간의 모습을 하고 지상에 왔다가 하늘로 돌아가는 일을 반복했는데, 이때 이시스도 인간의 모습으로 지상에 살고 있었다.

지혜의 여신 이시스는 오시리스의 아내로서 인간 세계에 문화의 씨앗을 뿌린 신으로 알려져 있다. 단조롭고 미개한 인간 세계에서 문화의 꽃을 피운 만큼 인간 세계에 대한 이시스의 지배 욕구는 매우 강했다. 그래서 이시스는 라가 가지고 있는 절대적인 힘을 얻기 위해 인간과 신들 중 그 어느 누구에게도 허락되지 않은 태양신 라의 '비밀 이름'을 알기로 작정하고 마술의 힘을 빌린다. 이시스는 주문을 외워 라가 천국에서 지상으로 오갈 때 타는 배를 뱀으로 만들어 어느 날 태양신 라를 물게 한다. 뱀의 독이 온몸에 퍼지자 라는 고통스러워하고, 그 고통이 극에 달했을 때 이시스는 태양신 라에게 부활을 약속하고 라의 '비밀 이름'을 마음에서 마음으로 전해 받는다. 그 결과 태양신 라는 다시 소생하고 이시스는 모든 신을 지배하는 힘을 갖게 된다.

영웅 신화_이시스와 오시리스

> "이제 나는 더 이상의 고통을 참을 수 없다. 나는 오래 살았고 마음 또한 피로하다. 인간 속에서 살아왔지만 이제는 인간 세상이 싫어졌다. 내가 인간을 멸망시키고자 했던 것도 이런 이유에서였다. 나의 다리는 이미 힘이 없어서 걸어 다닐 수도 없다. 나는 이제 이 새로운 고통을 받아들이고, 신들의 도움을 받아 하늘에서 새롭게 살아가야 한다."[26]

이시스에 의해 소생한 후 라는 인간을 멸하기도 하고 다시 구제하기도 하다가 결국 지상에 대한 지배를 끝내고 하늘에서 살기로 결심한다. 이렇게 태양신 라의 거처가 지상에서 하늘로 옮겨지는 것이 바로 이집트인들이 이해하는 죽음이다. 신도 죽고 인간도 죽고 신도 지상에서 천국으로 거처를 옮기고 인간도 죽어서 천국에 갈 수 있다. 그렇기 때문에 이집트인들에게 삶과 죽음은 단절이 아닌 연장선상에 놓여 있다. 태양신 라는 인간에 대한 왕위를 대기의 신 슈에게 물려주고 하늘로 돌아간다. 그리고 땅의 신 게브를 거쳐 오시리스가 왕위를 물려받는다. 오시리스는 본래 곡식과 과일 등 식물을 관장한 신이었으나 제6왕조 시대부터 모든 신 가운데 최고의 주신으로 자리를 잡는다.

오시리스의 이집트 이름은 아사르이고 별명은 운 네페르인데, '착한 사람' 또는 '아름다운 사람'을 의미한다. 오시리스는 게브와 누트 사이에서 태어났고 누이인 이시스와 결혼을 하여 남매 부부가 된다. 오시리스의 남동생 세트 역시 막내 여동생 네프티스와 결혼한다. 오시리스는 이시스와 함께 이집트의 산기슭에서 한 노인을 만나게 된다. 이 노인은 하늘의 별을 보고 천상의 비밀을 알아내는 자로서 오시리스와 이시스를 기다리고 있다가 이들의 길잡이 역할을 한다. 이렇게 해서 오시리스와 이시스가 이집트로 내려오게 되고 이 두 신은 신분을 노출하지 않은 채 선행을 베풀고 기적과 같은 불가사이한 일들을 행한다.

오시리스와 이시스의 소문을 듣고 이집트 왕은 오시리스를 왕궁으로 초대해 사람들을 가르치게 한다. 오시리스는 왕궁의 학자 또는 현자들과의 문답을 끝내거나 이야기를 마친 후 하루도 빠짐없이 거리로 나와 가난한 사람들과 만난다. 그 결과 이집트인들은 오시리스를 따르고 존경하게 되는데, 시간이 흘러 이집트 왕이 병들어 죽게 되자 귀족과 신하들이 왕위 계승을 위한 회의를 개최하고 오시리스를 왕으로 추대하기로 결정한다. 그리고 오시리스는 그 회의 결과를 겸허하게 받아들이고 이름에 걸맞게 이집트를 훌륭하게 다스린다. 이시스도 오시리스와 마찬가지로 백성들로부터 사랑과 존경을 받는다.

왕위를 탐내고 있던 동생 세트가 이를 못마땅하게 여겨 음모를 꾸민다. 왕에게 훌륭한 옷을 지어주겠다는 명목으로 오시리스의 몸치수를 정확하게 재고는 오시리스 몸에 꼭 맞는 화려하게 장식된 흑단나무 상자를 마련한다. 옷을 건네면서 세트는 오시리스를 자신이 베푸는 연회에 초대하고, 이에 오시리스는 이시스의 만류에도 불구하고 연회에 참석한다. 연회장에서 세트는 흑단나무 상자를 내보이면서 상자에 꼭 맞는 몸을 가진 사람에게 상자를 주겠다고 약속한다. 상자에 맞는 키와 몸을 가진 사람이 아무도 없자 세트는 오시리스에게 상자 속으로 들어가 볼 것을 제안한다. 오시리스가 상자에 몸을 눕히자마자 세트는 뚜껑을 닫아버리고 상자에 못을 박아 나일강 속으로 던져버린다. 이렇게 해서 세트가 오시리스를 살해하고 왕위를 차지한다.

이시스는 슬픔의 나날을 보내다가 오시리스를 찾아 나서는데, 비블로스 왕궁에서 병약한 왕자를 살리는 선행을 베풀어 왕자의 유모 자격으로 그곳에 머물게 된다. 이시스는 비블로스 왕궁의 대들보 속에 오시리스가 갇혀 있는 흑단나무 상자가 들어 있다는 것을 알고 그동안 있었던 일을 비블로스의 왕과 왕비에게 이야기한다. 그리고는 오시리스의 시체가 들어 있는 대들보를 다른 나무로 교체해 줄 것을 청한다. 이시스의 청이 받아들여져 이시스는 오시리스의 시체를 가지고 이집트로 돌아온다.

이 사실을 알게 된 세트는 오시리스의 시신을 다시 빼앗아 열네 토막을 내어 이집트 전역에 흩뿌린다. 이번에도 이시스는 전국 방방곡곡을 돌아다니면서 이시스의 유해 조각을 찾아 모은다. 하지만 열네 토막 중에 물고기가 삼켜버린 오시리스의 성기는 찾지 못한다. 이시스는 태양신 라가 보낸 아누비스 신의 도움을 받아 오시리스의 유해를 미라로 만든다. 이때부터 이집트에서 미라가 만들어지기 시작했다고 전해진다. 그리고는 토트 신의 도움을 받아 미라가 된 오시리스를 주술로 부활시킨다. 오시리스의 두 번째 부활 후 이시스는 나일 강의 습지에서 오시리스의 아들 호루스를 낳는다. 그리고 호루스가 성장해서 아버지의 원수인 세트를 물리치고 지상의 왕이 된다.

오시리스가 두 번째 부활을 했을 당시 성기가 없는 상태에서 이시스가 임신을 했기 때문에 세트는 신들의 회의에서 호루스의 정통성을 문제로 삼는다. 하지만 신들은 직접적인 성행위가 없어도 이시스가 오시리스의 아이를 가질 수 있다는 결론을 내린다. 호루스가 이집트의 왕이 되고 오시리스는 지하 세계의 지배자가 된다.

오시리스 신화를 따라가다 보면 신화의 내용이 신들의 이야기인지 인간들의 이야기인지 명확하게 구분되지 않는다. 오시리스도 천상과 지상의 공간을 오가면서 여러 가지 활동을 한다. 신들도 지상으로 내려가고 싶어 하고 실제로 지상의 일에 직접 개입하기도 한다. 지상의 인간들도 마찬가지로 천상에서의 삶을 꿈꾸고 사후에 천상에서 영혼을 구원받을 수 있다고 믿는다. 삶과 죽음의 경계가 불분명하고, 지상에서의 삶에 충실하면서 죽음 이후의 삶을 염원한다면, 그렇게 해서 죽음에 대한 불안과 공포가 상대화될 수 있다면 이집트인들에게 있어서 죽음 자체는 비극적이지 않다.

이것이 이집트 신화의 고유한 특징이다. 또한 동정녀 잉태와 죽은 자의 부활, 내세에서의 영생 등은 수천 년 이후에 탄생한 유대교와 기독교에 그대로 남아있는 요소이다. 이로써 우리는 이집트의 신화와 문화가 서양의 기독교 문화에 지대한 영향을 미쳤음을 알 수 있다.

생각해 볼 문제

1. 이집트 신화의 의미와 의의를 찾아봅시다.
   1) 이집트 신화의 특징을 서로 이야기해 봅시다.
   2) 이집트 신화에 나오는 신들의 특징을 서로 이야기해 봅시다.
   3) 이집트 신화에서 찾을 수 있는 신화의 힘에 대해 서로 이야기해 봅시다.

2. 이집트 문명 또는 문화와 관련해서 토론해 봅시다.
   1) 이집트 『사자의 서』와 현실적인 삶의 상관성에 대해 토론해 봅시다.
   2) 미라를 만들고 피라미드를 짓는 이집트인들의 장례 문화에 대해 토론해 봅시다.
   3) 사후 세계 관련 동영상 자료을 찾아 보고 죽음 또는 사후 세계에 대해 토론해 봅시다.

3. 이집트 창조 신화에 대해 스토리텔링 해 봅시다.
   1) 이집트 창조 신화에 등장하는 신들 중에 하나를 골라 소개해 봅시다.
   2) 이시스와 오시리스, 그리고 호루스에 대해 스토리텔링 해 봅시다.
   3) 신화의 세계에서 선과 악의 구분이 무엇을 의미하는지 이야기해 봅시다.

4. 이집트 신화에 등장하는 영웅 이야기를 해 봅시다.
   1) 이시스와 오시리스 중에 누가 더 영웅적인지 이야기해 봅시다.
   2) 영웅의 행로를 방해하고, 영웅의 업적을 가로채며, 영웅을 위험에 빠뜨리는 반영웅적 인물에 대해 이야기해 봅시다.
   3) 호루스의 탄생과 관련해서 이시스의 창조 행위에 대해 이야기해 봅시다.

5. 이집트 신화가 현대인에게 전하는 메시지가 무엇인지 생각해 봅시다.
   1) 오시리스와 이시스를 21세기로 데리고 와서 함께 이야기를 나눠 봅시다.
   2) 자신의 심장 무게에 대해 서로 이야기해 봅시다.
   3) 3개월 후에 내가 죽는다면 나는 무엇을 할 수 있을 것인지, 무엇을 하고 싶은지 생각해 봅시다.

주

22. 서규석 편저, 『사자의 서』, 파주: 문학동네, 1999, 6면.

23. 위의 책, 151-153면 참조:
    1장: 사자가 내세로 들어갈 수 있도록 의식을 치르는 장
    2-4장: 사자가 다시 현세를 방문하고 신들과 만나고 하늘을 여행하기 위해 힘을 부여받는 장
    5-6장: 내세에서 농사를 짓지 않기 위해 주문을 외우는 장
    7-11장: 호루스 · 라 · 오시리스에 대적하는 괴물을 무찌르고 사자가 내세에 안전하게 도달할 수 있도록 주문을 외우는 장
    12-14장: 오시리스 왕국에서의 자유로운 활동과 신의 호의를 기원하는 주문을 외우는 장
    15장: 라에게 드리는 찬가의 장
    18-20장: 사자가 라와 오시리스, 세켐, 멘데스의 신, 아비도스의 신 앞에서 죄를 고백하는 주문을 외우는 장
    21-23장: 사자가 호흡하기 위해 주문을 외우는 장
    24장: 사자가 마법의 언어를 부여받기 위해 주문을 외우는 장
    26-30장: 심장의 힘을 받고 이 힘을 보존하기 위해 주문을 외우는 장
    31-41장: 사자가 모든 괴물들로부터 보호받기 위해 주문을 외우는 장
    42-46장: 신체 유지와 두 번째 죽음 면하기와 미라의 부패 방지를 위해 주문을 외우는 장
    51-53장: 사자가 신이 먹는 물과 음식을 같이 먹기를 기원하는 주문을 외우는 장
    54-62장: 천국에서 빛과 대기의 신 슈와 동격이 되어 지상을 자유롭게 다닐 수 있도록 기원하는 주문을 외우는 장
    66-67장: 태양선을 탈 수 있도록 라에게 기도하는 주문을 외우는 장
    68-75장: 사자가 천국과 현세에서 자유로이 행동할 수 있기는 기원하는 주문을 외우는 장
    76-88장: '전생의 장'. 호루스의 화신인 황금의 매, 오시리스의 화신인 불사조, 이시스의 화신인 제비 등으로 변하기 위해 주문을 외우는 장
    94-97장: 사자가 토트 신에게 기도하여 신의 능력을 부여받고, 토트 신의 보호를 받기 위해 주문을 외우는 장

98-102장: 배의 승선 기술을 배우고 태양선을 타기 위해 주문을 외우는 장
107-109장: 사자에게 호의를 가지는 영과 신들을 만나 자신을 소개하기 위해 주문을 외우는 장
112장: 검은 돼지의 모습으로 나타난 세트를 본 호루스 신이 장님이 되었다는 전설을 기록한 장
113-114장: 사자가 지혜의 신 토트와 동일시되기 위해 주문을 외우는 장
115-122장: 사자가 멤피스, 헬리오폴리스의 군주를 달래고 공물을 바치기 위해 주문을 외우는 장
124-125장: 오시리스 법정의 장
128장: 오시리스에게 드리는 찬가
130-131장: 완전한 영혼을 만들고 라의 태양선으로 변하기 위해 주문을 외우는 장
132장: 사자가 다시 현세로 귀환하여 살던 집을 방문하기 위해 주문을 외우는 장
134장: 라에 대한 찬가
138장: 오시리스 신을 부활시키기 위한 의식의 장
140-142장: 무수한 신들에게 낭송하는 주문을 외우는 장
144-147장, 149-150장: 오시리스 왕국의 영토를 통과하기 위해 주문을 외우는 장
151-152장: 분묘에 관한 것으로 자신이 기거할 집을 갖기 위해 주문을 외우는 장
155-160장: 부적 위에 쓰여 있는 주문을 통해 라 · 오시리스 · 호루스 신의 가호를 받을 수 있다는 내용의 장

24. 한국학중앙연구원, 『한국민족문화대백과사전』, 주문呪文, 성남: 한국학중앙연구원, 1997.

25. 서규석 편저, 앞의 책, 103-105면 참조: 사자 아니와 그의 부인 투투의 사례
제1관문: 독수리 형상을 하고 머리에 둥근 원반을 이고 있는 신과 성벽 보호를 위한 네 개의 창
제2관문: 사자獅子의 머리를 하고 깃털을 가지고 있는 신과 괴물 뱀
제3관문: 인간의 머리를 하고 깃털을 들고 있는 신과 영원과 물, 태양과 달을 상징하는 그림
제4관문: 뿔 없는 소의 머리를 한 여신과 태양 원반 장식의 그림
제5관문: 신체 기관의 심벌 위에 앞발을 올려놓고 있는 하마의 여신과 '열, 젊음의 열정, 다산'을 상징하는 그림
제6관문: 오른손에 깃털을, 왼손에 큰 칼을 든 채 웅크리고 있는 난쟁이와 괴물 뱀

제7관문: 숫양 머리를 한 신과 네 개의 창이 놓여 있는 천장

제8관문: 남쪽과 북쪽의 이중 왕관을 쓰고 있는 호루스 신과 인간의 머리 두 개 달린 매

제9관문: 머리에 둥근 원반을 한 사자상의 신

제10관문: 왕관을 쓴 숫양의 신

26. 위의 책, 44면.

제7장

인도 신화와 문화

러 시 아
아시아
유 럽
아제르바이잔
아르메니아
카자크스탄
아랄해
몽 고
사할린
(러시아)
키르기즈스탄
흑 해
우즈베키스탄
투르크메니스탄
북한
동해
터 키
타지키스탄
황해
시리아
중 국
지중해
이라크
이 란
아프가니스탄
한국
일본
바레인
네팔
부탄
요르단
카타르
파키스탄
방글라데시
쿠웨이트
마카오
(중국)
오만만
인 도
대만
사우디아라비아
버마
해남도(중국)
태평양
오만
예멘
페르시아만
벵갈만
태국
베트남
남사제도
아라비안해
안다만섬
(인도)
필리핀
아프리카
남중국해
필리핀해
몰루카해
푸켓
(태국)
말레이시아
뉴기니아
(인도네시아)
스리랑카
캄보디아
보르네오
피누아
뉴기니아
수마트리
(인도네시아)
몰디브
자바해
발리해
인도네시아
태국만
반다해
인 도 양
자바
(인도네시아)
오스트레일리아

아시아

카자흐스탄
키르기스스탄
타슈켄트
우즈베키스탄
두샨베
타지키스탄
투르크메니스탄
카불
아프가니스탄
이슬라마바드
시핑(티베트)자치구
라호르
네팔
카트만두
팀부
부탄
파키스탄
델리
뉴델리
카라치
방글라데시
다카
아마다베드
인도
콜카다
미얀마
뭄바이
(봄베이)
양곤
첸나이
(마드라스)
아라비아 해
방갈로르
스리랑카
콜롬보
스리자이워드네푸라
몰디브
몰디브
인도양

인도

인더스 문명

인더스 문명은 기원전 3천 년 이전에 존재했던 것으로서 기원전 16세기에 아리아인이 인도에 침입하기 전에 존재했던 인도의 고대 문명을 일컫는다. 특히 인더스 강 유역의 모헨조다로와 하라파 등에서 그 유적들이 많이 발견되었는데, 고고학적으로는 최초로 고고학적인 조사가 시작된 하라파 유적의 이름을 따서 하라파 문화라고 부른다. 물론 하라파 문화에는 모헨조다로 유적도 포함된다.

기원전 1500년경 중앙아시아와 남아시아의 초원지대에서 유목 생활을 하던 수메르계 아리아인들이 서북 인도로 침입한다. 이들은 한편으로 인도의 원주민을 노예로 삼거나 남부 인도로 몰아내고, 또 다른 한편으로 자기네들끼리 싸우면서 기원전 1000년경에 갠지즈강 유역에 도달한다. 그리고 그곳에서 반농반목의 정착 생활을 시작한다.

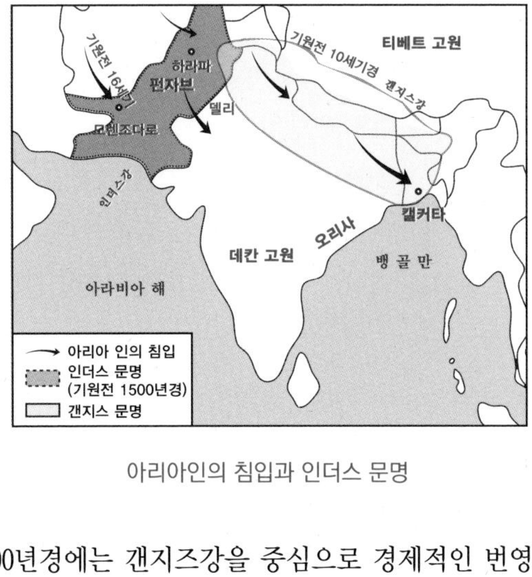

아리아인의 침입과 인더스 문명

기원전 800년경에는 갠지즈강을 중심으로 경제적인 번영과 아울러 소규모이기는 하지만 도시 국가가 세워지고 강력한 중앙 집권적인 고대 국가가 성립된다. 기원전 500년경에는 아리아인들의 종교와 원주민의 종교가 뒤섞인 형태인 힌두교가 탄생되고, 힌두교의 경전인 『리그베다』와 인도의 2대 서사시인 『라마야나』와 『마하바라타』도 만들어진다. 인도 특유의 신분 제도인 사성 제도도 이때 완성되는데, 사성이란 브라만사제-크샤트리아왕족-바이샤평민-수드라노예의 4개 계급을 의미한다. 카스트 제도라고 불리는 인도의 신분 제도가 이후의 인도 사회를 지배하게 되고 지금까지도 인도인들에게는 그러한 신분 제도가 뿌리 깊게 박혀 있다. 이렇게 인도의 침입자와 통치자인 아리아인들 중심으로 그들의 관점과 주도하에서 만들어진 문화를 베다 문명이라고 하고 이 시기를 베다 시대라고 한다.

인도의 종교_브라만교·힌두교·불교

인도의 힌두교가 브라만교와 차이점이 있다면, 브라만교는 『베다』에 근거하여 신전이나 신상 대신 자연신을 숭배하고, 힌두교는 인격화된 신에 대한 구체적인 예배를 위해 신전과 신상을 만들어 그것을 숭배한다는 것이다.

아리아인들의 종교와 인도 원주민 종교의 혼합 형태인 브라만교는 경전인 『베다』를 최고로 두고 있으면서 철학서에 가까운 『우파니샤드』의 범아일여梵我一如 사상을 바탕으로 하고 있다. 즉 브라만교는 우주의 근본 원리인 브라만Brahman과 개인의 본체인 아트만atman이 동일하다는 생각을 근간으로 윤회와 달마 · 업 · 해탈 등을 근본 개념으로 제시한다. 힌두교 역시 브라만교만큼 그 역사와 전통이 매우 깊지만 브라만교에 흡수된 상태에서 그 명맥을 유지하기 때문에 기본적으로 브라만교의 노선을 따른다. 따라서 힌두교는 침략자와 지배자의, 침략자와 지배자에 의한, 그리고 침략자와 지배자를 위한 종교의 잔재가 남아있는 브라만교의 쇠퇴와 그 운명을 같이한다. 브라만교가 엄격한 수직 관계를 전제하는 신분 제도를 바탕으로 일종의 절대 권력을 갖고, 특히 그 권력을 무분별하게 사용하여 변질되고 타락한다. 결국 브라만교에 대한 반발로 불교가 탄생하게 되는데, 이 시기에는 힌두교 역시 상대적으로 종교로서의 영향력을 크게 행사하지 못한다.

불교는 브라만교의 산물인 카스트 제도와 그 제도가 보장하는 브라만 계급에 대한 도전적인 의미의 종교로서 만민 평등을 표방한다. 기원전 6세기경에 고타마 싯다르타석가모니는 지금의 네팔 남부와 인도의 국경 부근에 위치해 있는 히말라야 산기슭의 작은 마을에서 샤키야족의 왕과 왕비 마야 부인의 아들로 태어난다. 왕자로서의 삶을 살던 어느 날 우연히 성 밖에서 병들어 죽어가는 사람들과 장례식 장면을 보고 인간의 생로병사 과정과 죽을 수밖에 없는 운명을 깨닫는다. 모든 부귀영화를 뒤로 하고 수행의 길로 들어선 싯다르타는 불교의 4대 성지 중 하나인 부다가야의 한 보리수나무 밑에서 49일 동안 집중적인 명상을 하고 난 후 깨달음을 얻고 해탈한다. 이때부터 석가모니를 부처라고 부르게 되는데, 부처는 '깨달음을 얻은 사람'을 의미한다. 불교의 가르침에 의하면 모든 사람은 생각과 말과 행동을 바르게 하고 바르게 살기 위해 노력하면서 정신을 한곳에 모으면 귀족이든 천민이든 신분의 차이에 상관없이 깨달음을 얻어 해탈하고 부처가 될 수 있다.

온갖 색깔들을 흩뿌려 칠하는 화가처럼
미망은 천차만별 상을 펼쳐내지만
요소들은 아무런 분별상도 지니지 않네.
요소들은 아무런 형상도 없고
아무런 형상도 요소들에 없지만
요소들을 떠나서는 아무런 형상도 있을 수 없네.

마음 속에 아무런 그림이 없고

그림 속에 아무런 마음 없지만
마음을 떠나 무슨 그림을 그릴 수 있나.

무한하고 헤아릴 수 없이 많은
온갖 형상들을 현현하며
서로에게 알려지지 않으며
멎어서는 일 없는 마음.

마치 화가가 스스로의 마음을 모르지만
그 마음으로 인하여 그림을 그리듯
일체 만유의 본바탕도 또한 한가지라

마음은 온 세상을 그릴 수 있는
예술가와도 같아
이로부터 오온[27]이 생겨나며
그것이 짓지 않은 것 아무 것도 없네.

마음처럼 부처가 있고
부처처럼 일체 중생이 있으니
알아라, 부처와 마음은
본래 다함 없는 것임을.

만일 사람들이 마음으로
온 세상이 일어남을 안다면
그들이 부처를 보리니
부처의 참모습을 깨우쳐 알리라.

마음은 몸에 거하지 않으며

몸도 마음에 거하지 않지만
미증유의 보살행을
자유로이 행한다.

만일 사람들이 진실로
삼세의 모든 부처들을 알려 한다면
우주의 본원을 생각하라.
일체는 마음에서 지어지는 것이다.

「야마궁중게찬품」, 『화엄경』[28]

마음 평등과 자비의 종교인 불교의 정신은 인도 내에서도 급속도로 전파되었고, 마우리아 왕조와 쿠샨 왕조의 적극적인 불교 장려 정책에 힘입어 아시아 각국으로 퍼졌으며, 중국을 거쳐 한국과 일본으로 전해진다. 특히 쿠샨 왕조의 카슈니카 왕 때 동서 무역로를 독점하면서 불교가 아시아 전역으로 전파되는데, 이때 서북 인도에서 나타난 간다라 미술 양식이 대승 불교와 함께 중국과 한국, 일본으로 전해지고 개인의 해탈에 집중하는 수행 중심의 소승 불교는 동남아시아로 전해진다. 하지만 굽타 왕조 이후에는 이율배반적으로 불교의 발상지인 인도 내에서 불교가 외면당하는데, 불교 역시 그 세를 확장하면서 종교의 본질로부터 멀어지고 상류층의 전유물로 전락해 버리기 때문이다. 그래서 3세기경에 다시 힌두교가 불교를 대신해서 인도의 대표적인 종교로 자리 잡는다.

창조 신화_브라흐마와 씨앗

인도의 창조 신화에는 여러 가지 버전이 있지만 일반적으로 창조의 신

브라흐마가 이 세상과 만물을 만들었다고 알려져 있다. 더군다나 인도 신화 속의 창조는 혼돈으로부터 질서로의 이행도 아니고 무에서 유를 만들어 내는 것도 아니다. 힌두의 창조 신 브라흐마가 원래 가지고 있던 씨앗이 발아하여 다양하게 분화되는 방식이 인도 신화의 창조 방식이고 창조 과정이다. 브라흐마는 세상을 창조하기 전에 우선 우주의 물을 만들고, 그 물 속에 씨앗을 하나 담가두는데, 물속의 씨앗이 발아하면서 창조 작업이 시작된다. 물이 없으면 씨앗이 발아하지 못하고, 그렇게 되면 창조 자체가 불가능하기 때문에 인도인들에게 있어서 물은 생명과 세계, 그리고 만물을 창조하는 우주의 근원으로 인식되고 신성한 것으로 여겨진다.

브라흐마는 비슈누와 시바라는 인격신을 따로 두는데, 이들은 각각 창조된 것을 유지시키는 일과 파괴하는 일을 담당한다. 이 세 신이 하나가 되면 우주의 근본 원리인 브라흐마가 되기 때문에 이 세 신을 일컬어 트리무트리Trimutri, 즉 삼신일체라고 한다. 브라흐마가 물속에 담가둔 씨앗은 황금 알이 되고, 그 속에서 창조의 신 브라흐마가 태어난다. 탄생 후 브라흐마는 황금 알 속에서 일종의 명상을 하며 한참 머무른다. 그리고 명상에서 깨어나 두 눈을 뜨는데, 두 눈에서 나오는 빛이 어둠을 물리치자 브라흐마는 세상을 창조하기 시작한다. 맨 먼저 브라흐마는 황금 알을 둘로 쪼갠다. 무에서 유를 만드는 서구의 창조 방식, 즉 닭과 달걀 중 닭이 먼저 생기는 방식의 서구식 창조와는 근본적으로 다르다. 둘로 쪼개진 황금 알의 반쪽들이 각각 위로 올라가고 아래로 내려가 하늘과 땅이 된다. 그리고 그 속에서 바다와 산, 별과 달, 그리고 신들과 인간, 악마가 생긴다.

인도 창조 신화의 또 다른 특징은 여신이자 여인인 사라스와티를 창조하는 과정에서 잘 나타난다. 히브리 신화에서 하나님이 아담을 만들고 아담의 갈비뼈를 취해 하와를 만드는 것과는 근본적으로 다른 방식으로 사라스와티가 창조된다. 즉 브라흐마는 자신의 몸에서 사라스와티를 창조한다. 그렇다면 사라스와티는 인간이라기보다 신에 가깝다. 남신의 몸에서 태어난 여신, 딸인 여신에게 욕정을 느껴 다섯 개의 머리를 스스로 만들어 낸 아버지 남신, 딸을 아내로 삼아 결합하고 인류의 조상인 마누를 낳은 것 등은 중동과 유럽의 신화에서 찾아볼 수 없는 인도 신화 고유의 요소들이다. 이렇게 볼 때 결국 인간은 브라흐마 신이 욕정으로 낳은 자식이고 브라흐마의 딸이자 아내인 사라스와티의 형제이자 자식이 된다. 이런 맥락에서 인간은 브라흐마 신을 거역하거나 평가절하하는 반면 비슈누와 시바를 최고 신으로 모시기도 한다.

베다의 신들은 일반적으로 자연 현상을 신격화한 신, 인간의 의지를 신격화한 신, 그리고 제사 의식을 신격화한 신으로 구분된다. 따라서 베다의 신들은 본래 신으로 존재한 것이 아니라 빛과 어둠, 바람과 비, 의지와 이상, 사랑과 믿음, 그리고 불과 술, 꽃과 음식 등이 신격화된 형상으로 나타난다. 리그베다의 대표적인 신은 바루나[하늘], 인드라[천둥], 미트라[태양], 아그니[불], 아디티[믿음], 프리트비[풍요로움], 우샤스[새벽] 등이 있다.

리그베다의 후기에 해당하는 기원전 10세기에서 8세기에 이르면 신들 가운데 으뜸신인 유일신 내지 절대신에 대한 관념이 생긴다. 그렇게 되면 신이 비인격적으로 묘사되기 때문에 자연스럽게 자연에 대한 관심과 신에 대한 논쟁이 인간에 대한 관심과 논쟁으로 바뀌고 인간의 윤리 내지 마음 문제가 대두된다. 이것이 베다에서 우파니샤드로의 이행을 동반하는 고대 인도 문화의 패러다임 전환이다. 일종의 철학서 우파니샤드에 의하면 신과 인간은 더 이상 지배-종속이라는 수직적 관계를 견지하지 않는다. 이 시기의 인도인들은 신과 인간의 관계를 수평적으로 이해하기 시작한다. 다시 말하면 인간의 자아를 우주의 근원이자 자연의 순환 원리인 브라만과 동일한 것으로 본다. 인간의 자아를 일컫는 아트만을 계발하고 '나' 안의 '나'인 이 아트만을 영원불변한 것으로 만드는 것, 즉 수양과 해탈을 통해 영원불변의 아트만을 획득하는 것이 인도인들이 궁극적으로 추구해야 하는 가장 가치 있는 삶이다.

영웅 신화_판다바 대 카우라바

『마하바라타』는 하리 왕조의 사촌들이 왕권을 놓고 벌이는 전쟁을 기본 골격으로 한다. 사촌 형제들인 '판다바'와 '카우라바'는 평생 앙숙이었고 두 형제 중에 어느 한쪽이 죽어야만 끝이 나는 두 왕족의 전쟁 이야기가 바로 인도의 대서사시 『마하바라타』이다. 분량은 그리스 호머의 『일리아드』와 『오디세이』를 합한 것보다 일곱 배나 되고 주인공 아르수나 왕자와 비슈누의 화신인 크리슈나의 대화 형식으로 구성되어 있다.

소녀 시절에 쿤티는 성자 두르바사가 알려주는 주문을 외워 태양신을 맞이하는데, 그것은 주문을 외워 부른 신과의 결합을 의미한다. 쿤티는 임신을 하게 되고 시간이 지나자 태양신의 아들을 낳는다. 하지만 엄마가 되기에는 너무 어린 나이였기 때문에 쿤티는 아들을 상자에 넣어 강물에 띄어 보내고 아들이 무사히 성장하기만을 기원한다.

세월이 흘러 쿤티는 쿠루가의 전사인 판두를 남편으로 선택한다. 그리고 드라국의 공주인 마드리도 판두를 남편으로 선택한다. 최전성기를 맞이한 쿠루가의 전사 판두는 인도의 모든 왕국을 정벌한 후 두 아내와 함께 히말라야로 들어가 휴식을 취한다. 히말라야 숲 속에서는 어느 현자 부부가 사슴으로 변해 수시로 사랑을 나누고 있었다. 그런데 판두가 이 두 사슴의 정체를 모르고 사랑을 나누는 수사슴을 화살로 쏘아 죽인다. 수사슴은 죽으면서 판두 역시 아내들과 사랑을 나눌 때 자기와 같은 운명에 처할 것이라고 저주한다.

판두는 수사슴이 내린 저주 때문에 더 이상 아내들과 사랑을 나누지 못하고 승려로 살 것을 결심한다. 하지만 판두는 대를 이을 아들에 대한 미련을 도저히 버릴 수가 없었다. 남편의 사정을 딱하게 여긴 쿤티는 남편에게 신을 불러 아들을 낳을 수 있는 주문에 대해 말하고 세 번 신을 불러 아들 셋을 낳는다. 더 많은 아들을 바라는 남편의 뜻을 거역하고 쿤티는 주문을 판두의 두 번째 아내인 마드리에게 전수해 준다. 그리고 마드리가 쌍둥이 아들을 낳는다. 이렇게 쿤티가 낳은 아들 유디스티라, 비마, 아르주나와 마드리가 낳은 쌍둥이 아들 나쿨라와 사하데바가 바로 '판다바'이다.

판두의 둘째 아들인 비마가 태어난 날 쿠루족의 왕 드리타라스트라의 아내 간다리도 아들을 낳는데, 왕은 한편으로 매우 행복해하면서 다른 한편으로 아들이 태어날 때 나타난 불길한 징조 때문에 불안해한다. 그리고 왕위 계승과 관련해서 판두의 장남이 신경 쓰였기 때문에 동생 비두라를 불러 고민을 털어 놓는다. 그런데 비두라는 모든 불행의 씨앗이 왕의 장남 두르요다나라고 말하면서 왕이 직접 두르요다나를 없애라고 충고한다. 하지만 드리타라스트라는 동생 비두라의 말을 따를 수가 없었다. 그 사이에 세월이 흘러 드리타라스트라는 장남 두르요다나를 제외한 1백 명의 아들과 1명의 공주를 얻는데, 드리타라스트라의 아들을 '카우라바'라고 일컫는다.

이렇게 해서 판다바와 카우바라의 세력이 형성되고 이 두 세력은 존속하는 한 양립불가의 상극적인 관계를 견지한다.

생각해 볼 문제

1. 인도 신화의 의미와 의의를 찾아봅시다.
   1) 인도 신화의 특징을 서로 이야기해 봅시다.
   2) 인도 신화에 나오는 신들을 힌두 신과 베다 신으로 나누어 이야기해 봅시다.
   3) 인도 신화에서 찾을 수 있는 신화의 힘을 서로 이야기해 봅시다.

2. 인도 문명 또는 문화와 관련해서 토론해 봅시다.
   1) 인도의 윤회 사상과 현실적인 삶의 상관성에 대해 토론해 봅시다.
   2) '오리엔탈리즘'의 관점에서 인도에 대한 우리의 편견을 찾아 비판해 봅시다.
   3) 인도 문화에서 발견되는 힘에 대해 토론해 봅시다.

3. 인도 창조 신화에 대해 스토리텔링 해 봅시다.
   1) 창조 신화에 등장하는 신들 중에 하나를 골라 스토리텔링 해 봅시다.
   2) 인도 창조 신화를 재구성하여 스토리텔링해 봅시다.
   3) 브라흐마와 사라스와티의 창조 과정을 아담과 하와의 창조 과정과 비교하여 이야기해 봅시다.

4. 인도의 영웅 신화를 스토리텔링 해 봅시다.
   1) 인도 신화에 등장하는 영웅을 골라 소개해 봅시다.
   2) 판다바와 카우라바 이야기를 재구성해서 스토리텔링 해 봅시다.
   3) 『마하바라타』, 『라마야나』에 나오는 이야기 단편을 소개해 봅시다.

5. 인도 신화가 현대인에게 전하는 메시지가 무엇인지 생각해 봅시다.
   1) 현세와 내세에 대해 이야기해 봅시다.
   2) 영혼의 전이와 사후의 세계에 대해 이야기해 봅시다.
   3) 현대 사회에서 종교가 가지고 있는 힘에 대해 이야기해 봅시다.

주

27. https://ko.wikipedia.org/wiki/%EC%98%A4%EC%98%A8(검색일: 2015년 4월 15일) 오온은 불교에서 생멸 · 변화하는 모든 것을 구성하고 있다고 보는 색色 · 수受 · 상想 · 행行 · 식識의 다섯 요소를 말한다. 이들을 각각 색온육체, 물질 · 수온지각, 느낌 · 상온표상, 생각 · 행온욕구, 의지 · 식온마음, 의식이라고도 부른다.

28. 길희성 외, 『경전으로 보는 세계종교』, 서울: 전통문화연구회, 2001, 439면.

제8장

중국 신화와 문화

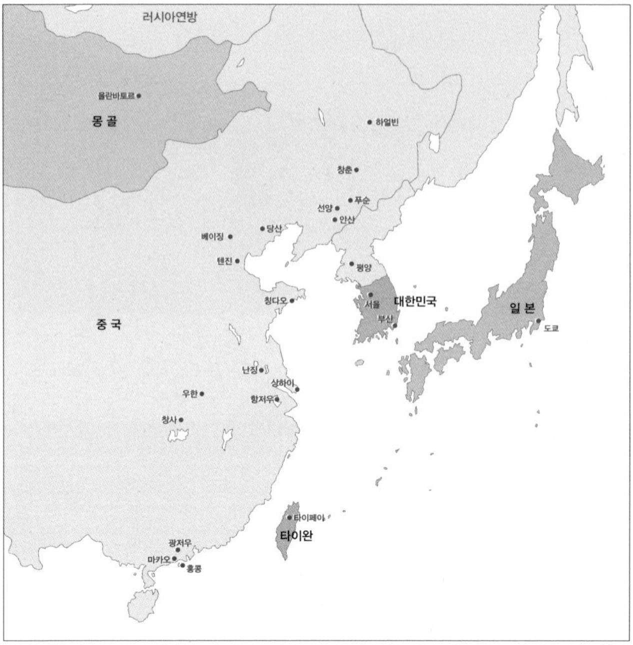

동아시아

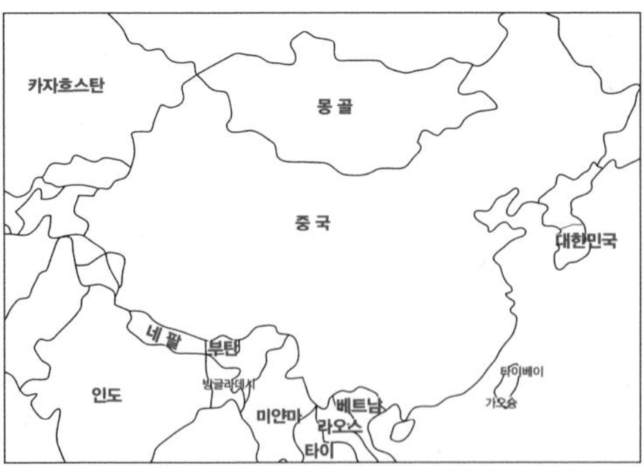

중국과 주변국

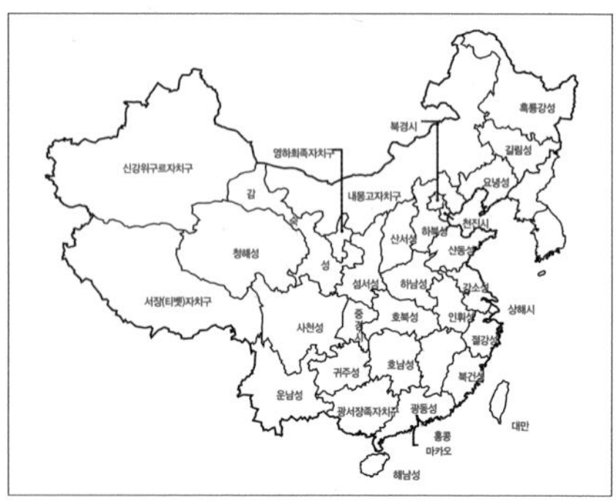

중국

황하문명

황하 문명은 중국의 황하 강 중하류 지역에서 성립한 고대 중국 문명에 대한 총칭이다. 세계 4대 문명의 성립이라고 했을 때, 일반적으로 그 기준이 되는 것은 통일 국가와 청동기 사용, 그리고 문자의 발명 등이다. 이렇게 볼 때 황하 문명은 중동의 메소포타미아와 이집트, 그리고 인도보다 늦게 성립했다고 할 수 있다. 하지만 기원전 4500년에서 기원전 3000년 사이의 중국 홍산 문명이 발견된 이후로는 황하 문명에 대한 인식이 바뀌고 있는데, 세계 4대 문명이라고 할 때 과거와 달리 지금은 황하 문명이 장강 문명과 홍산 문명까지도 아우른다.

중국 민족 또는 중화 민족이라고 할 때 일반적으로는 한족의 단일 민족을 생각한다. 하지만 사실은 그렇지 않다. 중국은 전체 인구의 93.3%를 차지하는 한족을 비롯해서 인구가 천만이 넘는 장족과 백만이 넘는 회족, 위구르족, 묘족, 만주족, 티베트족, 몽고족, 조선족 등 14개의 민족을 포함, 총 56개 민족이 함께 사는 다민족 국가이다.

중국의 대표 민족인 한족의 명칭은 한漢제국의 건국과 상관있다. 중국 역사상 몇 차례 이민족의 침입을 받은 경우를 제외하고는 한족이 중국을 통치했기 때문에 중국에서는 한족이 중국을 다스려야 한다는 생각이 당연시 된다. 한족은 수많은 다른 민족들의 문화를 우선 중국 문화에 편입시켜 동화시키고, 그 다음에는 다른 민족의 문화 말살 정책을 펴면서 한족 중심의 중화 민족 개념의 토대를 다진다.

만주족은 퉁그스족을 말하고 만주지역을 주 근거지로 삼는다. 역사적으로 볼 때 거란족과 여진족이 바로 만주족에 속한다. 청나라 때에는 만주족이 중국을 260년간 지배하지만 결국에는 한족에 동화되고 만주족의 고유성은 사라진다. 따라서 지금의 만주족은 한족과 거의 다름없다.

흉노족이라고 일컬어지는 몽고족은 한족과 일찍부터 오랫동안 접촉해 오다가 13세기에 이르러 전례 없이 강성해진다. 중국 송나라를 멸망시키고 몽골 제국인 원나라를 건국해서 중국을 지배하고 통치하지만 한족에 의한 동화 현상은 특별히 일어나지 않는다. 명나라 건국 후 몽고족이 중국 본토에서 축출될 때도 그저 북쪽 몽고지방으로 거처를 옮겼을 뿐이다. 지금도 몽고족은 한족과의 독립 관계를 유지하면서 각각의 정부를 가지고 있다.

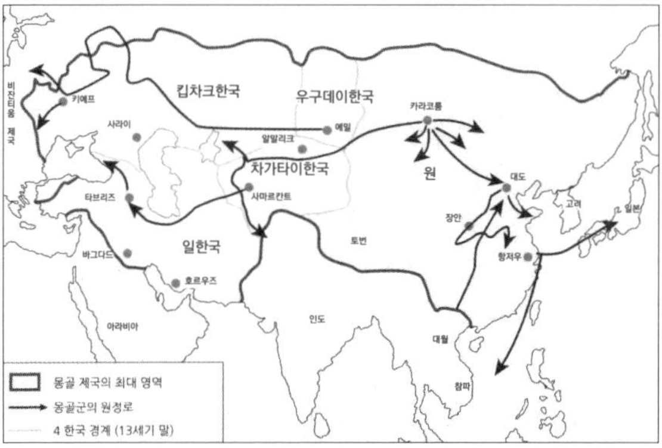

원나라 전성기의 세계 지도[29]

회족은 옛날의 돌궐족을 말하고 돌궐이란 터키를 음역한 것이다. 회족은 그들의 신앙인 마호메트교, 즉 회교를 믿는 민족이라는 의미에서 붙여진 것이다.

장족은 티베트족을 일컫는다. 한족이 티베트족을 지배하기 위해 온갖 회유와 협박을 다 해 보지만 티베트족은 라마교라는 고유의 신앙을 가지고 고유의 문화와 관습, 생활 습관을 그대로 보존하면서 오늘날까지 명맥을 유지한다.

묘족은 중국 남서부 여러 성省에 사는 소수 민족을 일컫는다. 묘족 중에는 지금도 산속에서 원시생활을 하는 사람도 있지만 대부분의 묘족은 한족에 동화된 상태다. 본래 상당한 세력을 가지고 있었지만 한족의 동화 정책에 맞서 자체 문화를 지킬 만한 힘이 없었기 때문이다.

중화사상

중화사상은 중국에서 나타난 자문화 중심주의 사상이다. 중화사상은 자국민으로서의 자부심이 강력한 국가 권력과 우월한 문화적인 힘과 만날 때 발휘된다. 중화사상을 다른 말로 화이사상이라고도 한다. 화이사상은 중국 문화가 아닌 다른 문화를 오랑캐 문화로 보고 평가절하하거나 배척하는 사상을 말한다. 중화사상과 화이사상은 동전의 양면이다. 중국이 자문화를 중심 문화로 삼고 주변국 문화를 오랑캐 문화로 규정하여 양 문화를 선험적으로 구분하는 것이 중화사상의 출발점이 된다. 이렇게 구분된 양 문화 사이에는 우열이 존재하기 때문에 우월한 것이 열등한 것을 지배하는 것은 어찌 보면 당연하다. 심지어는 중국 문화가 주변국의 문화를 점유하거나 흡수하는 것이 정당화되기도 한다. 이렇듯 중국 문화와 주변국 문화 사이에 수직적인 종속 관계를 조장하는 것이 중화사상과 화이사상의 핵심이다.

중화사상의 기원은 이미 상고 시대인 기원전 2100년부터 기원전 771년 하 · 은 · 주 시대까지 거슬러 올라가는데, 이 시기는 중국의 황하 문명 시대와 맞물려 있다. 황하 문명 시기의 한漢족은 주변국들과의 접촉을 통해 문화를 형성하고 발달시켰는데, 황하강의 중 · 하류 지역인 중원을 중심부로 두고 주나라의 국가 이념을 따르지 않는 주변 국가를 오랑캐라고 부르며 자문화의 우월성을 과시하고 상대적으로 주변국의 문화를 폄하했다.

주나라 유왕 때 서방의 유목 민족이 평화롭던 주나라에 침입하여 수도를 함락시킨 적이 있는데, 그 후에 유왕의 아들이 왕위를 계승하기는 하지만 사실상 주나라의 권위는 무너지고 제후들이 권력을 다투는 춘추 전국시대가 시작된다. 그리고 이 시기가 중국 역사상 가장 오래 지속된 분열기에 해당한다.

춘추 전국 시대에는 철기가 본격적으로 보급되어 사용된다. 한편으로는 철제 농기구의 사용으로 수확량이 증대되지만 다른 한편으로는 철제무기의 개발로 전쟁의 규모와 피해 범위도 커진다. 또한 이 시기에는 각나라 제후들이 경쟁적으로 좋은 나라를 만들기 위해 다양한 사상가와 학자들을 등용하여 지원했기 때문에 여러 방면에서 학문적인 성과를 거두고 문화적인 꽃을 피우게 된다. 이때 등용된 사상가와 학자들, 그리고 그들을 중심으로 하는 학파를 일컬어 제자백가라고 하는데, 공자와 맹자 중심의 유가사상, 한비자의 법가사상, 노자와 장자의 도가사상, 그리고 묵자의 묵가사상이 대표적이다. 이때부터 본격적으로 통일적인 민족 문화가 형성되고 중화사상의 기틀이 마련된다.

중화사상은 유가사상이 국가의 통치 이념으로 자리를 잡는 한대에 이르러 체계화된다. 왕자王者의 덕으로써 백성을 교화하는 것을 목적으로 하는 왕도정치에서는 왕자가 구심점이 되고 왕자가 살고 있는 중국의 땅이 세상의 중심이 된다. 그리고 모든 원심력은 구심점으로부터 생기고 원심력이 미치는 범위는 구심력의 크기에 따라 무한정 확대될 수 있다. 중화사상에 의하면 지구상의 모든 곳이 중국의 세력권에 들어올 가능성이 있고 중국 역사상 모든 오랑캐 이민족이 왕자의 은혜를 입기 위해 조공을 바치는 것은 당연시된다. 한대에 확고한 기반을 마련하게 되는 중화사상은 청나라에 이르기까지 2천 년 이상 그 명맥을 유지하고 현재까지도 그 잔재가 남아 있다.

| 쉬어가는 코너 |
시진핑 주석 연설_행간 읽기

시진핑 중국 국가주석이 공자와 유교사상을 화두로 "전통적으로 평화를 사랑하는 중화민족은 앞으로도 평화의 길을 걸어 나갈 것"이라고 다짐했다. 시 주석은 공자 탄생 2565주년2014년 9월 28일을 앞두고 24일 베이징 인민대회당에서 열린 유학 관련 국제학술대회 및 국제유학연합회 제5차 총회에서 연설을 통해 이 같은 메시지를 전했다고 관영 신화통신이 보도했다.

시 주석은 "역사를 잊지 않아야 미래를 개척해 나갈 수 있고 계승을 잘해야만 혁신도 잘할 수 있다."고 하면서 공자가 창시한 유교와 중국의 우수한 전통문화를 창조적으로 계승함으로써 새로운 미래를 창조해 나아가자고 강조했다. 시 주석은 "세계인은 모두 평화롭고 안정된 환경에서 살기를 원하지만 현실은 전쟁이 계속되고 극도의 빈곤으로 생명과 생존을 위협받고 있다."고 하면서 "국제사회가 손을 잡고 세계 평화와 공동의 발전을 수호해 나갈 때만이 평화와 발전에 희망이 있다."고 말했다.

그는 "공동의 발전을 촉진하려면 특히 사상적으로 평화 발전의 이념을 확립하는 것이 중요하다."고 하면서 "평화를 사랑하는 사상은 중화민족의 정신세계에 깊이 새겨져 현재의 중국이 국제관계를 처리하는 기본 이념이 되고 있다."고 강조했다. 그는 "중국은 평화발전의 길을 결연히 걸어갈 것"이라면서 "모두가 평화발전의 이념을 스스로의 정책과 행동으로 실천해야 한다."고 강조했다. 이는 지난 5월 시 주석이 "중화민족의 피에는 남을 침략하거나 세계를 억눌러 제패하는 유전자가 없다."고 말한 것과 맥을 같이하는 것으로 침략의 역사가 있는 일본과의 차별성을 부각시키려는 의도가 깔린 것으로 풀이된다.

그는 "인류가 직면한 여러 난제를 해결하려면 인류 역사가 축적한 지혜와 역량을 응용해야 한다."고 하면서 공자의 유교사상과 중국의 전통문화에서 그 해법을 찾을 수 있다는 점을 강조했다. 시 주석은 "공자가 창시한 유학과 유가사상은 중화문명에 깊은 영향을 미쳤고 중화민족의 정신과 이념 · 사유에 깊이 반영돼 있다."고 하면서 "중국의 우수한 전통문화, 풍부한 철학사상과 인문정신, 교화사상, 도덕관념 등은 현재의 세계를 개선하는 데 깨우침과 계시를 줄 수 있다."고 강조했다.

그는 "중국의 우수한 전통사상 문화는 중화민족이 대대손손 전승해 온 세계관이자 인생관·가치관·심미관으로 가장 기본적인 문화 유전자이다."라고 하면서 '수신제가치국평천하修身齊家治國平天下' 등 유학의 이념을 거론했다. 시 주석은 문화를 대하는 태도와 관련해서 ▲세계문명의 다양성을 보호하고 ▲각국과 각 민족의 문명을 존중하고 ▲다른 문명의 좋은 점을 배우고 귀감으로 삼는 태도를 견지하고 ▲좋은 점을 취할 수 있도록 분별력 있고 과학적인 태도로 문화를 계승·발전시켜야 한다고 강조했다.

그는 "문화는 모두 각자의 가치를 지니고 있을 뿐 우열의 차이는 없다."고 하면서 각자의 문화는 모두 인정과 존중을 받아야 한다고 강조했다. 중국에서 공자는 문화대혁명1966-1976 당시 타도 대상으로까지 지목될 정도로 풍파를 겪었지만 개혁개방 이후 점진적으로 중국의 대표적인 문화적 자산으로서의 지위를 회복했다.

특히 시 주석이 지난해 11월 공자의 고향인 산둥성 취푸를 방문, 유교사상을 비롯한 우수한 전통문화의 재조명을 촉구한 이후 중국 정부는 공자를 앞세운 전통문화 홍보를 부쩍 강화하고 있다.

시진핑, 공자 화두로 '중화민족 평화애호' 강조[30]

창조 신화_반고·여와·복희

중국 창조 신화는 중국 고대 전설에 나오는 삼황오제를 근간으로 하는데, 삼황오제란 중국 고대 전설에 나오는 여덟 명의 제왕을 총칭하는 말이다. 삼황이 구체적으로 누구를 일컫는지에 대한 의견은 분분하지만 복희와 여와를 포함해서 신농 또는 수인 중에 세 명을 골라 삼황이라고 하는 것이 일반적이다. 그리고 삼황이 구체적으로 누구를 가리키든지 간에 하늘과 땅과 인간을 인격신화한 천황과 지황, 인황을 의미하는 삼황설에서 나온 것은 분명하다.

오제에 대한 생각은 한대 전반에 걸쳐 나타난다. 사마천의 『사기』를 예로 들면 황제 · 전욱 · 제곡 · 요 · 순이 오제에 해당하고 오제는 춘추 시대까지 존재했던 각 나라의 시조신으로 추정된다. 오제 중에 요임금과 순임금은 실제로 중국인들이 추앙하는 성군의 표본이다. 후한이 멸망하고 중국은 위 · 촉 · 오 삼국으로 분열된다. 3세기 이후에 삼황을 오제 앞에 두고 역사를 재구성하기 시작한다. 물론 오제는 이미 한대 때부터 하 · 은 · 주 앞에 자리 잡고 역사에 편입된다. 이렇게 볼 때 삼황오제가 온전히 역사적 사실로는 규정될 수 없지만 신화적 자료로서는 그 가치가 매우 크다. 특히 중국이 틈만 나면 삼황오제 자체를 중국의 역사적인 사실로 둔갑시켜 중국 고대사를 다시 쓰고자 하기 때문에 중국 신화에 대한 관심을 가질 필요가 있다.

중국 창조 신화에서 말하는 태초의 세상은 혼돈 상태이다. 반고 신화에서는 세상을 계란 속에 흰자와 노른자가 섞여 있는 혼돈 상태로 묘사한다. 그리고 열자의 창조 신화에 의하면 세계는 한덩어리의 혼돈 상태이고, 노자는『도덕경』에서 '세상이 처음에는 혼돈하였다.'고 한다.

반고 신화에서는 반고가 계란 속 상태의 혼돈에 갇혀 1만 8천 년 동안 잠을 자다가 일어나 직접 알을 깨고 나오는 것으로 천지 창조 이야기가 시작된다. 반고가 알을 깨고 세상에 나오는 방식은 다른 나라 신화에서 정체 모를 기이한 알을 다른 힘 또는 사람이 깨거나 부화해서 알 속의 생명을 탄생시키는 방식과는 다르다. 반고가 알을 깨고 난 후 알 속에 있던 무거운 것은 반고의 발 아래로 내려가고 가벼운 것은 반고의 머리 위로 올라간다. 가벼운 것과 무거운 것이 다시 뒤섞이려고 하자 반고는 두 팔로 머리 위의 것을 떠받치고 두 다리로는 발 아래의 것을 지탱한다. 그리고 그때부터 반고의 키가 하루에 한 척씩 자라기 시작하는데, 무려 1만 8천 년 동안 키가 자라 하늘은 까마득하게 높아지고 땅은 단단하게 두꺼워져 마침내 하늘과 땅이 갈라진다. 하늘과 땅을 분리하느라 지친 반고는 휴식을 취하기 위해 자리에 눕는다. 하지만 하늘과 땅을 분리하는데 힘을 다 써버린 반고는 다시 일어나지 못하고 곧 죽는다. 반고가 죽으면서 흘린 눈물이 강이 되고, 반고의 숨결은 바람이 되며, 반고의 목소리는 천둥, 눈빛은 번개가 된다. 그리고 반고의 눈동자와 사지, 피, 혈관과 근육, 살, 수염, 피부는 각각 태양, 달, 산, 강, 길, 논과 밭, 벼, 초목이 된다. 그리고 반고의 몸에서 생긴 구더기와 바람이 만나 인간이 된다. 이렇게 반고의 죽음에 의해, 그리고 반고의 시체로부터 세상과 우주의 삼라만상이 생겨나는데, 이 점은 인도의 창조 신화와 겹치는 부분이다.

반고에 의해 하늘과 땅이 생겨났지만 여와 창조 신화에서는 그때까지 땅 위에 인간이 살고 있지 않았다. 천신으로서 여와는 지상의 아름다운 숲과 광활한 초원을 마음껏 뛰어다닐 수 있었고 무엇이든지 마음대로 할 수 있었다. 여와는 산천초목과 들짐승, 산짐승과 어울려 지냈는데, 그러면서도 외로움을 느끼게 된다. 그래서 여와는 자신을 닮은 인간을 만들어 그들과 함께 살아보기로 한다.

처음에는 황토 진흙을 반죽해서 자신의 형상을 닮은 사람을 만들고 그 안에 생명을 불어넣는 방법으로 인간을 만든다. 최초의 인간은 그렇게 창조된다. 하지만 이런 방식으로 드넓은 대지를 채울 만큼의 인간을 만드는 데는 한계가 있었다. 그래서 여와는 다른 방법으로 인간을 창조한다. 끈을 진흙에 늘어뜨렸다가 끌어 올리면 끈에 진흙이 묻고, 그 끈을 휘두르면 끈에 묻었던 흙이 떨어지기 마련인데, 이때 떨어지는 흙이 하나하나 인간이 된다. 이렇게 하여 여와는 수많은 인간들을 탄생시킨다. 이렇게 탄생한 인간의 목숨에는 한계가 있기 때문에 여와는 자신이 창조한 인간들이 언젠가 다 사라질 것을 염려해서 남녀를 만들고 그들에게 생식 능력을 부여한다. 남녀의 결합과 출산을 통해 대지 위에서 인간의 숫자가 점점 늘어나게 되었다.

여와가 인류를 창조하고 난 후 어느 날 끔찍한 일이 일어난다. 하늘을 떠받치고 있던 기둥이 부러져 하늘이 무너져 내리고 땅을 잇는 끈이 끊어져 땅이 갈라지게 된다. 갈라진 땅은 온 천지를 집어 삼킬 것 같은 화염을 토해내고, 하천은 범람했으며, 바다에는 걷잡을 수 없는 해일이 일었다. 또한 맹수들은 사람을 잡아먹고 새들은 노약자들을 낚아채갔다. 가만히 구경만 하고 있을 수 없어서 여와는 불에 달구어 모양을 만든 오색 돌로 하늘을 메우고 거북이의 발을 잘라 세상의 네 귀퉁이에 세워 하늘을 떠받친다.

이 지점에서 반고 신화와 여와 신화가 겹쳐지고 여와 신화에 의해 반고 신화가 재구성된다. 반고가 떠받치고 있던 하늘이 무너지자 여와의 지혜로 만들어낸 돌과 기둥이 대신 하늘을 메우고 지탱한다. 여와가 직접 흙

룡을 죽이고 갈대를 태운 재를 쌓아서 홍수를 제압한다. 그래서 인간은 큰 재앙으로부터 다시 살아남게 된다. 하지만 무너진 하늘을 메워 지탱시키고 인류를 위기로부터 구해내느라 여와는 모든 힘을 소진하며, 인류에게 생황이라는 악기를 마지막 선물로 주고 영면한다. 물론 대홍수 이후 남매혼 신화에서는 인류에게 재앙으로 닥친 대홍수에서 남매 사이인 여와와 복희만 살아남는다. 그리고 이 둘이 이후 모든 인간의 시조가 된다. 특히 복희는 인류 역사상 가장 논리적이고 합리적인 수의 체계를 세우고 태극의 음양 원리를 발견해 주역의 기초를 세운 동양 철학의 시조가 된다. 복희가 인간에게 불 사용법을 가르쳤기 때문에 그때부터 인간이 문명의 불씨를 지피게 된다.

여와의 인간 창조와 천지 창조의 방식은 반고 창조 신화와도 다르다. 남신과 여신에 의한 창조 방식 자체가 다르기 때문에 그것은 어쩌면 당연한 일이다. 또한 중국의 창조 신화에는 남신과 여신의 대립 구도나 왕위 계승 내지 찬탈 장치가 개입되지 않는다. 남신과 여신의 창조 방식이 다를 뿐이고 각자 자기 방식대로 자신의 피조물에게 줄 수 있는 것을 베풀어준다. 그리고 신 스스로도 죽음을 맞이한다. 신에게 있어서 무한함이 보장되지 않는다면 신과 인간 사이의 갈등이나 인간의 유한성에 의한 비극은 원천적으로 발생하지 않는다. 신과 인간의 수직적인 관계를 전제하고 죽음이 영원한 신과 유한한 인간 사이를 갈라놓음으로써 발생하는 서양의 비극적인 개념을 동양에서 찾아볼 수 없는 것도 바로 그 이유 때문이다.

영웅 신화_염제·황제·치우

중국의 삼황이라고 할 때 복희, 여와와 더불어 신농이 포함된다. 신농의 다른 이름은 염제이고, 신농은 인간에게 농사짓는 법을 가르친다. 그때까지 수렵과 사냥을 주로 한 인간들은 이제 한곳에 정착하여 농사를 지으면서 살게 된다. 농경 생활의 시작은 문명 발달의 서막을 연다. 따라서 신농은 중국 문명의 기반을 조성한 셈이 된다. 그리고 오제 시대의 문명은 실제로 신농이 다진 기반 위에서 꽃핀 문명이라고 할 수 있다.

그리고 기원전 2000년에서 3000년 전에 황하와 장강 유역에 많은 부락들이 생긴다. 소전 부족의 후예로서 공손 또는 희라는 성과 헌원이라는 이름을 가진 황제黃帝가 오제 중 최초로 등극한다. 보통 황제 때부터 중국의 문명이 본격적으로 발달했다고 본다. 황제는 우선 여러 가지 문명의 이기를 만들고, 문명의 대명사 중에 하나인 문자를 발명했으며, 농사의 획기적인 변화를 동반하는 역법도 발명하고 악률도 제정한다. 특히 악률은 제천행사와 밀접한 관계가 있으며 유가에 입각한 백성 교화에도 효과적으로 사용된다. 그는 의학 서적인 『황제내경』을 집필해 의학도 발달시킨다. 그 밖에도 수많은 행적으로 중국 고대 문명을 꽃피운 황제는 염제와 더불어 중국인들의 시조로 추앙 받고 있으며 중국인들은 그들의 후예임을 자랑스럽게 생각한다.

그런데 기원전 2700년경에 황제와 치우 사이에 치열한 전쟁이 벌어진다. 동아시아에서 발발한 최초의 대규모 전쟁인 이 전쟁은 중국 한족과 동이족의 대전투로서 '탁록 대전'으로 알려져 있다. 전쟁 발발 당시에는 문자가 없었기 때문에 거의 1천 5백 년 동안 구전되어오다가 전국 시대 이후부터 여러 가지 역사서에 단편적으로 기록되기 시작한다. 따라서 탁록 대전에 대한 전투 기록은 실제 사실이나 상황과 많이 다를 수 있다.

중국에서 가장 오래된 신화집이자 지리서인 『산해경』에는 "치우가 병사를 일으켜 황제를 치자, 황제가 이에 응룡에게 기주의 들에서 그들을 공격하도록 하였다. 응룡이 물을 모으자 치수는 풍백과 우사에게 청하여 큰 바람과 비를 마구 풀어놓도록 하였다. 황제는 이에 천녀를 지상으로 내려보냈으며 그 이름이 발이다. 그녀는 비를 그치게 하고 드디어 치우를 죽여

버렸다."[31]고 기록하고 있다. 오늘날 중국의 역사학자들은 상고 시대 동북 아시아에 화하족과 동이족, 묘만족 등 세 개의 부족이 있었다고 본다. 그 중에 화하족과 동이족의 대립과 전투가 바로 탁록 전쟁이다. 치우는 묘만족의 조상이면서 동시에 동이족의 수장이다. 탁록 전쟁에서는 결국 황제의 화하족이 치우의 동이족를 물리치는 것으로 되어 있고 화하족에게 동이족은 야만적인 오랑캐 중 하나에 불과했다.

황제 때 화하족과 동이족의 대결은 불가피했다. 황하 중류 중심의 화하족이 주변 부족들을 정복하면서 더 비옥한 땅을 찾아 황하 하류로 내려오고 그때 이미 청동 모자를 쓰고 심지어 철로 된 무기까지 만든 동이족 일부가 만주 부근에서 산동 반도를 거쳐 더 따뜻한 남쪽으로 가게 된다. 따라서 이들이 하북성의 탁록 근처에서 만나는 것은 필연적이었고, 황제와 치우는 각 부족의 이해 관계와 명예를 걸고 수차례 치열한 전투를 벌인다.

치우의 부대는 청동과 철로 만든 갑옷을 입고 투구를 썼고 칼과 도끼, 화살, 수레와 투석기 등 여러 가지 병기 제조 기술에 능숙했다. 이때만 하더라도 황제 군대는 일부만 청동기 무기를 가지고 있었고 대부분 병사들은 돌로 만든 무기를 사용했다. 그래서 처음 두 부대가 마주쳤을 때 오히려 황제 부대가 치우 부대를 보고 두려움에 떨었다고 한다.

황제와 치우의 전쟁 이야기는 중국의 신화와 전설에 단골로 등장한다. 오제 중 하나인 황제에 대한 치우의 도전과 결코 물러설 줄 모르는 치우의 용맹성, 그리고 치우의 초인적인 능력 등은 치우를 중국 신화의 대표적인 영웅으로 자리 매김하기에 부족함이 없다. 치우는 염제의 후예로서 치우 형제 81명 모두가 머리 부분은 청동으로 되어 있고 이마 부분은 철로 된 투구를 쓰고 있다. 머리 위에는 긴 뿔이 달려 있고 보기만 해도 매우 무섭고 사나운 모습을 하고 있다.

'아홉 번 전투에서 아홉 번을 이긴 치우'지만 결국 탁록 대전에서는 황제에게 패한다. 탁록 대전에서 승리한 후 10여 년에 걸쳐 황제 헌원이 수

십 차례나 치우에게 도전하지만 한 번도 성공하지 못한다.

고대 제나라에서는 천신 팔존八尊에게 제사를 지내는 풍습이 있었는데, 그때 세 번째 천신으로 치우를 모신다. 유방은 기병할 때 치우와 황제에게 제사를 지냈으며 후대에는 치우가 전쟁의 신으로 추앙받기도 한다. 그리고 현재 중국에서는 염제, 황제와 더불어 치우를 중국의 시조신으로 모시는 프로젝트를 진행 중이라고 한다. 결국 화하족과 함께 동이족을 중국인의 시조로 삼겠다는 것이다. 이렇게 될 경우 중국의 신화와 전설로 알려져 있는 상고 시대가 고대사에 편입됨으로써 우리나라를 포함한 중국 주변국들이 중국의 중화사상과 화이사상에 다 포섭될 수도 있다.

신화는 분명 과거, 그것도 너무나 오래된 과거의 이야기이다. 게다가 신화의 내용은 허무맹랑하고, 비합리적이며, 비논리적이고, 앞뒤 내용도 뒤죽박죽이다. 심지어 신화는 죽은 것, 매장된 것, 박제된 것으로 여겨지고, 이미 죽었기 때문에 우리의 삶에서 사라진 것, 또는 우리의 현재 삶 내지 생명과 상관이 없는 것 등으로 이미지화된다.

신화에 대한 이러한 편견과 왜곡은 플라톤 이후 싹트기 시작해 근대 이후에 본격화된다. 중세를 벗어나면서 신으로부터 독립선언을 하는 인간은 소위 말하는 인간과 인간의 자유의지를 앞세우기 시작한다. 그러다 산업혁명과 맞물려 인간은 인간의 이성을 절대화하고 인간 이성을 대표하는 것으로서 합리성과 논리성, 그리고 일관성을 내세운다. 이때부터 신화의 탈신화화가 급격히 이루어진다. 신화가 인간 이성의 작용에 의해 재단되고 변질되는 방식으로 재구성된다.

근대라는 시대 개념 속에는 임의적이고 자의적인 결정권이 자체 포함되어 있다. 그 결정권은 신의 권능과는 본질적으로 다른 것이다. 인간이 인간 이성을 중세적인 신의 권좌에 올리면서 부여한 절대 권한이고 권력이다. 그 결정권에 의하면 포괄적인 인간의 이성적 작용을 의미하는 로고스와 인간의 복잡한 감성적인 부분을 반영한 미토스는 '선험적으로' 구분되고 로고스가 우월한 것으로 미토스가 열등한 것으로 규정되어 버린다. 다시 말하면 미토스에 대한 로고스의 절대 우월이 보장된다. 그리고 우월한 것이 열등한 것을 지배하는 것이 정당화되고 지배하기 위해 폭력을 사용하는 것도 허용된다. 이것이 소위 말하는 주체중심주의를 표방하는 근대의 시대 정신이다. 이러한 시대 정신을 바탕으로 근대를 지탱하는 사상적 기반이 마련되고, 이러한 시대 정신을 명분으로 삼아 약육강식의 지배 논리가 확산된다. 진화론과 제국주의가 그것을 대표하고 증명한다고 밝힌 바가 있다.

본토 중국인들과 중국 소수민족들과의 관계 역시 이러한 근대의 시대 정신이 낳은 필연적인 산물이다. 중심부와 주변부를 구분하고 중화사상을 내세워 주변부를 중심부로 편입시키려는 중국의 전략은 끊임없이 되풀이되어 왔고 지금도 진행 중이다. 강자의 약자에 대한 침략과 지배, 동화 내지 흡수, 그리고 잡아먹고 먹히는 구조는 중국에만 적용되는 것이 아니라 세계 공통적이다. 그리고 비교적 최근인 근대에 국한되어 발생한 것도 아니다. 고대 이전부터 수도 없이 되풀이되는 역사적인 사실이다. 물론 역사는 약육강식의 먹이사슬 관계가 영구적이지 않다는 것도 함께 가르쳐준다. 하지만 인간은 역사가 인간에게 주는 교훈을 아랑곳하지 않는다.

신화는 본질적으로 이러한 구조를 용납하지 않는다. 신화는 본래 세계 자체에 관한 이야기이고 본질적인 신과 본질적인 인간에 관한 이야기이다. 그렇기 때문에 세계도, 신도, 인간도, 신화 속에서는 한데 어우러진다. 신화 속에서는 모든 것이 창조되는 순간 세계의 부분이 된다. 그리고 부분과 전체는 상호작용을 한다. 신과 인간과 그 밖의 피조물의 관계에도 근대적 의미의 거리 두기란 애당초 불가능하다. 근대의 거리 두기는 주체중심주의를 근간으로 한다. 그렇기 때문에 주체가 먼저 존재하고, 그 다음에 주체의, 주체를 위한, 주체에 의한 객체가 생긴다. 이렇게 생긴 주체와 객체 사이에는 좁힐 수 없는 간격이 생기기 마련이고, 그 간격에 의해 우열도 생기는데, 이러한 구조에서는 객체에 대한 주체의 우월함이 보장된다. 그것이 바로 근대적인 주체의 거리 두기 방식이다. 신화의 세계에서는 우선 주체와 객체의 구분이 없다. 그렇기 때문에 신도, 인간도 다른 모든 생명체도, 심지어 무생물조차도 거리 두기 방식보다 참여하기 방식을 취한다. 신과 인간과 생물과 무생물이 세계라는 전체 공간에 함께 참여하고 그 공간에서 한데 어우러진다. 가끔 신의 이해하지 못할 행동과 신에 대한 인간의 과감한 도전, 무생물의 기괴한 움직임 등이 신화 속 세계의 참여하기 방식에 해당한다.

생각해 볼 문제

1. 중국 신화의 의미와 의의를 찾아봅시다.
   1) 중국 신화의 특징을 서로 이야기해 봅시다.
   2) 중국 신화에 나오는 신들의 특징을 서로 이야기해 봅시다.
   3) 중국 신화에서 찾을 수 있는 신화의 힘에 대해 서로 이야기해 봅시다.

2. 중국 문명 또는 문화와 관련해서 토론해 봅시다.
   1) 중국의 중화사상과 우리의 소중화사상에 대해 토론해 봅시다.
   2) 중국의 신화공정 또는 동북공정에 대해 알아보고 토론해 봅시다.
   3) 21세기에 발휘되고 있는 중국 문화의 힘에 대해 토론해 봅시다.

3. 중국 창조 신화에 대해 스토리텔링 해 봅시다.
   1) 중국 창조 신화에 등장하는 신들을 소개해 봅시다.
   2) 여와의 창조와 하나님의 창조를 비교 또는 대조해 봅시다.
   3) 중국 창조 신화에서 중국이 강대국으로 성장할 수 있는 잠재력을 찾아봅시다.

4. 중국 신화와 역사 속에 등장하는 영웅들에 관해 이야기해 봅시다.
   1) 중국 신화에 나오는 영웅적인 인물과 영웅적인 행적을 소개해 봅시다.
   2) 중국 역사에 등장하는 영웅적인 인물과 영웅의 행적을 소개해 봅시다.
   3) 신화 속 영웅과 역사 속 영웅을 경계짓는 기준에 대해 서로 이야기해 봅시다.

5. 중국 소수 민족의 신화에 대해 이야기해 봅시다.
   1) 중국 소수 민족 신화 중 한 개를 골라 이야기해 봅시다.
   2) 중국 소수 민족의 창세 신화에 등장하는 여신을 소개해 봅시다.
   3) 중국 소수 민족의 신화가 가지고 있는 힘이 무엇인지 조사해 봅시다.

주

29. 박문호, 『몽골. 박문호의 자연과학 세상 해외탐사학습』, 파주: 엑셈, 2013, 384면.

30. "시진핑, 공자 화두로 '중화민족 평화애호' 강조", 연합뉴스, 2014. 09. 24. http://www.yonhapnews.co.kr/bulletin/2014/09/24/0200000000AKR20140924189000083.HTML?from=search(검색일: 2016년 1월 14일)

31. 곽박 주, 『산해경』, 임동석 역주, 서울: 동서문화사, 2011, 1365면.

제9장

일본 신화와 문화

홋카이도
웅기
노보리베츠
하코다테
아오모리
아키타
도호쿠
센다이
니가타
가나자와
도쿄
하코네
요코하마
/카와사키
시즈오카
교토
고베
오사카
돗토리
히로시마
대마도
후쿠오카
구마모토
오이타
나가사키
큐슈
가고시마
미야자키
오키나와

일본

축제 문화

일본어 마츠리는 '제사를 드리다'라는 동사 마츠루에서 파생된 명사로서 보통 제의와 신사에서 거행되는 제사, 그리고 축제와 잔치 등을 일컫는다. 여기에서 파생된 제의와 유사한 의미로는 제례 · 제식 · 식전 · 의식 · 의례 등이 있고 축제와 비슷한 뜻으로는 제전 · 축전 · 축제 · 향연 등이 있다.

마츠리는 인간들이 복을 구하고 재앙을 피하기 위해 신적인 존재들을 섬기고 받드는 데서 비롯되었다. 그리고 그것은 유한하고 약한 인간이 초월적인 존재에게 의존하는 전형적인 방식이다. 더군다나 일찍부터 농경사회로 접어든 일본의 경우, 자연에 대한 의존도가 매우 높기 때문에 자연을 주관하는 각종 신에 대한 신앙 역시 절대적이었다. 자연 재해로부터 보호받기 위해, 적합한 자연 조건에 의한 풍작을 기원하는 의미에서, 그리고 마을의 평화로움과 마을 사람들의 안위를 바라는 마음에서 신적인 존재에게 제물을 바치고 의례의 절차를 밟는 것은 너무나 당연시 되었다. 신의 노여움을 사지 않기 위해 부정 탈 물건을 멀리하고, 몸과 마음을 정결하게 했으며, 방정맞은 행동을 삼갔다. 또한 신을 달래기 위해 각종 음식을 풍성하게 장만해서 신을 대접했다. 그리고 신을 기쁘게 함으로써 신의 보호를 보장받기 위해, 궁극적으로 신과 소통하며 교류하기 위해 함께 먹고 마시며 현란한 춤사위와 각종 노래 가락을 곁들였다. 여기에서 바로 마츠리가 가지고 있는 축제의 성격이 부각된다.

신사 제사와 관련해서 마츠리는 일본인들의 고유 신앙인 신도神道의 종교 의식을 나타냄과 동시에 제국주의 일본의 국민적 의례를 뜻하기도 한다. 일본 고유 신앙으로서 신도는 원래 농경과 마을, 부락과 부락민의 수호신을 숭배하였다. 하지만 일본의 근대화가 급속도로 진행되고 제국주의적인 국가 권력이 팽창하는 과정에서 신도는 국가 차원의 종교 행사로 바뀌었다. 신도의 신들을 모신 신사에 대한 참배는 일본 국민의 의식화를 주도했으며 대표적인 일본 국민의 의식 내지 의례로 자리 잡게 되었다. 일본 신화에 나오는 아마노이와토 앞에서 드리는 제사가 일본에서 가장 오래된 신사 마츠리로 알려져 있는데, 이 제사는 아마테라스 여신이 몸을 숨긴 동굴 앞에서 드리는 제사와 동굴을 모시는 신사 참배를 포함한다.

모든 나라의 건국 신화는 많든 적든 그 민족의 정체성과 집단의식을 반영하는데, 아마테라스 신화를 포함하는 일본 신화는 특히 더 그러하다. 일본의 경우 신화가 단순히 신화로 남아 있거나 전해지는 것이 아니다. 일본 건국 신화에서는 신화 속의 인물인 진무왕B.C. 711-B.C. 585이 1989년 취임 후 지금까지 일본 천황으로 군림하는 제125대 아키히토 왕의 시조이다. 이렇게 일본 신화가 일본 역사의 근거를 마련하고, 이런 맥락에서 미야자키 현이 바로 그 신화의 무대가 된다.

마츠리는 근본적으로 제사의 성격을 띠고 있으면서 한편으로는 신사 제사로 연결되기도 하고 또 다른 한편으로는 축제로 이어지기도 한다. 전자의 경우 신앙 또는 종교적 성격이 강하기 때문에 엄격한 형식을 갖추고 정확한 절차에 따라 엄숙하게 의식화되는데, 예를 들면 신전이나 불전에서 행하는 각종 제식이나 회식이 여기에 속한다. 후자의 경우 축제의 성격을 띠기 때문에 형식적인 면에서 특별한 제약이 없고 일탈과 방종도 어느 정도 허용된다. 함께 어우러져 마시고 춤을 추고 노래 부르기 때문에 소란스럽기도 하고 때로는 난장판이 되기도 한다. 음주와 가무, 가장과 광란 등을 동반하는 카니발과 사육제 등을 예로 들 수 있다.

근대로 접어들면서 마츠리의 양상도 변한다. 근대화와 산업화가 급속도로 진행되면서 일본에서도 인구 이동 현상이 심각하게 나타난다. 처음에는 농촌에 삶의 터전을 두고 교환이나 거래, 장사를 위해 도시로 몰려들었지만 시간이 지나면서 농촌을 떠나 도시를 제2의 고향으로 삼는 사람의 수가 기하급수적으로 늘어났다. 그 결과 도시가 정주화되고 도시를 중심으로 형식과 내용적인 면에서 이전과는 다른 근대의 도시 마츠리가 형성된다. 도시의 일시적이고 간헐적인 오락이 수요자의 욕구를 더 이상 충족시킬 수 없게 되고, 수요자들의 욕구 역시 점점 더 커지게 되자, 여유가 없는 각박한 도시 생활에서 활력소가 될 만한 마츠리가 절실했다. 이것이 도시 중심의 현대적인 마츠리가 폭발적으로 생겨나고 일본의 축제 문화가 본격화된 배경이다.

마츠리가 시작되면 우선 신적인 존재 내지 신을 상징하는 것이 화려하게 장식된 수레나 가마를 타고 마츠리가 행해지고 있는 구역이나 지역에 행차하는데, 이것 자체가 미츠리의 대표적인 볼거리이다. 이 행렬이 지나가는 곳에 신이 축복을 내린다고 믿기 때문에 사람들은 신의 상징물을 태운 수레나 가마 행렬이 자기 앞을 지나갈 때면 환호하고 흥분한다. 북과 피리, 꽹과리 같은 전통 악기들이 행렬의 흥을 돋우고 마츠리의 분위기가 고조되면 될수록 행렬과 축제를 즐기는 무리는 하나가 된다. 게다가 행렬이 지나가는 주변에 즐비한 가게들도 축제 분위기를 돋우는데 한몫을 한다. 각종 등과 네온사인으로 가게를 화려하게 꾸미고 먹고 마실 것을 풍족하게 제공한다. 마츠리가 행해지는 지역 내지 구역은 마침내 환상적인 축제 공간이 되고 축제에 참가한 사람들은 환상의 시공간 속으로 빠져든다. 이러한 마츠리의 시공간이 디오니소스 축제에서의 엑스타시 혹은 모든 것이 분리되기 이전의 카오스 상태를 연상시킨다.

일본의 마츠리 문화, 즉 축제 문화를 통해 확인되는 신화의 힘은 협동과 단결을 가능하게 하고 시원과 동질감을 확인하고 회복하게 하는 것이다. 뿐만 아니라 인간의 유한함이 축제의 시공간에서 신적인 것의 무한함과 어우러짐으로써 무한 확대된다. 그렇기 때문에 원시 시대부터 인간은, 그것이 제사의 형식을 띠든 축제의 성격을 띠든, 어떤 형태로든 축제를 반복적으로 행해왔다. 물론 마츠리는 시공간의 변화에 편승하여 그때마다 다채롭고 화려한 옷을 갈아입는다. 그렇다고 해서 마츠리의 본질이 훼손되거나 전통이 단절되는 것은 아니다.

본래 페스티벌festival의 어원은 종교적인 의식을 포함하는 라틴어 페스투스festus에서 파생되었다. 독일어로 축제를 의미하는 파이어Feier는 라틴어 페리에feriae에서 유래되었으며 '일을 하지 않는다'는 의미를 담고 있다. 이렇게 볼 때 축제는 일상에서 벗어나 종교적인 의식을 행한다는 기본적인 골격을 가지고 시대와 주제에 따라 각양각색의 옷을 갈아입으면서 한바탕 어우러지는 것을 의미한다. 일본의 마츠리 역시 축제의 원형으로서 같은 맥락에서 이해될 수 있다.

일본 신화와 천황

어느 민족이나 신화를 갖고 있지만 특히 일본 신화는 단순히 과거의 이야기가 아니라 현실을 움직이는 힘으로 작용한다. 따라서 일본을 올바로 이해하기 위해서는 신화를 통해 일본 역사와 일본 문화의 원형에 접근하는 것이 반드시 필요하다. 일본의 역사에서 특별히 중요한 계기나 핵심적인 사건의 배후에는 언제나 신화적인 발상과 요소가 작동한다. 대동아 전쟁을 일으킨 일왕의 조칙 첫 머리에 팔굉일우가 등장하는 것도 그러한 맥락에서 이해할 수 있다. 일본 신화 시대의 마지막 신의 아들이자 역사 시대의 첫 번째 왕인 진무가 일본을 통일한 후 반포했다는 팔방을 덮어서 지붕으로 삼는다는 것은 신화를 통해 역사적인 메시지를 전하겠다는 일왕의 의지를 표명한 것이다. 말하자면 전 세계를 일왕의 지붕 아래 두어 일왕에게 귀속시키고 일본을 전 세계의 으뜸으로 삼겠다는 것에 대한 상징적인 표현인데, 이러한 신화적인 장치가 사실상 일본 국민을 결집하는데 결정적인 역할을 했다.

모든 나라의 건국 신화는 많든 적든 그 민족의 정체성과 집단의식을 반영하는데, 아마테라스 신화를 포함하는 일본 신화는 특히 더 그러하다. 일본의 경우 신화가 단순히 신화로 남아 있거나 전해지는 것이 아니다. 일본은 근대화 과정에서 정치적인 목적을 달성하기 위해 아마테라스를 태양신으로 둔갑시키고 일왕을 천황으로 격상시켜 신격화한다. 그리고 일본 건국신화 속의 인물인 진무왕이 일본 천황으로서 제125대 아키히토 왕의 시조가 된다.

창조 신화_이자나기와 이자나미[32]

하늘 세계에 아메노미나카누시노카미, 타카미무스히노카미, 카무무스히노카미라는 세 신이 스스로 차례차례 생겨나 아직까지는 몸을 드러내지 않고 있었다. 우마시아시카비히코지노카미와 아메노도코타치노카미라는 신 역시 홀로 태어나 몸을 숨기고 있었다. 이때까지 세계는 미완성의 미숙한 상태로 둥둥 떠다니고 있었다. 그리고 잠시 후에 이자나기노미코토와 이자나미노미코토라는 남녀 신이 태어났다. 이전의 다섯 신은 이자나기와 이자나미에게 떠다니는 국토를 맡기면서 하늘의 창을 하사하였다. 이자나기와 이자나미가 그 창을 떠다니는 국토에 꽂아 저었더니 소금이 부글부글 끓어올랐고 그 창끝에서 소금이 뚝뚝 떨어졌는데, 그 소금이 차곡차곡 포개지고 쌓여져 오노고로시마라는 일본 열도가 생겼다.

이자나기가 이자나미에게 몸이 어떻게 만들어졌는지를 묻자 이자나미는 '제 몸이 만들어지는 과정에서 완성되지 않은 곳이 한 군데 있습니다.'라고 대답한다. 그러자 이자나기는 '내 몸은 만들어지다가 오히려 남은 곳이 한 군데 있다. 나의 남은 곳을 가지고 너의 덜 만들어진 곳을 찔러 막아 국토를 낳으려고 생각하는데, 그렇게 해보지 않겠느냐?'라고 질문하고, 이에 이자나미는 이자나기의 제안을 받아들인다. 이자나기와 이자나미는 하늘의 기둥을 빙빙 돌다가 만나 부부간의 정을 맺는다.

이자나미가 먼저 이자나기에게 멋진 남자라고 하고 이어 이자나기가 이자나미에게 예쁜 여인이라고 한다. 남자보다 여자가 먼저 말을 건 것이 마땅치 않아서인지 이자나기와 이자나미가 동침한 후에 거머리같이 생긴 아이가 태어났고, 이자나기와 이자나미는 그 아이를 갈대로 엮은 배에 태워 강물에 띄워 보낸다. 이자나기가 먼저 이자나미에게 예쁜 여인이라고 하고 이어 이자나미가 이자나기에게 멋진 남성이라고 했더니 이번에는 아와지노호노사와케노시마가 태어났다. 그 다음으로 이자나미는 불의 신 가쿠쓰치를 낳는다. 이자나미가 가쿠쓰치를 낳는 중에 생식기에 화상을 입어 빈사 상태에 이른다. 결국 이자나미는 불의 신을 낳다가 죽고 만다.

죽은 이자나미를 이즈모노쿠니와 호기노쿠니의 경계에 있는 히와의 산에 묻고 이자나기는 장검으로 불의 신 가쿠쓰치의 목을 벤다. 이자나기는 아내를 잃은 슬픔에 황천까지 이자나미를 쫓아갔지만 황천에서 몸 전체에 구더기가 들끓는 끔찍한 아내의 모습을 본다. 겨우 황천에서 빠져나온 이자나기는 황천에서 지상으로 이어지는 곳을 엄청나게 큰 돌로 막아 버린다. 이에 이자나미는 이자나기에게 지상의 인간을 천 명씩 없애겠다고 협박하고 이자나기는 천오백 명의 아이를 낳게 할 것이라고 하면서 서로 맞선다. 결국 죽는 사람보다 태어나는 사람의 숫자가 더 많아서 결국 인구수가 증가하게 되었다.

이자나기는 황천에 다녀온 것에 대해 스스로 한탄하면서 죽음과 어둠에 의한 불결함을 휴가 지방의 바다 속에서 깨끗이 씻어내고자 했는데, 이때 많은 바다의 신이 생겨난다. 특히 마지막으로 왼쪽 눈을 씻을 때 아마테라스오미카미가 생겨나고, 오른쪽 눈을 씻을 때에 츠쿠요미노미코토가 태어나며, 코를 씻을 때 스사노오노미코토가 탄생한다. 그리고 이자나기는 아마테라스에게 천상을, 츠쿠요미에게 달을, 그리고 스사노오에게 바다를 다스릴 것을 명한다. 그런데 스사노오는 이자나기의 명령을 따르는 대신 이자나미가 있는 황천을 그리워하면서 울기만 한다. 그러자 청산은 말라 시들어 버리고 강과 바다는 완전히 말라붙어 버린다. 결국 스사노오는 이자나기에게 추방을 당한다. 이에 스사노오는 대지진을 일으켜 아마테라스가 있는 다카마가하라에 올라가 아마테라스의 논을 파괴하고 니나메노마쓰리의 제전에 똥을 흩뿌리며 하늘의 베를 짜는 여자를 죽음으로 내몬다.

스사노오의 폭력적인 행동를 두려워한 아마테라스가 바위 문을 닫고 하늘의 동굴에 틀어박혀 버리자 다카마가하라는 물론 지상에도 칠흑 같은 어둠이 내린다. 다카마가하라의 수많은 신들은 서로 의논하고 제사를 지내는 등, 어떻게든 아마테라스를 불러내려고 했다. 그때, 춤과 예술의 신인 아메노우즈메가 통을 뒤집어 그 위에 올라타 시끄럽게 굴며 이상한 몸짓으로 춤을 추었기 때문에 수많은 신들이 일제히 웃었다. 바깥의 소동에 호기심 반, 궁금증 반으로 아마테라스는 동굴에서 모습을 보이는데, 그 순간 문 옆에 숨어있던 다치가라오가 아마테라스의 팔을 붙잡고 그녀를 세게 잡아 당겼다. 아마테라스가 동굴 밖으로 나오자 세계는 간신히 빛을 되찾게 되었다.

수많은 신들은 스사노오의 부정을 털어내고 그를 다카마가하라에서 추방한다. 지상의 이즈모노쿠니에 내려온 스사노오는 지금까지의 태도를 완전히 바꾸고 스스로를 '아마테라스의 친동생'으로 소개한다. 또한 스사노오는 야마타노오로치라는 큰 뱀 괴물을 퇴치하고 괴물의 손에서 구출한 구시나다비메와 결혼해 아이를 얻는다. 그리고 그 수 대 후의 자손이 오오쿠니누시이다.

아마테라스는 미즈호노쿠니의 완성을 지켜보고 자신의 아이인 곡식의 신 아메노오시호미미를 강림시키려 했다. 하지만 스사노오의 자손인 오오쿠니누시가 통치자로서 불완전했는지 미즈호노쿠니는 아직 혼돈 상태에 머물러 있었다. 강림은 중단되고 오오쿠니누시에게 나라의 전권을 양도받기 위해 아마테라스와 고토아마쓰카미는 하늘에서 사신을 파견하기로 결정한다. 두 번의 실패 끝에 겨우 다케미카즈치가 오오쿠니누시로부터 나라 양도의 약속을 받아낸다. 오오쿠니누시는 그 보상으로 이즈모 지역에 웅장하게 지은 신전을 받고 거기에 자리를 잡는다.

아메노오시호미미에게는 갓 태어난 곡물의 신 호노니니기가 있었는데, 결국 아메노오시호미미 대신 호노니니기가 강림하게 된다. 호노니니기는 곡옥과 거울, 검 등 삼종의 신기를 가지고 5부신과 함께 구름을 타고 휴가의 타카치호 봉우리에 내려와 산신의 딸인 고노하나노사쿠야비메와 결혼한다. 그녀에게는 이와나가비메라는 언니가 있었는데, 너무 못생겼다는 이유로 호노니니기는 고노하나노사쿠야비메와만 결혼을 한다. 그리고 그것이 원인이 되어 호노니니기의 자손인 천황들은 꽃처럼 번영하지만 바위 같은 영원한 수명은 얻지 못한다. 호노니니기와 고노하나노사쿠야비메 사이에 세 형제가 태어나는데, 그중 한 명은 바다에서 낚시를 하는 우미사치히코이고 또 한 명은 산에서 사냥을 하는 야마사치히코이다.

어느 날 야마사치히코는 우미사치히코의 낚싯바늘을 빌려서 낚시를 갔는데, 물고기를 한 마리도 잡지 못하고 소중한 낚싯바늘만 잃어버린다. 낚싯바늘을 돌려달라는 우미사치히코의 끈질긴 요구에 야마사치히코는 해신이 있는 세계를 방문해서 해신의 딸 도요타마비메와 결혼하고 삼 년 후 해신의 도움으로 낚싯바늘을 되찾아 귀환한다. 그는 해신으로부터 획득한 물을 다루는 힘으로 우미사치히코를 압도하고 대대손손 영원한 복종을 서약하게 한다. 이렇게 해서 우미사치히코는 남큐슈에 사는 하야토들의 선조가 되고, 야마사치히코는 천황의 선조가 되는데, 지금도 하야토들은 천황을 섬기고 있다. 야마사치히코의 아이를 임신한 도요타마비메가 이제 지상 세계에 와서 가마우지의 날개로 지붕을 만든 산실에서 큰 악어의 모습을 하고 우가야후키아에즈를 출산한다. 그 모습을 남편이 보았기 때문에 그녀는 부끄러워 바다 세계로 돌아가 그 입구를 막아버린다. 그 후 우가야후키아에즈가 숙모인 타마요리비메와 결혼해서 아이를 낳는데, 그 아이가 바로 일본의 제1대 진무이다.

영웅 신화_아마테라스와 스사노오

일본 신화에 등장하는 영웅 이야기 중에 스사노오 이야기가 영웅 신화의 구조에 비교적 충실하다. 스사노오는 태어나서 쿠시나다히메와 결혼할 때까지 두 차례에 걸쳐 추방을 당하는데, 한 번은 아자나기의 명을 거역했기 때문이고, 또 한 번은 아마테라스가 살고 있는 천상의 질서를 어지럽혔기 때문이다. 스사노오가 첫 번째 추방을 당한 후에는 악행을 저지르고 두 번째 추방 후에는 선을 행하는데, 이렇게 악한이 여러 가지 영웅 신화적인 절차를 밟은 후 착하게 변화하는 것도 전형적인 영웅 신화 구조에 속한다.

탄생과 관련하여, 이자나기가 황천에 가서 이자나미의 흉측한 모습을 보고 돌아와 목욕재개를 하면서 코를 푸는데, 그때 스사노오가 태어난다. 스사노오는 이자나기로부터 바다나 천하를 다스리라는 명령을 받지만 이자나기의 명령을 거역하고 오랫동안 울기만 한다. 스사노오가 어머니인 이자나미의 나라로 가고 싶어 운다는 이야기를 들은 이자나기가 스사노오를 내쫓는데, 이것이 첫 번째 추방이다.

스사노오는 떠나기 전에 아마테라스를 만나기 위해 천상으로 올라간다. 천상에서 아마테라스와 스사노오는 상대방에게 칼과 구슬을 받아 우물에 씻어 그것들을 입에 넣고 씹은 후 내뿜어 각각 세 여신과 다섯 남신을 낳는다. 여기에서 특기할 점은 아마테라스가 여신을 낳고 스사노오가 남신을 낳지만 결국 세 여신은 스사노오의 칼에서부터, 다섯 남신은 아마테라스의 구슬로부터 태어난다는 것이다. 스사노오는 천상에서 신전에 똥을 뿌리고, 개천을 메우고, 논두렁을 부수는 등 난동을 부린다. 뿐만 아니라 얼룩말 가죽을 벗겨 베를 짜는 여인의 방안으로 던지는 장난도 치는데, 스사노오의 장난에 놀란 나머지 음부가 북에 찔려 그 여인은 죽게 된다.

스사노오의 이러한 행동이 두려워 아마테라스는 동굴에 몸을 숨기는데, 이때 온 세상이 어두워진다. 천상의 신들이 수탉을 울게 하고 대장장이에게 쇠로 거울을 만들게 하여 굿판을 벌린다. 그러자 아마테라스는 동굴 밖으로 나오고 세상은 다시 밝아진다. 신들의 뜻에 따라 스사노오는 속죄의 재물을 바치고 수염과 발톱, 손톱을 잘라 속죄한 후 천상계로부터 추방당하는데, 이것이 두 번째 추방이다.

지상으로 내려온 스사노오는 이즈모국의 히카와 상류 지점인 토리 가미라는 곳에서 아시나즈찌와 데나즈찌라는 노부부를 만난다. 스사노오는 야마타로오찌라는 뱀이 매년 한 명씩 노부부의 일곱 딸을 잡아먹고 막내인 여덟 번째 딸을 잡아먹기 위해 온다는 말을 듣고 여덟 번째 딸을 자신에게 줄 것을 요청하고, 뱀에게 술을 먹인 후 뱀을 칼로 찔러 죽인다. 그리고 뱀의 꼬리 부분에서 쿠사나기라는 칼을 빼어 아마테라스에게 바친다. 스사노오는 노부부의 여덟 번째 딸인 쿠시나다히메와 결혼을 하고 스가라는 곳에 궁궐을 지어 생활을 한다.

생각해 볼 문제

1. 일본 신화의 의미와 의의를 찾아봅시다.
   1) 일본 신화의 특징을 서로 이야기해 봅시다.
   2) 일본 신화에 나오는 신들의 특징을 이야기해 봅시다.
   3) 일본 신화에서 찾을 수 있는 신화의 힘에 대해 서로 이야기해 봅시다.

2. 일본의 축제 문화와 관련해서 이야기해 봅시다.
   1) 일본 각 지방의 대표적인 축제를 소개해 봅시다.
   2) 일본의 축제 문화가 현대의 놀이 문화에 끼친 영향에 대해 서로 이야기해 봅시다.
   3) 21세기에 발휘되고 있는 일본 신사 문화의 힘에 대해 이야기해 봅시다.

3. 일본 창조 신화에 대해 스토리텔링 해 봅시다.
   1) 일본 창조 신화에 등장하는 신들을 소개해 봅시다.
   2) 아마테라스와 스사노오 중 누가 더 영웅적인지 이야기해 봅시다.
   3) 일본 창조 신화를 바탕으로 남성과 여성의 위상에 대해 이야기해 봅시다.

4. 일본 '신화의 역사화' 내지 일본 '역사의 신화화'에 대해 토론해 봅시다.
   1) '일본 신화와 천황제 이데올로기'에 대해 토론해 봅시다.
   2) 일본과 한국의 관계에서 무엇이 가장 큰 문제점인지 토론해 봅시다.
   3) 일본의 천황제가 21세기에도 유용한 이유에 대해 토론해 봅시다.

5. 일본의 신화와 문화 제국주의에 대해 이야기해 봅시다.
   1) 일본 신화가 어떻게 역사가 되었는지에 대해 이야기해 봅시다.
   2) 일본 신화의 베일에 대해 이야기해 봅시다.
   3) 일본 문화의 중층적 구조에 대해 이야기해 봅시다.

주

32. 코우노시타 카미쯔, 『고사기와 일본서기』, 권오엽 · 권정역, 서울: 제이앤씨, 2005, 57-67면 참조.

제10장

한국 신화와 문화

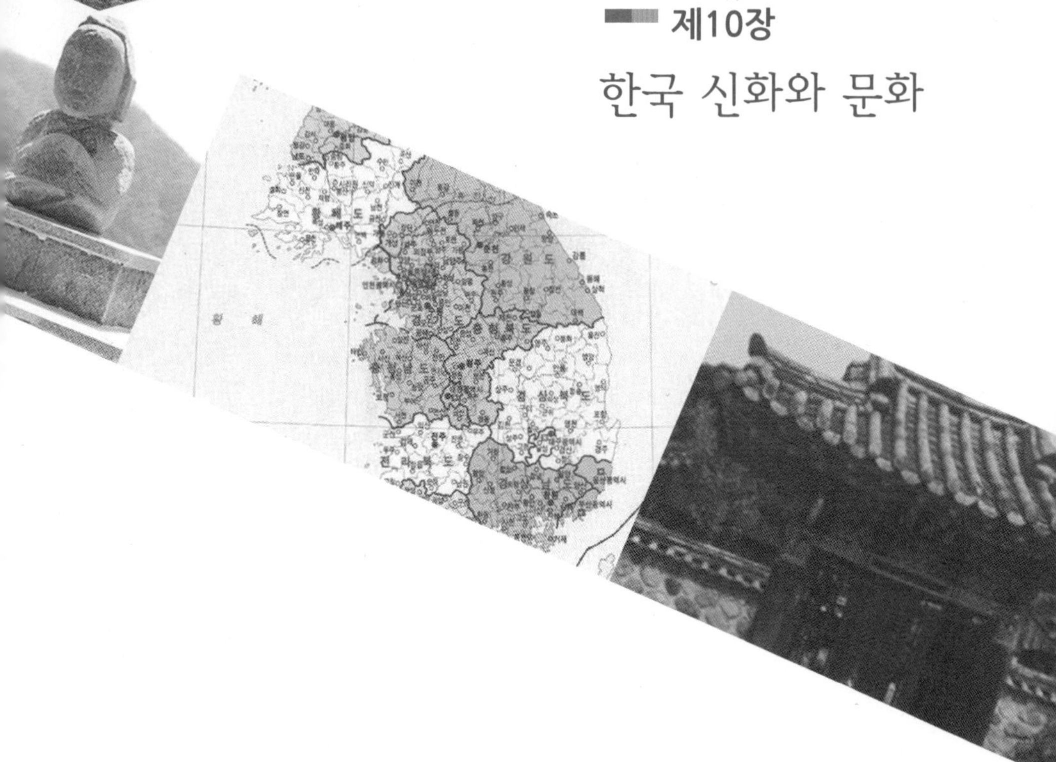

경흥
웅기
나진
청진
성진
신의주
함흥
흥남
안주
평양
원산
남포
황주
은율
재령
속초
양양
철원
해주
개성
원주
강릉
홍천
광주
정선
동해
울릉도
독도
수원
원주
영월
평택
충주
영주
서산
천안
문경
안동
부여
공주
상주
영동
김천
구미
포항
장항
익산
경주
군산
전주
거창
합천
남원
창원
영광
구례
진주
마산
하동
광양
나주
순천
거제
목포
여수
통영
진도
제주도

한국지도_도시

단군 신화 읽기

古朝鮮[王儉朝鮮] – 한자
고조선[왕검조선] – 음

魏書云
위서운
위서[중국의 역사책]에서 이르길 – 해석

乃往二千載有壇君王儉
내왕이천재유단군왕검
단군왕검이 있어 이천 명을 데리고 가,

立都阿斯達 經云無葉山 亦云白岳
입도아사달 경운무엽산 역운백악
아사달에 도읍을 정하는데, 경에서는 무엽산 또는 백악이라고 하고

在白州地。或云在開城東。今白岳宮是
재백주지 혹운재개성동 금백악궁시
혹자는 현재 개성 동쪽에 있는 백악궁이라고 하기도 한다.

開國號朝鮮。
개국호조선
개국하니 그 이름이 조선이다.

與高同時。古記云。
여고동시 고기운
같은 시기, 고기[현재 전해지지 않는 옛날 역사서]에 따르면,

昔有桓因[謂帝釋也]庶子桓雄。
석유환인[위제석야]서자환웅
옛날에 환인[하늘의 황제]의 서자 환웅이 있어,

數意天下。貪求人世。
수의천하 염구인세
항상 천하에 뜻을 두고, 인간 세상을 몹시 바랐다.

父知子意。
부지자의
아버지[환인]는 아들[환웅]의 뜻을 알고,

下視三危太伯可以弘益人間。
하시삼위태백가이홍익인간
삼위태백을 내려다보매 홍익인간[널리 인간을 이롭게 하다]할만 한지라,

乃授天符印三箇。遣往理之。
내수천부인삼개 유왕리지
이에 천부인 세 개를 주어, 내보내서 세상을 다스리게 하였다.

雄率徒三千。
웅솔도삼천
환웅은 삼천 명의 무리를 이끌고,

降於太伯山頂[即太伯今妙香山]神壇樹下。
강어태백산정[즉태백금묘향산]신단수하
태백산 정상[태백은 지금의 묘향산]신단수 아래로 내려왔는데,

謂之神市。是謂桓雄天王也。
위지신시 시위환웅천왕야
그곳을 신시라고 하고, 이분을 환웅천왕이라 한다.

將風伯雨師雲師。
장풍맥우사운사
풍백과 우사, 운사를 거느리고,

而主穀主命主病主刑主善惡。
이주곡주명주병주형주선악
곡식 · 수명 · 질병 · 형벌 · 선악들을 주관하고,

凡主人間三百六十餘事。在世理化。
범주인간삼백육심여사 재세이화
무릇 인간사 삼백 육십여 가지를 주간하여, 인간세계를 다스려 교화시켰다.

時有一熊一虎。同穴而居。
시유일웅일호 동혈이거
이때 곰 한 마리와 호랑이 한 마리가 있어 같은 굴에 살았는데,

常祈于神雄。願化爲人。
상소우신웅 원화위인
항상 신웅[환웅]에게 빌기를 사람이 되기를 원한다고 하였다.

時神遺靈艾一炷。蒜二十枚曰。
시신유령애일주 산이십매왈
이에 신[환웅]이 신령한 쑥 한 심지와, 마늘 스무 개를 주면서 말하길,

爾輩食之。不見日光百日。便得人形。
이배식지 부경백광백일 갱득인형
“너희들이 그것을 먹고, 백일동안 해를 보지 않으면, 다시 인간의 형상을 얻을 수 있을 것이다.”

熊虎得而食之。
용호득이식지
곰과 호랑이는 그것을 받아서 먹었다.

忌三七日。熊得女身。
기삼칠일 능득여신
삼칠일[21일]을 참고, 곰은 여자의 몸을 얻었고,

虎不能忌。而不得人身。
호불능기 이부득인신
호랑이는 능히 참지 못해서 인간의 몸을 얻지 못했다.

熊女者無與爲婚。
웅녀자무여위혼
웅녀는 그녀와 혼인하려는 자가 없어서,

故每於壇樹下呪願有孕。
고매어단수하주원유잉
오랫동안 매일매일 신단수 아래에서 임신하기를 기원했다.

雄乃假化而婚之。孕生子。號曰壇君王儉。
웅내가화이혼지 잉생자 호왈단군왕검
웅[환웅]은 이에 임시로 인간으로 변하여 웅녀와 아들을 낳았는데, 그 이름을 단군왕검이라 하였다.

以唐高卽位五十年庚寅。
이당고즉위오십년경인
중국 요임금이 즉위한 지 50년인 경인년,

唐堯卽位元年戊辰。則五十年丁巳。
당요즉위원면무진 즉오십년정사
요임금의 즉위 원년은 무진년이니, 50년은 정사이지,

非庚寅也。疑其未實 都平壤城。
비경인야 의기미실 도평양성
경인이 아니다. 아마 사실이 아닌 것 같다. 평양성에 도읍을 정하고,

始稱朝鮮。[今西京]
시칭조선[금서경]
처음 조선이라 불렀다.[지금의 서경]

又移都於白岳山阿斯達。
우이도어백악산아사달
후에 다시 도읍을 백악산 아사달로 옮겼다.

又名弓一作方忽山。又今彌達。
우명궁일작방홀산 우금미달
그곳을 궁혹은 방자 홀산 또는 금미달이라 한다.

御國一千五百年。
어국일천오백년
그는 천오백년 동안 나라를 다스렸다.

周虎王卽位已卯封箕子於朝鮮。
주호왕즉위기유봉기자어조선
주나라의 호왕무왕이 즉위한 기묘년에 기자를 조선에 봉하니,

壇君乃移於藏唐京。
단군내이어장당경.
단군은 이에 장당경으로 옮겼다.

後還隱於阿斯達爲山神。
후환은어아사달위산신
후에 아사달에 돌아와 숨어 산신이 되었다.

壽一千九百八歲
수일천구백팔세.
이때 그의 나이 천 구백 팔세였다.[33]

창조 신화_마고할미

단군 신화가 한국의 건국 신화라면 마고할미 신화는 한국 창조 신화의 일종이라고 할 수 있다. 보통 단군 신화가 우리나라의 최초 신화로 알려져 있는데, 이는 모계 사회에서 부계 사회로 패러다임이 전환되면서 그 구조와 골격에 맞게 창조 신화가 재구성되었기 때문이다. 그리고 이러한 현상은 세계 각국의 신화에서도 마찬가지로 나타난다.

마고할미에서 '할미'는 할머니를 의미하고, 할머니는 '어머니의 어머니'라는 뜻의 '큰어머니'를 일컫는다. 그리고 '큰어머니'에는 최초의 어머니라는 뜻이 포함되어 있다. 어머니의 어머니, 그 어머니의 어머니, 또 그 어머니의 어머니 식으로 거슬러 올라가면 결국에는 최초의 어머니와 만나게 된다. 이렇게 볼 때 마고할미는 '한어미'와 일맥상통한다. '한어미'에서 '한'은 '크다', '밝다', '하나', '온전함', '전부' 등의 의미를 포함하고 있고, '어미'는 생명체의 근원 내지 생명 자체를 뜻하기 때문에 '한어미'로서 마고할미는 한민족을 이 세상에 탄생시킨 어머니 신으로서의 자격을 가진다. 말하자면 '마고 할망' 또는 '마고 선녀'로도 불리는 마고할미는 주로 무속신앙에서 등장하는 일종의 지모신이면서 동시에 한민족의 세상을 창조한 신으로도 소개되는데, 바로 이 지점에서 마고할미와 단군의 관계를 재정립할 필요가 있다.

우선 마고할미에 대한 각 지역의 전설을 중심으로 마고할미의 상을 정립할 수 있다. 경기도 용인시 처인구 포곡읍에 있는 세 마을, 즉 마성리와 가실리 그리고 기흥구 동백동의 경계에 위치한 석성산 정상에 할미산성이 있는데, 이 산성에 대한 안내문에는 "마고선녀라 불리는 한 노파가 성을 축성했다는 전설로 일명 할미성이라고 한다."라고 적혀있다. 그런데 할미산성 전설을 좀 더 깊이 들여다보면 처음에는 할아버지와 할머니가 각각 성을 반씩 짓기로 했다는 것을 알 수 있다. 전설에 따르면 할아버지와 할머니는 성을 누가 먼저 짓는지 내기한다. 할아버지와 할머니의 성 짓는 방식이 각각 달랐고 결국 할머니의 성 짓는 모습에 웃음을 참지 못했던 할아버지가 내기에서 진다. 할머니는 앞치마에 돌을 모아 하룻밤 사이에 성을 다 쌓는데, 여기에서 할머니가 엄청난 힘을 소유하고 대단한 능력을 발휘한다는 것을 알 수 있다. 할미산성의 전설에서처럼 마고할미는 '만사를 형통하게 해 주는 신선'으로 자리잡게 되는데, 어떤 사람은 할아버지와 할머니의 내기를 단군과 마고할미의 대결로 보기도 한다.

제주도 전설에는 선문대 할망이라고 하는 여신이 등장한다. 전설에 의하면 이 여신이 한라산을 베개로 삼아 누워 다리를 뻗으면 두 다리가 제주도 앞바다에 있는 관탈섬에 닿을 만큼 거대한 몸집을 가지고 있는데, 바로 이러한 여신의 거대한 몸집이 고대 각국의 창세 신화에 나오는 지모 여신의 거구를 연상시킨다. 할미산성 전설에 나오는 할미가 치마폭으로 돌을 날라 산성을 쌓은 것과 달리 선문대 할망은 치마폭에 흙을 담아 다리를 놓는데, 결국 그 다리는 완성되지 못한다. 그리고 미완성의 흔적이 남제주군 도선면 선읍리의 좌보미 오름으로 남아있다. 선문대 할망의 미완성 다리 놓기와 할망의 불행한 최후에도 불구하고 선문대 할망은 제주도 대모신으로서 창조 또는 수호 여신의 위상을 획득한다.

평양시 강동군 남쪽 구빈마을에 전승되고 있는 전설에 의하면 단군이 거느리는 박달족이 마고가 족장으로 있는 인근 마고성을 공격한다. 단군의 공격에 패한 마고는 일단 마고족에게 후퇴를 명령한다. 그리고 마고는 단군이 이끄는 박달족의 동태를 살피는데, 그때 단군의 박달족에 대한 훌륭한 지도자로서의 면모를 발견하게 된다. 단군이 자신의 부족에게 진심으로 대하고 너무나 잘 대해주는 것을 보고 마고는 진심으로 단군을 존경하게 된다. 그래서 마고는 부하들을 이끌고 단군에게 항복하고 단군은 투항한 마고와 마고 수하의 아홉 장수를 귀한 손님으로 극진히 맞아 융숭하게 대접한다. 그래서 구빈 마을과 왕림 고개가 유래되었다고 한다.

모계 사회의 질서를 유지하고 그 명맥을 유지해 오던 지모신 마고가 부계 사회의 도래와 부계 권력의 부상을 상징하는 단군에게 별 저항 없이 자신의 권좌를 내줌으로써 평화적인 권력이양이 이루어진 셈이다. 이것이 한국의 신화와 문화가 가지고 있는 저력이고 우수성이다. 타문화와 문명권에서는 여신과 남신의 권력이양 과정에 양자 간의 투쟁이 불가피하게 개입된다. 상대가 여신의 남편이든 아들이든, 아니면 남신과 여신이 남매간이든 남신과 여신은 치열하게 싸우고 그 싸움의 승패에 따라 권력이 양도된다.

모계 사회에서 부계 사회로 패러다임이 전환되는 지점에서 남신의 승리가 보장되는 것은 어쩌면 당연한 일이다. 그럼에도 불구하고 수메르와 그리스의 티아마트와 가이아는 마르두크와 제우스에게 자발적으로 권력을 이양하지 않는다. 결국 남신들에 의한 무자비한 공격이 이루어지고, 남신들에 의해 여신이 갈기갈기 찢기는 등, 강압적이고 폭력적인 권력이양이 이루어진다. 그때부터 여성과 남성의 관계는 돌이킬 수 없게 되고 그 이후 여성과 남성을 둘러싼 서구의 대립 구도는 근대화와 더불어 더욱더 첨예화된다.

반면에 마고의 자발적인 의지와 결정으로 권좌를 물려받은 단군은 마고에 대해서 대립적일 이유도, 적대적일 필요도 없다. 마고의 전폭적인 지지를 받으면서 모계 사회의 통치권을 넘겨받은 단군은 홍익인간의 이념 아래 삼경사상을 실천하고 실현하기만 하면 된다. 이전 세력을 축출하는데 에너지를 불필요하게 소모할 필요도 없고 잔재 세력을 견제하는데 시간을 필요 이상으로 낭비할 이유도 없다. 지모신의 넉넉한 품과 하늘신의 영원성과 불멸성을 동시에 내포하고 있는 단군은 '인간을 두루 이롭게 함'으로써 인본주의의 본질을 회복하기만 하면 된다. 단군에게는 땅과 인간을 공경하고 존중하면서 신과 인간과 동식물과 무생물의 수직적인 관계를 청산하는 것이 무엇보다 중요하며, 결국 하늘과 땅에 속한 것들과 인간이 수평적인 관계를 견지함으로써 함께 어울려 조화롭게 사는 것이 단군치국의 궁극적인 목적이 된다.

마고할미는 알고 있다
사라지는 건 없다는 걸
기억조차도 빛의 속도로
세계의 어둔 곳으로 들어가
웅크리고 있을 뿐이란 걸

나뭇가지 끝에서 바람이 흔들릴 때처럼
마고할미의 몸에서
강물들이 흘러나왔다
물방울 하나하나는 얼마나 외로운 것인가
하기사 강물 위로 떨어지는
나뭇잎 하나도 우주다
별빛 한 자락도 우주다
눈물은 아주 느린 속도로
날아간다, 눈물의 마음보다
더 느린 것은 세상에 없다
날아간다, 그래, 날개, 날갯짓

마고할미가 본다
눈물이 또 다른 눈물을
부르며, 어떤 때는 치솟아 오르기도 하고
새벽시간엔 퉁겨져 오르기도 하는 걸
그래, 산다는 것이 끝 모를 밑바닥이다

가끔은 슬픔의 앙금을 남긴다
그리고 어느 순간, 마고할미는
몸을 일으킨다
언제나, 어느 때나 거기 있었다는 듯이
아주 오랫동안 주흘산 너머를
응시해온 것처럼, 마치 봄 너머엔 겨울이
있었다는 듯이, 가을 너머엔 여름이 있었다는 듯이
세상살이는 먼지 풀풀 날리는 길 따라
걸으며, 대운하부동산중개업소 간판을 바라보게 되는 것
마고할미가 말문을 열 때가 있다
알아, 다 안다고
하지만 안다고 다 말할 수
있는 게 아니라고
그러니까 대지가 품고 있는 한숨소리는
침묵보다 무겁다
묵언의 기도행렬이 길게
폐정의 길 따라 이어졌다
걷는다는 게 기도고
걷는다는 게 항의고
걷는다는 게 법문이다

마고할미의 눈가엔 흙빛 주름이 역력했다
쓸쓸한 봄 햇살이
쓸쓸한 나뭇가지에
쓸쓸한 영혼처럼 머물렀다
하지만 아이들은 어느 때고

장난감을 찾고, 그 장난감의 최고는
죽은 것들이 아니라
살아 꿈틀거리는 물고기 같은 거다

마고할미의 한없는 시선 속에
아이들의 웃음소리가 퍼져 나간다
웃음소리는 새 같다
봄 햇살보다도 더 환하게 날아간다
이듬해, 아니 다음 세상이 되어서야
돌아올 지 모르는 웃음소리

안찬수, 「마고할미, 문경에서」[34]

영웅 신화_동명성왕

한국의 영웅 신화 역시 한국 역사와 일정 부분 접점이 있고 공유하는 부분이 분명히 있다. 또한 영웅 신화는 창세 신화의 연장선상에 놓여있다. 고구려, 백제 건국 신화에 등장하는 주몽과 비류, 온조는 천손강림의 방식으로 탄생하는데, 이는 북방의 영웅 신화적 특징에 해당한다. 그리고 신라의 건국 신화에 등장하는 박혁거세와 신라 4대왕 석탈해, 그리고 김알지 등은 알에서 태어나는 영웅으로서 남방 영웅 신화를 대표한다. 한국의 영웅 신화에서 영웅의 탄생 방식은 생명 창조 내지 세상 창조에서 '닭이 먼저인가, 알이 먼저인가?'에 대한 답을 제공하기도 한다.

한국 영웅 신화에서 북방 영웅들의 이야기가 중요한 것은 세계화 시대에 한국인의 정체성을 만들어가고 한 · 중 · 일 삼국의 역사적 인식 내지 쟁점과 관련해서 한국인으로서 주체성을 확보하는데 고구려와 부여의 영웅 신화를 재조명하고 재해석하는 작업이 반드시 필요하기 때문이다. 특히 중국의 동북공정 내지 신화공정에 합리적으로 대응하고 적극적으로 대처하는 방식으로 한국의 역사 속 영웅들의 이야기를 신화적인 측면과 역사적인 측면에서 재구성하는 작업은 더 이상 미룰 수도 피할 수도 없는 일이다. 글로벌 시대에 문화다양성과 다문화주의가 보장되어야 한다고 하면서도 적자생존의 원칙이 여전히 적용되고 약육강식의 원리가 버젓이 통용되는 것이 21세기 국제사회의 실상이다. 따라서 소위 말하는 '우월'한 힘의 폭력성에 대한 방어력과 자생력을 키우기 위해서라도 한국의 북방 영웅들에 대한 이야기를 진솔하게 들려주는 것은 매우 중요하고 우리가 반드시 해야 할 일이다.

고구려의 건국 시조인 동명성왕에 관한 이야기는 신화적으로 영웅 신화의 구조에 충실하고 역사적으로 북방 영웅의 위대함과 업적을 대내외적으로 알리기에 손색이 없다. 우선 탄생에 얽힌 신화적인 측면을 살펴보면 동명성왕 이야기에는 천손 강림과 알에서의 탄생, 동물에 의한 양육, 버려진 아이 등의 신화적인 요소가 총망라되어 있다.

동명성왕의 혈통과 탄생 관련 천손 강림적인 요소는 주몽의 아버지 해모수에게서 찾아볼 수 있다. 주몽은 스스로를 천제라고 칭하는 해모수와 물의 신으로 알려진 하백의 딸 유화부인 사이에서 처음에는 알로 태어난다. 해모수가 북부여의 왕이었다면 해부루는 동부여의 왕이었는데, 해모수와 해부루의 관계에 대해서는 여러 가지 설이 있다. 늙도록 자식이 없던 해부루가 후손 기원 제사를 지내 얻게 된, 말하자면 하늘이 보내 준 아들이 바로 금와이고 이 금와가 해부루의 뒤를 이어 동부여의 왕이 된 후 주몽을 임신하고 있던 어머니 유화부인을 아내로 맞이하면서 주몽의 실질적인 조력자가 된다.

천제 해모수와 유화 사이에 있었던 이야기를 듣고 금와왕은 유화부인을 일단 방안에 가둔다. 방안에 햇빛이 들고 그 햇빛이 유화부인을 따라

다니면서 비추자 유화부인이 해산을 하게 되는데, 뜻밖에 유화부인은 엄청난 크기의 알을 낳는다. 주몽 신화에 난생적인 요소가 결합되는 부분이다. 그리고 그 알은 개나 돼지에게 주어지기도 하고, 길에 버려지기도 하며, 들에 방치되기도 한다. 하지만 그때마다 알이 깨어지거나 손상되기는커녕 지극히 멀쩡했으며 오히려 동물들이 그 알을 온전히 보호한다. 금와왕 자신도 알을 깨기 위해 애를 썼지만 소용이 없었기 때문에 그 알을 다시 유화부인에게 돌려준다. 유화부인이 따뜻한 곳에서 알을 품자 남자아이가 알을 깨고 나왔는데, 이 아이가 바로 동명성왕 주몽이고 '주몽'이라는 이름이 말해주는 바 타고난 명궁이다.

금와왕에게는 친아들이 여러 명 있었지만 친아들이 아닌 주몽이 그중에서 가장 뛰어났기 때문에 금와왕이 주몽을 더 신임했고, 금와왕이 주몽을 지지하고 지원하면 할수록 주몽은 금와왕 친아들들의 시기와 질투 때문에 여러 가지 시련을 견뎌야만 했다. 이 또한 영웅 신화 구조에서 빠질 수 없는 부분이다. 모든 고난과 위험을 극복하고 마침내 주몽은 고구려를 건국하는 영웅적인 위업을 달성한다.

고구려의 기상은 광개토왕의 북방정책과 장수왕의 남하정책에 힘입어 남북으로 뻗고 그 결과 고구려는 5세기에 실제로 동북아시아에서 주도적인 역할을 하게 된다. 이것은 엄연한 역사적인 사실이다. 물론 삼국통일 이후 발해와 고려, 그리고 조선으로 이어지면서 고구려가 누렸던 과거의 영화를 그대로 누리지 못한다. 특히 38선이 생긴 후 중국이 북한을 등에 업고 고구려에 대한 여러 가지 역사적 사실을 왜곡하고 있다. 과거 고구려의 땅이 힘의 논리에 의한 세계사의 재편성으로 현재 중국의 영토가 되었다고 해서 역사적인 사실을 기반으로 하는 우리의 영웅과 우리의 땅, 그리고 우리의 정신마저 중국의 것이라는 논리는 근거도 없고 타당성도 없으며 설득력도 없다.

한국 신화의 힘_석탈해 이야기

동명성왕 이야기가 글로벌 시대 지구 사회에서 대외적으로 우리의 잃어버렸던 목소리를 찾아 제대로 된 우리의 이야기를 합리적이고 설득력 있게 들려주기 위한 장치라면 석탈해 이야기는 문화다양성이 보장되는 21세기 국제 사회에서 국내적으로 우리 스스로 다문화주의 담론의 지반을 형성하고 그 담론에 적극적으로 가담하여 이문화에 대한 포용력과 이문화와 자문화의 공존 및 공생의 기틀을 마련하는데 적합한 문화적 '도구'로서 사용할 수 있는 영웅 신화이다.

석탈해 이야기는 신라의 대표적인 세 가지 성씨 김 · 박 · 석씨 중 석씨의 시조 탈해왕에 관한 것으로서 이 이야기 역시 영웅 신화의 구조를 따른다. 특히 석탈해가 알로 태어나 궤짝에 넣어진 채 버려지고, 어느 할머니가 그 궤짝을 발견해서 열어 보니 그 속에 남자아이가 있고, 그 아이가 성장하면서 영웅적인 기질과 면모를 나타내 보이면서 갖은 시련과 고난에도 불구하고 영웅의 행적을 하나하나 수행하는 것 등은 전형적인 영웅 신화 구조를 형성하는 요소들이다. 석탈해의 이름 역시 이러한 신화적인 요소를 그대로 반영한다. 석탈해의 석은 궤짝이 떠내려 올 때, 까치 한 마리가 울면서 따라 왔다고 해서 까치 '작鵲'자에서 새 조鳥를 떼고 남은 '석'을 성씨로 삼아서 생긴 것이고 '벗겨서 열다'라는 의미의 탈해는 알을 담은 궤짝의 뚜껑을 열었더니 그 속에 알을 깨고 나온 사내아이가 들어있더라고 하는 이야기를 그대로 이름에 담은 것이다. 이렇게 석탈해가 태어나 신라의 세 가지 성씨 중 하나인 석씨의 시조가 된다.

석탈해가 신라의 왕이 되는 과정에서 신라의 포용성과 우리 조상들의 열린 마음을 읽을 수 있다. 기록에 의하면 석탈해는 분명 이방인으로서 신라의 왕이 된 영웅이다. 석탈해의 출생과 관련, 석탈해 부모의 국적에 대해서는 이견이 있는데, 『삼국유사』에서는 석탈해가 용성국왕 함달파와 적

녀국 여왕 사이에서 태어났다는 기록이 있고『삼국사기』에는 일본의 동북쪽으로 1천 리 떨어진 다파나국의 왕과 여국왕의 딸 사이에서 태어났다고 기록되어 있다. 용성국과 다파나국이 중국 중남부에 있는 해안국이든, 서역에 있는 작은 나라든, 아니면 일본의 동북쪽에 있는 나라든, 어쨌든 석탈해가 신라 출신이 아닌 것은 분명하다. 그리고 석탈해가 신라로 오기까지 다른 나라로의 입국이 거부된 정황도 포착되는데, 이러한 모든 것들이 신라가 이방인을 자국민으로 받아들이는 데 다른 주변국들보다 개방적이라는 사실을 입증해 준다.

석탈해가 신라로 넘어와 신라의 왕으로 즉위하는 데는 석탈해의 장인이자 신라 제2대왕인 남해차차웅의 석탈해에 대한 사랑과 믿음이 크게 작용을 한다. 신라의 시조인 박혁거세 치국 말미에 내란이 일어나 박혁거세의 일족을 몽땅 제거해 버리는 사건이 발생하는데, 이때 박혁거세의 적자인 남해만이 살아남는다. 이를 두고 남해가 내란의 주동자로서 아버지를 비롯한 어머니와 나머지 형제들을 다 죽이고 자신이 왕위에 올랐다는 설도 있고, 아버지의 시체를 다섯 조각내는 일을 아들이 도저히 할 수 없는 것으로 보고 용케 살아남은 남해가 반란군의 수뇌를 처치함으로써 신라 제2대 왕으로 추대되었다는 설도 있다. 어쨌든 신라 제2대 왕이 된 남해차차웅의 전폭적인 지지와 후원으로 석탈해는 결국 제4대 신라왕이 된다.

그렇다면 어떻게 해서 석탈해가 장인의 신임을 얻게 되었는가? 이 부분에서 석탈해 이야기에 영웅 신화적인 요소가 가미된다. 박혁거세 시대에 일어난 반란을 무마시키고 왕위에 오르기는 했지만 남해왕 시대에는 가뭄과 홍수 등 자연 재해가 끊이지 않았고 외세의 침입 또한 매우 잦았다. 이때 석탈해가 등장하여 남해왕을 보필함으로써 국가는 위기 상황에서 벗어나고 남해왕은 석탈해를 자신의 아들보다 더 신임한다. 석탈해는 알에서 깨어나 인간이 된, 말하자면 알로 태어나 버려진 이웃 나라 왕자이다. 이방인 왕자가 남해왕에게 발탁되는 데는 한편으로 석탈해보다 먼저 신라에 건너와 있으면서 석탈해의 지략에 의해 자신이 살던 집을 빼앗긴 일본인 호공의 천거가 한몫을 한다. 또한 석탈해의 비범함이 남해왕의 마음을 사로잡는다. 남해왕은 자신의 장녀 아효를 석탈해에게 시집보내 국가의 요직을 맡기고 군사와 경제, 정치 등의 국정을 돌보게 한다.

남해왕의 유언에 의하면 석탈해가 남해왕의 뒤를 이어야 한다. 아들이 아닌 사위에게 왕위를 물려주려는 남해왕의 선택과 관련해서 우리나라 영웅 신화에도 아버지와 아들의 갈등 구조가 존재한다는 것을 알 수 있다. 하지만 부자간 갈등 문제에 접근하고 그 문제를 해결하는 방식에 있어서 우리의 영웅들은 진정한 의미의 영웅적인 면모를 갖춘다. 남해왕의 유언에 따라 석탈해를 왕으로 추대하려고 하자 석탈해는 남해왕의 아들이자 처남인 유리에게 왕위가 계승되어야 한다는 이유를 들어 왕위를 사양하고 유리 역시 아버지의 유언에 따라 석탈해가 왕이 되어야 한다고 하면서 왕위를 석탈해에게 양보한다. 석탈해와 유리는 자신들의 뜻을 절대로 굽히지 않았고, 이에 석탈해가 한 가지 꾀를 내어 결국 유리가 신라의 제3대 왕이 된다.

유리왕은 즉위한 후 아버지처럼 석탈해를 가까이에 두고 국가의 중책을 맡기는데, 석탈해 역시 선왕을 모셨던 것과 마찬가지로 유리왕을 정성껏 보필한다. 그리고 유리왕 임종 시 자기 소생의 왕자가 있음에도 불구하고 처남인 석탈해에게 왕위를 물려주는데, 한편으로는 석탈해가 자신에게 왕위를 양보한 것에 대한 보답의 차원이기도 하겠지만 다른 한편으로는 이것이 바로 남해왕과 유리왕의 영웅적인 위대함이고, 절대 권력에 대한 영웅적인 초연함이며 신라의 포용하는 정신이다. 석탈해 역시 유리왕의 태자에게 왕위를 물려준다.

석탈해의 경우에서 우리는 신라의 이방인 내지 이주민에 대한 열린 마음을 읽어낼 수 있다. 박혁거세를 포함해서 박씨 성을 가진 왕이 전체 10명, 석씨 성의 왕이 8명, 김씨 왕이 38명인데, 박씨로 출발한 신라에서 성씨가 박 · 김 · 석으로 분화된 것도 그러한 개방성을 증명해주는 부분이다.

석탈해가 신라의 세 가지 성이 유래된 시조 중에 한 명이라고 해서 석탈해의 출신 지역으로 추정되는 한 곳에서 신라의 정체성에 대한 의문이나 정통성에 대한 의혹을 제기하면서 신라에 대한 어떤 권리를 부분적이나마 주장한다면, 그것이 바로 역사 왜곡의 시작이고, 그것이 바로 신화가 가지고 있는 힘을 부정적인 측면에서 남용하고 오용하는 행위이다. 하지만 글로벌 시대에 소위 말하는 지구 사회에서 힘의 불균형 상태는 심각하고 약육강식의 먹이사슬 관계는 여전히 유효하다. 그리고 실제로 적자생존의 원칙에 입각해서 서로가 서로를 잡아먹는 일들이 비일비재하게 일어난다.

한국의 신화와 문화가 21세기 탈근대 시대에 저력을 발휘하는 이유가 바로 여기에 있다. 우월한 것과 열등한 것을 선험적으로 구분하고, 양자 간의 투쟁에서 후자에 대한 전자의 승리를 보장하며, 우월한 것의 승리를 위해 폭력까지도 정당화하는 것이 근대 주체중심주의적인 질서의 특징이다. 반면에 우월한 것과 열등한 것의 '차이를 영원히 연기'하고 대립적인 이원성 간의 거리를 지속적으로 좁히면서 상극의 이원성을 상생을 위한 조건으로 만들어 나가는 것이 탈근대가 지향하는 방향이다. 그리고 지금은 근대에서 탈근대로의 패러다임 전환이 이루어지고 있는 공존의 시대이다.

근대와 탈근대가 공존하면서 물과 기름처럼 서로 겉돌기도 하고, 천칭저울의 한쪽이 기운 것처럼 어느 한쪽으로 치우치기도 하며, 같은 용기에 콩과 팥을 담아 뒤흔든 것처럼 서로 뒤죽박죽 섞이기도 한다. 신화와 문화가 본래의 힘을 회복함으로써 혼란스럽고 불확실한 시대의 등대 또는 내비게이션 역할을 해야 하는 이유가 바로 여기에 있다. 이제 신화든, 문화든, 그것들이 가지고 있는 힘을 싸움에서 이기기 위한 수단으로 사용하면 안 된다. 서로가 서로에게 한 약속을 지키는데 그 힘을 사용해야 한다. 그래야만 개인도, 사회도, 국가도, 세계도 함께 수평적인 관계를 유지하며 한데 어우러져 모두에게 아름다울 수 있다.

생각해 볼 문제

1. 한국 신화의 의미와 의의를 찾아봅시다.
    1) 한국 신화의 특징을 서로 이야기해 봅시다.
    2) 한국 신화에서 창조 이야기가 불분명한데, 그 이유가 무엇인지 서로 이야기해 봅시다.
    3) 21세기 한국 신화의 저력이 무엇인지 서로 이야기해 봅시다.

2. 한국의 문화와 관련해서 토론해 봅시다.
    1) 단일 민족의 순혈 문화로서 한국 문화에 대해 토론해 봅시다.
    2) 한국 문화의 중층적인 구조에 대해 토론해 봅시다.
    3) 글로벌 시대 한국 문화의 우수한 잠재력에 대해 토론해 봅시다.

3. 한국 신화를 스토리텔링 해 봅시다.
    1) '홍익인간'을 바탕으로 건국 신화를 스토리텔링 해 봅시다.
    2) 한국의 영웅 신화를 재구성해서 스토리텔링 해 봅시다.
    3) 한국 신화에 나오는 여왕 또는 여신을 한 명 골라 스토리텔링 해 봅시다.

4. 한국 신화와 문화의 우수성을 세계에 알려봅시다.
    1) 한국 신화의 우수성은 무엇일까요?
    2) 한국 문화의 우수성은 무엇일까요?
    3) 글로벌 시대에 상생의 코드로서 한국 문화가 과연 경쟁력이 있을까요?

5. 한국 신화와 문화가 가지고 있는 소중화 사상에 대해 토론해 봅시다.
    1) 한국 신화의 역사화에 대해 토론해 봅시다.
    2) '우월한' 문화로서 한국 문화에 대해 비판적인 관점을 확보해 봅시다.
    3) '도구'로서 한국 문화가 가지고 있는 긍정성에 대해 토론해 봅시다.

주

33. 일연, 『삼국유사』, 김원중 옮김, 서울: 민음사, 2015, 19-21면 번역 참조.

34. "마고할미, 문경에서", 세종신문, 2009. 06. 25.
http://www.yeojufocus.co.kr/sub_read.html(검색일: 2015년 3월 23일)

제3부

제1장
창조 신화 _보편성과 특수성

천지와 만물이 창조되기 전에 모든 것은 혼돈, 어둠, 무질서 상태에 있었다. 혼돈은 모든 것이 뒤섞여 있음을 말하고, 어둠은 그것들의 형체가 드러나지 않음을 의미하며, 무질서는 어떠한 가치판단이나 인위적인 힘이 개입되지 않은 상태를 말한다. 즉 창조되기 전에 모든 것은 본래 있는 그대로 그렇게 '존재'했다.

최초의 신화라고 일컬어지는 수메르 신화에서도 태초에는 하늘과 땅이 섞여 있었고, 그렇기 때문에 높은 곳과 낮은 곳의 구분도 없었으며, 높은 곳이 하늘이고 낮은 곳이 땅이라는 개념 구분은 더더욱 없었다. 수메르 신화에서 최초로 존재하는 것은 남신과 여신, 그리고 남신의 시종뿐이었는데, 남신인 압수와 여신인 티아마트가 뒤섞여 여러 명의 신들이 태어난다. 다시 말하면 수메르 신화에 나오는 신은 절대적이고 전능한 유일신의 개념과는 거리가 있다. 신들의 탄생과 신들의 대립, 그리고 신들의 싸움에 의해 신들의 세계가 구축되고 난 후, 최후의 승리자인 마르두크가 자신을 중심으로 모든 신들이 신들의 역할에 충실하고 신들 상호 간에 균형을 유지하도록 태양계를 엄격하게 통제한다. 그리고 나서 비로소 인간을 포함한 지상의 모든 것을 창조한다.

창세기에서는 우선 하나님이 천지 창조의 주체임을 밝히고, '땅'과 '땅 속', '수면'과 '위'라는 수직적인 공간과 위계를 미리 전제하며, 그중에서 '하나님의 영'이 최고임을 천명한다. '땅이 혼돈하고 공허하며 흑암이 깊음 위에 있'는 상태에서 맨 먼저 빛을 만들고 그 빛을 통해 창조 작업이 이루어진다. 다시 말하면 암흑의 혼돈 상태에 빛이 개입됨으로써 어두움이 사라지고, 모든 것의 형체가 드러나며, 비로소 질서 개념이 생긴다. 카오스와 코스모스, 어두움과 빛의 관계에 있어서 질서와 빛에 의해 혼돈과 어두움이 물러나는 방식이 창세기의 창조 방식이다. 또한 창세기에 의하면 먼저 자연이 생기고, 그 다음에 각종 생명체가 만들어지며, 인간이 맨 나중에 창조된다. 그리고 인간은 창조된 모든 것들에 대한 전권을 위임받는다.

그리스 신화에서 창조는 혼돈을 의미하는 카오스가 우선 땅의 여신인 가이아를 낳은 데서 비롯된다. 가이아는 처녀 생식을 통하여 최초의 하늘신인 우라노스를 낳고 자신의 자식인 우라노스를 남편으로 삼아 또 다른 자식을 낳는다. 그리고 그 자식을 남편으로 삼아 수많은 다른 신을 낳는다. 이렇게 해서 그리스의 열두 신도 탄생하고 그리스 신들의 세계도 형성된다. 그리스 신화에서는 우주도 자연도 가이아의 처녀 생식에 의해, 다시 말하면 땅으로부터 자연 발생하기 때문에 땅이, 여신이 모든 것의 근원이자 원천이 되며, 땅으로부터 비롯되는 모든 것은 동등한 자격과 동격의 위상을 부여받는다. 따라서 그리스 신화에서는 신과 거인과 인간이 엄격한 위계질서를 바탕으로 하는 수직적인 관계를 맺기보다 상호 작용하는 수평적인 관계를 맺으면서 서로가 서로에게 개입하고 서로가 서로의 영역을 넘나든다. 그리스 신화 속 거인 역시 이런 맥락에서 신과 인간을 더 직접적으로 매개한다.

켈트 신화의 창조 이야기는 유럽의 다른 창조 신화와 사뭇 다르다. 켈트 신화에는 여신이든 남신이든 신에 의해 세상과 인간이 창조되었다는 식의 창조 이야기가 빠져 있다. 대신 신들의 종족이 인간이 살고 있는 영역으로 이주해 오거나 인간의 거주 지역을 침략해서 그곳에 눌러 앉는 식으로 인간과 관계를 맺는다. 또한 켈트 신화에서는 신과 인간과 동물, 그리고 미물들의 관계가 지극히 수평적이고 유동적이다. 그렇기 때문에 때로는 신의 존재가 지극히 미약해지기도 하고, 신이 요정의 형태로 축소되어 나타나기도 하며, 인간이 신을 능가하는 힘을 발휘하기도 한다.

게르만 신화의 창조 방식은 또 다른 양상을 띤다. 게르만 신화에 의하면 혼돈으로부터 최초로 태어난 거인 이미르가 사악하고 위협적이었기 때문에 오딘의 삼형제가 이미르를 죽이고 이미르의 시체로부터 세상을 창조한다. 무에서 유를 창조하는 것이 아니라 유를 무화하고 그것으로부터 다시 새로운 것을 만들어 내는 것이 게르만 신화의 창조 방식이다. 그리고 물 위를 떠다니는 두 개의 나무가 인간이 되는데, 이렇게 볼 때 인간의 탄생은 이미르의 죽음 내지 시체와 직접적인 연관이 없다. 신은 죽어 하늘에서, 인간은 태어나 세상의 중심에서 살게 되는데, 세계 창조한 후 오딘이 심었다고 하는 거목 위그드라실이 신과 인간의 사이를 이어준다. 따라서 신과 인간은 한편으로 연결되어 있고 또 다른 한편으로 더 이상 가까워 질 수 없는 일정한 거리를 유지한다. 게르만 신화에 나오는 신들이 인간과 마찬가지로 운명의 지배를 받을 수밖에 없는 이유가 바로 여기에 있다.

이집트에는 수천이 넘는 신들이 있다. 이것은 이집트의 신이 지금까지 언급된 신들과는 근본적으로 다르다는 것을 의미한다. 이집트의 신은 히브리 신처럼 유일하지도, 절대적이지도, 무한하지도 않다. 그렇다고 인간과의 교류가 특별히 긴밀한 것도 아니다. 수천 명의 신들이 존재한다는 것은 시공간적인 변화에 따라 신의 존재가 가변적이 되고, 때가 되면 신의 권위에 변화가 생기며, 왕조에 따라 그때그때 모시는 신이 다르고 다양하다는 것을 말한다. 신들의 숫자만큼 수많은 고대 이집트 신화 중에서 거의 모든 왕조에 걸쳐 전 시대에 등장하는 신이 바로 누다. 태초에 세계에는 하늘의 폭포에서 흘러내리는 물 이외에 아무 것도 없었는데, 이 하늘의 물, 또는 그 물속에 사는 신이 바로 '누'고 이 누 신이 천지 창조를 주관한다. 누와 누트 사이에서 아들과 딸이 태어나고 이 남매가 결합하여 또 다른 아들, 딸을 낳고, 이 남매가 또 결합하여 다른 아들과 딸을 낳는다. 그렇게 해서 역시 남매이면서 부부인 오시리스와 이시스가 호루스를 낳는데, 호루스 탄생 이후 이시스가 모든 신을 지배하는 힘을 갖게 된다. 이런 맥락에서 이집트 창조 신화는 신화의 탈신화화에 의해 잃어버린 여신의 힘과 목소리를 다시 회복하는 장치로서 기능한다.

인도의 창조 신화 버전 중 창조의 신 브라흐마가 씨앗을 발아시켜 이 세상과 만물을 만들었다는 것이 비교적 잘 알려진 이야기이다. 따라서 인도 신화 속의 창조는 혼돈으로부터 무엇이 생겨남으로써 혼돈이 청산되는 것도 아니고, 빛의 작용에 의해 어두움이 물러나는 것도 아니며, 무질서를 질서의 상태로 만드는 것도 아니다. 힌두교의 창조 이야기에 따르면 힌두의 신 브라흐마가 원래 가지고 있던 씨앗이 발아하는 것이 창조의 시작이고 씨앗이 다양하게 분화되는 것이 바로 창조의 과정이다. 그런데 물이 없으면 씨앗이 발아하지 못하기 때문에 창조 자체가 불가능해진다. 인도의 창조 신화에서 물이 곧 창조의 기본 조건이 되기 때문에 인도인들은 물을 생명과 세계, 그리고 만물의 근원으로 생각하고 물을 신성하게 여긴다. 물속의 씨앗이 발아하여 황금알이 되고, 그 황금알 속에서 브라흐마가 탄생하며, 그렇게 탄생한 브라흐마가 그 씨앗으로부터 삼라만상과 인간을 만드는 것이 곧 힌두교의 창조 작업이다. 그렇다면 신이 곧 씨앗이고, 신도 그 씨앗으로부터 비롯되며 신 역시 물이 있어야만 존재할 수 있는 것이다.

중국의 창조 신화에서는 혼돈의 상태가 더 구체적으로 묘사된다. 중국 창조 신화에 의하면 창조 이전의 세상은 계란 속에 흰자와 노른자가 들어 있는 것처럼 한덩어리 혼돈 상태이다. 이러한 혼돈 속에 반고가 갇혀 있다가 스스로 알을 깨고 나오면서 중국의 창조 신화가 시작된다. 반고가 알을 깨고 나오자 알 속에 있던 무거운 것은 아래로 내려가고 가벼운 것은 올라가는데, 이것들이 위아래로 움직이면서 다시 혼돈의 상태로 돌아가려고 하자 반고는 두 팔을 뻗어 위의 것과 아래의 것을 고정시킨다. 이 지점에서 반고의 모습이 게르만 신화의 위그드라실과 겹쳐진다. 온 힘을 다해 하늘과 땅을 분리하고 난 후 지친 반고는 본래의 힘을 회복하지 못하고 죽게 되는데, 반고의 죽음을 통해 삼라만상이 창조되고 반고의 몸이 썩은 그곳에서 인간이 창조된다. 반고의 죽음이 창조의 전제가 되고 반고의 시체로부터 세상이 창조되는 것은 인도의 창조 이야기와 겹치는 부분이다.

일본의 창조 신화에서 세계는 미숙하고 미완성인 채로 둥둥 떠다니는 혼돈의 상태이다. 하늘 세계에 이미 여러 명의 신들이 존재하지만 이 신들은 여전히 몸을 숨기고 있다. 이런 상황에서 이자나기노미코토와 이자나미노미코토라는 남녀 신이 태어난다. 이제 이전의 다섯 신이 혼돈 상태의 국토를 이 두 남녀 신에게 넘겨주면서 창조의 과업을 수행하게 하고 이 두 신은 자신들에게 맡겨진 임무를 수행한다. 또한 이 두 신에 의해 인간이 만들어지는데, 일본 창조 신화에서 남녀 신의 결합 과정이 비교적 구체적으로 묘사된다. 이렇게 신의 창조 작업이 다른 신들의 위임에 의해 결정되는 것과 신들의 인간 창조가 인간의 출산 방식에 의존한다는 것은 그만큼 일본의 창조 신화가 인간의 삶과 밀접한 관계에 놓여 있다는 것을 말해준다. 그리고 바로 이러한 요소가 일본의 창조 신화를 역사화 하는 근거가 되는 것이다.

단군 신화나 마고할미 이야기에서는 무에서 유를 창조하거나, 기존의 유를 무화해서 그 무에서 유를 창조하거나, 아니면 혼돈에 질서를 부여하는 것으로서 삼라만상을 만들어내는 창조 이야기가 종합적으로 등장하지 않는다. 물론 하늘의 아들인 환웅이 곰이 변해 사람이 된 웅녀와 결합해서 인간 단군을 낳았고 그 단군이 한민족의 시조라는 이야기나 거인 마고할미가 특별한 능력과 재주를 발휘하여 한반도에 위치해 있는 어느 특정 지역을 만들었다는 이야기 역시 창조 이야기에 포함될 수 있다. 그리고 이

두 이야기를 합치면 한국의 건국 신화와 창세 신화의 틀이 어느 정도 갖추어지는 것도 사실이다. 하지만 한국 신화에도 소위 말해서 카오스에서 코스모스로의 이동에 해당하는 창조 이야기가 분명히 존재한다. 예를 들어 제주도에서 큰 굿을 할 때 천지를 만들고 하늘과 땅을 연 많은 신들을 모시는 노래부터 시작하는데, 그 노래에 의하면 혼돈, 즉 천지가 혼합되어 한덩어리인 상태에서 창조가 이루어진다. 그리고 창조 작업을 주도하는 자인 '미륵'이나 '도수문장'은 하늘과 땅을 분리하기 위해 그 사이에서 버티고 서 있는데, 이러한 모습이 바로 반고의 모습이기도 하고 위그드라실의 형상이기도 하다.

제2장
위대한 인간 이야기 _영웅과 여왕

영웅 이야기

길가메시와 다시 젊어지는 풀_죽음

"이제 그대가 찾고 있는 영생을 위해 누가 신들을 모이게 할 것인가! 잠깐! 너는 6일 낮과 7일 밤을 잠들어서는 안 된다."

길가메시가 다리 사이에 머리를 끼고 앉자마자 안개 같은 잠이 그를 덮치고 있었다. 우트나피쉬팀이 아내에게 말했다.

"저기를 좀 보시오! 그 사람, 영생을 갈구하던 젊은이를! 안개 같은 잠이 그를 덮치고 있소!"

"그가 일어나도록 건드려보세요. 그가 왔던 길로 다시 안전하게 보냅시다. 그가 떠났던 문을 통해 자신의 땅으로 돌아가게 해줍시다.

"인간은 믿을 수 없소. 당신을 속일 거요. 자, 그에게 줄 빵을 구워 매일같이 그의 머리맡에 두고, 매일같이 그가 누운 날들을 벽에다 적어둡시다."

[…]

"잠이 막 쏟아지는 순간, 당신께서 저를 흔들어 깨우셨습니다."

[…]

"아, 이럴 수가! 저는 어떻게 해야 할까요? 우트나피쉬팀이여, 저는 어디로 가야 합니까? '죽음의 도둑'이 제 육체를 붙잡고 있습니다. 제 침실에는 죽음이 머물러 있고, 제가 발걸음을 떼어놓는 곳마다 죽음이 도사리고 있습니다.!"

[…]

"길가메시, 너는 심히 지친 상태로 이곳에 왔다. 네 땅으로 돌아가는 네게 무엇을 선물할꼬? 네게 비밀을 말해주겠다. 길가메시, […] 식물이 하나 있는데……가시덤불 같은…… 그 가시는 장미처럼 네 손을 찌를 것이다. 네 손이 그 식물에 닿으면 너는 다시 젊은이가 될 것이다."

이 말을 듣자마자 길가메시는 압수로 가는 통로를 열었고, 자신의 다리에 무거운 돌을 묶었으며, 돌에 끌려 물속 깊은 곳까지 내려갔다. 손은 찔렸지만 식물을 움켜잡았다. 발에 묶인 돌을 끊어버리자 파도가 그를 해안가로 쓸어갔다. 길가메시가 뱃사공 우르샤나비에게 말했다.

"우르샤나비, 이건 특별한 식물로 노쇠현상을 막아준다오! 사람은 다시 원기를 찾을 수 있소! 우루크 성으로 이것을 갖고 가서 노인에게 먹여 실험해보겠소. 식물의 이름은 '늙은이가 젊은이로 되다'로 불릴 것이오. 그리고 나는 이것을 먹을 것이며, 내 젊은 시절로 돌아갈 것이오."

그들이 20리그를 가서 음식을 먹었고, 30리그를 가니 밤이 되어 휴식을 취했다. 길가메시는 샘 하나를 발견했는데, 물은 상당히 차가웠다. 그는 샘으로 내려가 목욕을 했다. 그때 뱀 한 마리가 식물의 향기를 맡고 몰래 올라와 그것을 갖고 달아났다. 그 사이 뱀은 외피를 벗었고, 길가메시는 그 자리에 털썩 주저앉아 울고 있었다. 그의 두 뺨에 눈물이 흘러내리고 있었다.[35]

아담의 추방과 카인의 후예_원죄

17아담에게 이르시되 네가 네 아내의 말을 듣고 내가 네게 먹지 말라한

나무의 열매를 먹었은즉 땅은 너로 말미암아 저주를 받고 너는 네 평생에 수고하여야 그 소산을 먹으리라 [22]여호와 하나님이 이르시되 보라 이 사람이 선악을 아는 일에 우리 중 하나 같이 되었으니 그가 그의 손을 들어 생명나무 열매도 따먹고 영생할까 하노라 하시고 [23]여호와 하나님이 에덴동산에서 그를 내보내어 그의 근원이 된 땅을 갈게 하시나라[36]

[1]아담이 그의 아내 하와와 동침하매 하와가 임신하여 카인을 낳고 이르되 내가 여호와로 말미암아 득남하였다 하니라 [2]그가 또 카인의 아우 아벨을 낳았는데, 아벨은 양 치는 자였고 카인은 농사하는 자였더라 [3]세월이 지난 후에 카인은 땅의 소산으로 제물을 삼아 여호와께 드렸고 [4]아벨은 자기도 양의 첫 새끼와 그 기름으로 드렸더니 여호와께서 아벨과 그의 제물은 받으셨으나 [5]카인과 그의 제물은 받지 아니하신지라 카인이 몹시 분하여 안색이 변하니 [8]카인이 그의 아벨에게 말하고 그들이 들에 있을 때에 카인이 그의 아우 아벨을 쳐죽이니라 [15]여호와께서 그[카인]에게 이르시되 그렇지 아니하다 카인을 죽이는 자는 벌을 칠 배나 받으리라 하시고 카인에게 표를 주사 그를 만나는 모든 사람에게서 죽임을 면하게 하시니라 [16]카인이 여호와 앞을 떠나서 에덴 동쪽 놋 땅에 거주하더니 [17]아내와 동침하매 그가 임신하여 에녹을 낳은지라 카인이 성을 쌓고 그의 아들의 이름으로 성을 이름하여 에녹이라 하니라[37]

오디세우스의 방랑_고향

들려주소서. 무사 여신이여! 트로이의 신성한 도시를 파괴한 뒤
그렇게도 오랜 세월 떠돌아다녔던 임기응변에 능한 그 사람의 이야기를.
그는 수많은 도시들을 보았고 수많은 사람들의 마음을 알았습니다.
바다에서는 자신의 목숨을 구하고 부하들을 귀향시키려 했지만
결국 부하들을 구하지 못하고 마음속으로 많은 고통을 당했습니다.
부하들 스스로 못된 짓을 저질러 파멸하고 말았습니다.

그 바보들이 헬리오스 히페리온의 소 떼들을 잡아먹은 탓에
헬리오스 신이 그들에게서 귀향의 날을
빼앗아버렸던 것입니다. 이 일들에 대해 어떤 대목이든,
여신이여, 제우스의 따님이여, 우리에게도 들려주소서!
급박한 위기에서 파멸을 면한 다른 사람들은 모두
전쟁과 바다로부터 벗어나 이제 집에 돌아왔건만
여신들 중에서 가장 고귀하고 존경받는 요정 칼립소가
귀향과 아내를 애타게 그리는 오디세우스를
자기 남편으로 삼으려고 빈 동굴 안에 붙들어두고 있었다.
세월이 흘러 신들이 정해준 귀향의 해가 되었지만
오디세우스는 여전히 고난으로부터 벗어나지 못했고
이타카로 돌아가 가족들과 함께 지내지도 못했다.
모든 신들이 그를 불쌍히 여겼지만 포세이돈만은 그렇지 않았고
신과 같은 오디세우스가 고향 땅을 밟을 때까지
지칠 줄 모르고 오디세우스를 노엽게 했다.[38]

퍼시발과 성배_'성배'

"아니오, 난 비도 천둥도 만나지 못했는데요. 아주 맑고 아름다운 밤이었는걸요. 그렇게 아름답고 고요한 밤은 만나보지 못했다는 생각이 들 정도였어요. 왜 폭풍우 이야기를 하시는 거죠? 말 위에서 졸다가 하늘이 머리 위로 떨어지는 꿈을 꾸신 건 아닌가요?

퍼시발이 소리쳤다. "맞소! 빛을 보지 않았소? 우리 앞에 빛이 있었잖소!"

"빛은 다른 거예요. 그 이유를 말씀드리죠. 이 강 건너 코르베닉이라는 성에 살고 있는 어부왕 이야기를 들어보신 적 있나요? 어부왕께서 어젯밤에 이 숲에 오셨어요. 그 분은 이 숲을 좋아하셔서, 기분이 내키실 때 이곳에 자주 오신답니다. 특히 상처가 견딜 수 없도록 아플 때 오시지요. 어부

왕의 궁전에 성배라고 불리는 아주 귀한 보물이 있다는 걸 아시나요? 성배는 성물이에요. 세상의 모든 부와 아름다움이 그 안에 들어 있어요. 횃불과 촛불이 빛을 잃을 정도로 강한 빛을 내뿜지요. 그 빛은 햇빛보다도 더 밝아요. 어젯밤에 숲속에서 보신 빛은 바로 성배의 빛이었어요. 어부왕께서 숲 한가운데로 가지고 오신 것이지요. 악마가 그 빛을 보면 사람들을 혼란에 빠뜨리는 짓을 할 수 없으니까요. 왕 앞에서 성배를 운반할 때는 길을 밝히기 위한 횃불이 필요 없어요. 어부왕은 자기 소유의 땅을 돌아다니시길 좋아하신답니다. 어부왕은 절름발이시고 불치의 상처로 고통을 겪고 계시지만 훌륭한 가문의 후손으로서, 우리는 그분을 공경하고 경배해야만 해요."

퍼시발의 가슴은 터질 것처럼 쿵쿵 뛰었다. "친구여, 성배에 대해 더 이야기해 주시오. 아무것도 숨기지 말아요. 어부왕의 특권이 무엇인지 말해 주시오. 피 흘리는 창에 대해서도. 나는 그 모든 신비를 찾아서 모험에 뛰어 들었소!"[39]

"멀린! 세상의 비밀을 알고 계시니 말해 주십시오. 제가 어떻게 해야 합니까?"

"두 동강이 난 검을 붙인 다음 성배를 찾아가게."

"그걸 알려주는 건 내가 해야 할 일이 아니야. 퍼시발, 자네는 약속을 잘 잊어버리는군! 아름다운 블로데우웬에게 돌아가겠다는 약속도 잊었고, 아버지의 원수를 갚겠다는 약속도 잊었네. 그런데 이제는 저 아래 장막에 있는 여왕에게 했던 약속도 잊고 있구먼. 이 세상 그 어떤 여인보다도 그녀를 더 사랑하겠노라고 약속하지 않았나?"

"하지만 저는 어떤 여자들을 다른 여자들보다 더 사랑할 수가 없는걸요!"

멀린이 큰 소리로 웃음을 터뜨렸다.

"이제야 그걸 알아차렸군! 하지만 자네는 여왕에게 반해 있지. 자, 퍼시발, 약속을 지켜 여왕에게 돌아가게. 여왕이 몸소 자네를 코토아트르 호숫

가에 있는 고바논의 집으로 데려가 줄 걸세. 나는 자네가 오늘 밤 숲속에서 자다가, 만나는 사람마다 칼부림으로 죽여 버리느니, 여왕과 함께 보내기를 바라네. 퍼시발, 명심하게. 사랑은 증오보다 강하다네. 아직도 자네를 괴롭히고 있는 증오를 완전히 벗어버리고, 사랑 안에서 정화된 존재가 된다면, 그제야 자네는 비로소 사람들이 기다리는 진실한 영웅이 될 걸세. 사랑으로 불 밝혀진 존재가 된다면, 성배의 빛 안으로 들어갈 수 있다네. […] 퍼시발은 말을 돌려 신비한 왕녀가 기다리는 붉은 비단 장막을 향해 떠났다.[40]

니벨룽겐의 노래_금기와 욕심

652 "나에게는 당신의 누이동생 크림힐트가 내 생명보다 더 사랑스런 존재가 되었소. 브륀힐트 왕비도 역시 오늘 밤에는 당신의 아내가 되어야 할 것이오."

653 그는 말했습니다. "마법의 망토를 걸치고 오늘 밤 내가 당신의 침실로 몰래 들어갈 것이오. 그리하여 아무도 나의 계략을 눈치챌 수 없도록 말입니다. 당신은 다만 시종들을 그들의 방으로 내보내기만 하면 될 것이오.

654 그러고 나서 내가 몸종들의 손에 들린 등불을 꺼버릴 것이오. 그렇게 될 때 당신은 내가 방 안에 들어와서 당신을 위해 일하고 있다는 것을 알아차릴 수 있을 것이오. 그런 다음에 나는 당신의 부인을 강제할 것입니다. 그리하여 오늘 밤에는 당신이 그녀와 함께 잘 수 있게 될 것이오. 그렇지 않으면 내가 목숨을 잃게 될 테니까요.

668 지크프리트는 스스로 마치 힘센 왕인 것처럼 행동하였습니다. 양팔로 그는 칭송이 자자한 그 처녀를 안아버렸지요. 그러자 브륀힐트는 그를 침대 밖으로 냅다 내동댕이쳤답니다. 그는 의자 위로 나가 떨어졌는데, 그때 그의 머리가 의자에 부딪쳐 꽝 소리가 났습니다.

675 지크프리트가 그녀를 힘으로 제압할 때까지의 시간이 왕에게는 끝없이 길게 느껴졌습니다. 브륀힐트가 그의 손을 너무나 세게 꽉 조였기 때문에 손톱에서 피가 솟아났으며 엄청난 고통이 그를 엄습했습니다. […]

676 […] 그 힘센 남자는 브륀힐트를 굉장한 힘으로 침대에 눕히고서 짓눌러버렸기 때문에 그녀는 소리를 크게 지르게 되었고 엄청난 고통이 그녀의 전신을 전율케 했던 것입니다.

677 그때 그녀는 허리에 두르고 있었던 허리띠를 풀어 지크프리트에게 묶으려고 했습니다. 그러나 지크프리트는 그녀의 팔다리와 온몸이 우지끈 소리가 날 정도로 저항을 감행했지요. 이것으로 싸움은 끝이 났던 것입니다. 이제 브륀힐트는 군터의 아내가 된 것이지요.

678 그녀는 말했습니다. "고귀하신 왕이시여, 내 목숨을 살려주세요! 내가 당신한테 했던 일을 보상하겠어요. 앞으로는 절대로 당신의 다정함을 거절하지 않겠습니다. 왜냐하면 나는 당신이 여자를 정복할 줄 아신다는 것을 이제 알았기 때문입니다."

679 지크프리트는 이제 옆으로 물러나서 브륀힐트를 눕게 했습니다. 그리고 그는 마치 스스로 옷을 벗으려는 것처럼 행동했지요. 그는 그 고귀한 여왕이 눈치 못 채는 동안에 그녀의 손에서 금반지를 한 개 빼냈던 것입니다.

680 그 밖에도 그는 아주 훌륭한 금몰 장식품인 그녀의 허리띠를 취했습니다. […] 어쨌든 지크프리트는 반지와 허리띠를 그의 아내에게 선사했으며, 나중에 그 일로 인해 그는 속죄하지 않을 수 없었던 것입니다. 하지만 군터와 아름다운 브륀힐트는 이제 나란히 눕게 되었지요.[41]

오시리스와 마아트의 깃털_죄와 벌

1 나의 어머니가 준 나의 심장! 나의 어머니가 준 나의 심장!

[2] 나의 화신인 나의 심장, 나를 의지하고 존재하도록 한 나의 심장이여! 원하옵건대 오시리스 신 앞에서 나에게 어떤 반대도 하지 않기를 바랍니다. 오시리스 신으로부터 나를 데려가지 않게 하십시오. 심장이 계량되는 앞에서 당신의 심장이 탈취당하지 않게 하십시오. 그대는 나의 영혼입니다.

[3] 나의 육체에 거주하는 영혼이여. 당신은 나의 동료를 보살피는 크눔 신이며 우리가 가는 행복한 곳에 나타날 것입니다.

[4] 신에게 나의 평판을 나쁘게 말하지 않기 바랍니다.

[…]

판결이 이렇게 났습니다. 심장이 진리로 판정되었고, 그의 영혼을 시험했습니다. 그의 심장은 진리를 입증했고, 어떤 죄목도 찾을 수가 없습니다. 그는 신전에 바쳐진 곡물을 훔치지 않았고, 사악한 어떤 행동도, 어떤 말도 하지 않았습니다.

[…]

나는 오시리스 앞에 섰습니다. 아니를 소개합니다. 나는 아니에게 '오시리스 아니'의 자격을 부여합니다. 라의 심장은 정직합니다. 토트가 심장 계량 결과를 선포했습니다. 아니에게 케이크와 맥주를 주겠습니다. 아니를 호루스의 영원한 친구가 되도록 허락해주십시오.

[…]

나는 오시리스 군주 앞에 섰습니다. 나에게는 어떤 죄도 없습니다. 나는 상하 이집트의 군주인 오시리스를 경배합니다.[42]

라마와 시타_사랑

자나카 왕은 라마와 락슈마나를 가리키며 비스와미트라에게 물었다. "신의 모습으로 여유만만하고 늠름한 모습으로 서 있는 서로 닮은 두 젊은이는 누구입니까?" 비스와미트라는 그들이 다사라타 왕의 아들들이라고 대답했다. 또한 두 왕자가 자신의 야가를 어떻게 수호했으며 락샤사들을 어떻게 처치했는가를 얘기해 주었다. 그리고는 다음과 같이 말했다. “가능할지는 모르겠지만 당신의 궁전에 있는 루드라의 위대한 활을 보기 위해서 그들은 왔습니다.” 자나카 왕은 그 말의 의미를 알아차리고 기뻐했다. “다사라타의 왕자라면 그 활을 마음대로 봐도 좋습니다. 만일 왕자가 그 줄을 맨다면 내 딸 시타와의 결혼을 승낙할 것입니다. 그러나 이 활을 움직이지도 못하고 되돌아간 왕자들이 수없이 많았습니다. 모두가 실패했지만 만일 왕자가 성공한다면 나는 정말로 기쁠 것입니다. 그리고 나는 내 딸 시타를 그에게 출가시킬 것입니다.” 그런 다음 자나카는 금속상자 안에 신성하게 보관되어 있는 그 활을 가져오라고 시종들에게 명령했다. 그 활은 바퀴가 여덟 개 달린 마차에 실려 왔는데 마치 축제 때의 신전마차 같았다. “나의 조상들이 숭배하는 루드라의 활을 라마에게 주어라.” 라마는 비스와미트라와 왕에게 허락을 구한 다음 벅찬 기대를 안고 모든 시선이 집중되고 있는 금속상자로 향했다. 그는 상자를 열고 가볍게 그 활을 들어 올렸다. 그리고 발가락으로 한쪽 끝을 받치고 활을 구부려 팽팽히 줄을 맨 후에 대단한 힘으로 그 줄을 잡아 당겼다. 그러자 거대한 활은 천둥처럼 요란한 소리를 내며 부러졌다. 그리고 하늘로부터 꽃이 뿌려졌다. 이 광경을 본 자나카 왕은 선언했다. “나의 사랑스런 딸은 라마 왕자와 결혼하게 될 것이다.”[43]

치우와 탁록대전_전쟁

선하고 자비로운 신 염제의 복수를 위하여 치우는 전력을 총동원하기에 이른다. 드디어 치우는 집결된 전군을 이끌고 황제의 영역인 탁록으로 진격하였다. 탁록은 지난 번 황제와 염제가 싸웠던 판천 근처의 땅이다. 우리는 여기서 탁록의 지명을 기억하자. 역사상 최초로 가장 큰 싸움이 벌어진 곳, 그곳이 바로 탁록이기 때문이다. 탁록에서 풍겨 나온 피비린내는 수만 리 밖까지 진동하였고 군사들이 떨어뜨린 병장기가 핏물 위로 둥둥 떠다닐 만큼 이곳에서는 치열한 격전이 벌어졌다. […] 먼저 치우는 도깨비 군단을 앞세워 황제군을 공격하였다. 도깨비 군단은 혼 빼기 작전을 폈다. 신음하는 듯한 이상한 소리를 내서는 황제군을 홀리게 해 갈피를 못 잡게 만들었다. 이에 대항하여 황제는 호각을 크게 불어서 용의 울음소리를 내게 하였다. 도깨비 군단은 용의 울음소리에 그만 혼비백산하여 달아나 버렸다. 황제는 호각 외에도 신기한 북을 만들어 자기 편의 사기를 돋우고 치우군의 기를 꺾어 놓았다. 양군 모두 막상막하의 싸움이었다.[44]

스사노오_의례[45]

아마테라스가 만든 밭두렁을 망가트리고, 도랑을 메우고, 또한 신곡을 식사하는 신성한 어전에 분을 끼얹었다. […] 아마테라스오미카미의 신성한 하타오리바[옷감 짜는 방]에 행차하셔서 신의 의복을 짜게 하고 있는데, 그 하타오리바의 지붕에 구멍을 뚫어 얼룩말의 가죽을 벗겨 떨어트리니 히타오리메[베짜는 여자]가 놀란 나머지 하타오리[베틀]의 북에 성기가 찔려 죽어버린다. 이에 아마테라스오미카미도 이것을 두려워하여 아메노이와토를 열고 그 안에 숨어 버리셨다.[46] […] 밭두렁을 파괴하는 일, 도랑을 메우는 일, 나무로 만든 물의 통로를 파괴하는 일, 연거푸 씨를 뿌리를 일, 남의 밭에 말뚝을 박아 횡령하는 일, […] 살아 있는 말의 가죽을 벗기는 일, 말의 가죽을 거꾸로 벗기는 일, 더러운 것을 뿌리는 일산 사람의 살을 베는 일, 죽은 사람의 살을 베는 일, 살색이 희어진 사람, 혹이 생기는 일, 자신의 어미를 범하는 일, 자신의 자식을 범하는 일, 어미와 자식을 범하는 일, 자식과 어미를 범하는 일, 짐승을 범하는 일, 기는 벌레의 재앙, 번개의 재난, 하늘 나는 새의 재난, 남의 가축을 저주하여 죽게 하는 일, 주문을 외워 남을 저주하는 일 […][47] "나는 너희를 축복한다." 스사노오는 높은 절벽 위에서 멀리 두 사람을 향해 외쳤다. "나보다 더욱 힘을 키워라. 나보다 더욱 지혜를 키워라. 나보다도 더욱…." 스사노오는 잠시 망설인 후 있는 힘을 다해 축복을 기원했다. "나보다 더 행복해라!" 그의 말은 바람과 함께 우나바라 위에 메아리쳤다. 이때 나의 스사노오는 아마테라스와 싸웠을 때보다, 다카마노하라에서 쫓겨났을 때보다 고시의 이무기를 벨 때보다 훨씬 천상의 신들에 가깝고 유유한 위엄에 넘치고 있었다.[48]

환웅과 홍익인간_상생

『고기』에 따르면,
옛날에 환인의 서자 환웅이 있어,
항상 천하에 뜻을 두고, 인간 세상을 몹시 바랐다.
아버지는 아들의 뜻을 알고,
삼위태백을 내려다보매 홍익인간 할 만 한지라,
이에 천부인 세 개를 주어, 내보내서 세상을 다스리게 하였다.

환인은 천상계에서 통치권을 행사하는 존재임이 문맥에서 암시되어 있다. 환인의 세계는 인간계와 대척적 관계에 있으면서 인간세계의 수직 상방에 있다는 점에서, 그리고 홍익인간이라는 통치행위를 하고 있고 통치권자를 증명하는 징표로 천부인을 가지고 있다는 점에서 천상계의 국가임이 드러난다. 이 문맥에서 추출되는 세계상은 천상계와 천하계로 이분된 공간에서 천하계에는 인간들이 살고 있었고 천상계에는 환인의 무리가 살았는데 환인의 무리는 두 세계 사이를 내왕할 수 있었다는 것이다. 그런데 환웅이 인간계에 둔 뜻이 무엇인가는 홍익인간이란 말에 집약되어 있다. 지금까지 홍익인간이란 글자 그대로 세상을 널리 이롭게 한다는 의미로 파악되었다. 그리하여 자기 자신을 위하는 것이 아니고 인간들이 사는 세상을 널리 이롭게 한다고 하여 교육의 이념으로 정립되기도 하였다. 그러나 「단군신화」 문맥에서 홍익인간이라는 의미는 국가를 세워 통치한다는 의미이다. 국가의 권력만이 통치권 안에 인간 세상을 널리 고르게 이익을 줄 수 있다. 통치자가 아니라면 자신의 이익이 우선되는 것은 자연스럽고 정당하며 세상 모든 사람의 이익에 관심을 가질 이유가 없다. 이런 점에서 홍익인간은 통치자의 통치 행위를 다르게 표현한 말이다. 즉 '삼위태백을 내려다보매 홍익인간 할 만 한지라'는 말은 '삼위태백에 나라를 세울 만하다'라는 뜻이다. 문제는 다스리는 사람의 관점에서 통치 철학으로 홍익인간을 내세울 정도의 수준이 어느 시기의 산물이냐 하는 점이다.[49]

여신·여왕·여성이야기

이시타르

오시오, 내 사랑이 되어
당신의 몸을 느낄 수 있게 해 주세요.
당신은 내 남편이 되고,
나는 당신의 아내가!
내가 당신을 위해
라피스 라줄리 금 마차를 준비하고 금 바퀴와 호박 뿔을,
당신은 폭풍의 신들을 볼 것입니다.
힘센 나귀들을.
우리 집 삼목 향기 그윽한 곳에 들어오세요.[50]

하늘의 황소를 만들어 그가 사는 곳에서 그를 죽여주세요.
황소가 길가메시를 삼키게 하세요.

만일 황소를 나에게 주지 않으면 저승의 문을 부수고
큰 밑의 지배자를 세워 죽은 자들이 올라와 산 자들을 삼킬 것입니다.
죽은 자들이 산 자들보다 더 많게 하겠습니다.[51]

하와

1그런데 뱀은 여호와 하나님이 지으신 들짐승 중에 가장 간교하니라 뱀
이 여자에게 물어 이르되 하나님이 참으로 너희들에게 동산 모든 나무의
열매를 먹지 말라 하시더냐 2여자가 뱀에게 말하되 동산 나무의 열매를 우
리가 먹을 수 있으나 3동산 중앙에 있는 나무의 열매는 하나님의 말씀에
너희는 먹지도 말고 만지지도 말라 너희가 죽을까 하노라 하셨느니라 4뱀
이 여자에게 이르되 너희가 결코 죽지 아니하리라 5너희가 그것을 먹는 날
에는 너희 눈이 밝아져 하나님과 같이 되어 선악을 알 줄 하나님이 아심이
니라 6여자가 그 나무를 본즉 먹음직도하고 보암직도 하고 지혜롭게 할 만
큼 탐스럽기도 한 나무인지라 여자가 그 열매를 따먹고 자기와 함께 있는
남편에게도 주매 그도 먹은지라 7이에 그들의 눈이 밝아져 자기들이 벗은
줄을 알고 무화과나무 잎을 엮어 치마로 삼았더라[52]

칼립소

칠 년 동안
당신 위해 내 가진 것 다 바치고
내 신성까지 다 바치고
마음 졸인 시간을 보냈으나
내 사랑도, 내 영원도
당신의 우주 속에서는
너무 풍요로워 부족하니
내 찢어지는 마음

넘치도록 혼자 다스립니다.
당신 갈 길 예비해 드리오니
두고 온 시간과 공간으로 돌아가
무너지는 왕국, 사라지는 사랑 속에서
제한의 화려함을 찾으소서.

신일희, 「칼립소」[53]

이솔데

물 건너 내 님 찾아 예비하고 왔으나
지켜줄 배 위에서 흔들리는 축배
비록 내가 바란 길은 아니라 해도
내 마음 이제 물결 타게 됩니다.

내 군주가 나에게 베푼 은혜 속
견고한 성, 깊은 내실에
내 몸 스스로 가두어도
내 마음은 출렁이며 다른 님 찾습니다.

나를 맞으신 내 군주, 내 주인 위해
이내 몸 한 평생 시간이 다하도록
내 생각 모두 다 바치고 싶은데
내 사랑은 물결 타고 다른 님 찾습니다.

머나먼 처녀림 동굴에서
다른 하늘 아래 펼쳐진 숲까지
주인의 칼이 없는 땅 찾지 못하고

내 군주의 품안에서 다른 님 찾습니다.

최후의 심판일 해 돋으면
죽을 죄 지은 생애 부끄럼 없이
기꺼이 벌 받고 약기운 깨어
물결 갈아 지난 고통 덮으렵니다.

신일희, 「이솔데」[54]

브륀힐트와 크림힐트

크림힐트가 주장했다. "내 남편은 뛰어난 용사이므로, 이 모든 제국이 그의 수중에 있어야만 할 겁니다." "당신과 당신 남편 외에는 달리 사람이 살고 있지 않다면야, 그가 통치할 수도 있겠죠. 하지만 군터 왕이 존재하는 한, 그것은 어쩔 수 없는 일이겠죠." 브륀힐트가 대꾸했다. 크림힐트가 반론했다. "보세요. 그의 모습이 용사들 가운데서 얼마나 탁월하게 보이는지 말예요. 밝은 달빛이 별들 위에서 반짝이는 모습과도 같잖아요." "당신 남편의 모습이 아무리 훌륭하다고 하더라도, 당신의 오라버니인 군터 왕만 하겠어요. 그는 모든 왕들 중에서 단연 뛰어난 왕이지요." 브륀힐트가 대답했다. 이 말이 크림힐트를 격분시켰다. "내가 지크프리트의 업적을 일일이 열거해야만 하나요?" 그녀의 목소리가 커졌다. […] "지크프리트가 어째서 당신을 섬겨야 한단 말인가요!" 그녀가 소리쳤다. "그는 당신 남편보다도 더 고귀하고 막강한 용사예요. 그리고 설령 그가 지크프리트의 군주라고 한다면, 그가 어째서 십 년이 넘도록 공납을 거부하도록 허락했죠? 이제 그만 당신의 오만함을 거두시지요!" "당신의 오만불손함도 그만 둬요!" 브륀힐트가 말했다. "사람들이 궁성에서 당신을 나만큼 존경하는지 안 하는지 보게 될 겁니다." 그들은 화가 나서 부르르 몸을 떨었다. "진정 보게 될 겁니다!" 크림힐트가 상대에게 도전했다. "그렇다면 내가 왕의 부인보다 먼저 성당에 발을 들여놓는 일이 허락되는지 두 왕의 종사들은 결정을 내려야만 할 것이오. 당신은 오늘 내 남편이 당신보다 더 고귀한 신분의 사람이며, 또 일찍이 왕관을 썼던 모든 사람들보다 내가 더 위대한 왕비라는 사실을 알게 될 겁니다." 두 왕의 부인들의 증오심은 화해할 수 없는 지경에 이르고 말았다.[55]

이시스

오시리스의 유해를 실은 배는 비블로스 항구를 출발하여 나일강을 향했다. 비블로스의 육지로부터 점점 멀어져 보이지 않게 되자, 이시스는 가슴속에 솟구치는 비탄을 참지 못하고 마음껏 쏟아냈다. 그녀는 그리운 남편의 운구를 끌어안고 엉엉 울었다. 남편의 얼굴을 보고 싶은 심정도 더욱 강해졌다. 배가 망망대해로 들어가서 주위에 구름과 파도만이 남게 되자 이시스는 흑단나무 상자의 뚜껑을 열었다. 남편의 모습은 전혀 변하지 않았다. 마지막 작별할 때의 모습 그대로였다. 그러나 이미 많은 사람들이 추앙했던 부드러운 목소리는 들을 수 없었다. 왕은 평화로운 모습으로 눈을 감은 채 누워 있었다. 그녀는 일어나서 남편의 차가운 얼굴에 입술을 갖다 대었다. 이윽고 나일강에 이르자 이시스는 사공에게 명령하여 배를 연안에 대도록한 후, 왕의 운구를 끌어내려 깊은 숲속에 숨겨놓았다. 그리고는 왕의 운구 옆에서 왕의 부활을 기다렸다. […] 이시스는 세트의 눈을 피해 계속 장소를 바꿔가며 델타의 숲 속을 배회했다. 태양신 라는 하늘에서 이시스의 모습을 지켜보고 있다가 마침내 그녀를 보호하기 위해 길 안내자인 아누비스를 파견하였다. 한편 이렇게 도망다니는 중에 이시스는 유복자를 낳아 이름을 호루스라 짓고 사람들 눈에 띄지 않도록 키웠다.[56]

시타

"훌륭한 말씀을 하신 다르마의 전지자시여! 아내는 남편과 다른 길을 걸어야 하고 남편의 소임은 아내의 것이 될 수 없으며 아내는 거기에 참여할 권리가 없다고 한 말씀이 제게는 이상하게 들립니다. 저는 결코 그 말씀을 받아들일 수 없습니다. 저는 당신의 행운도 나의 것이라고 생각하며, 당신께서 숲 속으로 가셔야 한다면 그 명령은 역시 당신의 한 부분인 시타를 포함하는 것이라 여깁니다. 숲 속으로 가는 길에 당신 앞에 서서 당신의 발을 보호하기 위해 가시밭길과 험한 길을 제가 먼저 걸어갈 것입니다. 저를 고집 센 여자라고 생각하지 마십시오. 저의 아버지와 어머니는 다르마를 가르쳐주셨습니다. 당신이 나에게 말했던 것은 저의 부모가 저에게 가르쳤던 것과 너무나 상반된 말씀입니다. 어디라도 당신과 함께 가는 것이 저의 유일한 행로입니다. 당신이 오늘 숲 속으로 가야 한다면 저도 함께 갈 것입니다. 이 일에 관한 한 어떠한 논의의 여지도 없습니다. 제가 숲 속 생활을 참을 수 없을 것이라고 생각하지 마세요. 당신과 함께라면 즐거운 여행이 될 것입니다. 저는 당신에게 어떠한 부담을 안겨주지 않을 것입니다. 저도 당신처럼 과일과 나무뿌리를 먹을 것이고 우리가 함께 가는 길에 뒤지지 않을 것입니다. 저는 당신과 함께 숲 속으로 갈 것을 오래 전부터 희망해 왔으며 커다란 산맥과 강을 보며 즐거워할 것입니다. 강에서 목욕을 하고 매일 의식을 올리면서 새들과 꽃 속에 묻혀 보낼 것입니다. 당신과 헤어진다면 저는 신 자체에 대해 관심을 갖지 않을 것입니다. 당신이 저를 남겨두고 떠난다면 저는 죽고 말 것입니다. 당신이 저도 함께 데려가 주기를 애원합니다. 저를 불쌍히 여기소서. 저를 버리지 마십시오."[57]

여와

지상에 인류가 존재하게 되니, 이제 여와는 자신의 작업[황토와 물을 섞어 사람을 만드는 작업과 넝쿨을 진흙탕에 넣고 적신 후 한바탕 휘둘러서 사람을 만드는 작업]을 끝내도 좋게 되었다. 그러나 그녀는 어떻게 하면 인류를 계속 생존시켜 나갈 수 있을 것인가 하는 문제를 생각하였다. 인류는 죽어야만 하는 것으로 되어 있는데, 한 무리가 죽고 나면 새로 또 한 무리를 만들어야 한다는 것이 너무나 골치 아픈 일이었다. 그래서 여와는 남자와 여자를 짝지어서 스스로가 그들의 자손을 만들어내고 키우는 책임을 지도록 하였다. 인류는 이렇게 이어져 내려와 나날이 그 수가 더욱 많아지게 된 것이다. 여와는 인류를 위하여 혼인 제도를 만들어 내었다. 남녀를 서로 짝지어 주는 인류 최초의 중매인이 되니, 후대의 사람들은 여와를 고매로 추앙하였다. 고매라는 것은 신매, 즉 혼인의 신이라는 뜻이다. 사람들이 이 혼인의 신에게 제사를 올릴 때 그 의식이 매우 성대하였다. 교외에 제단을 쌓고 사당을 세워 '태뢰'의 예돼지 · 소 · 양 등 세 가지 제물을 모두 갖춰 제사 지내는 것로 그녀를 모셨다. 또 해마다 음력 2월이 되면 여와를 모신 사당 근처에서 성대한 잔치를 베풀어 온 나라 안의 남녀들이 서로 만나서 즐겁게 놀도록 해주었다. 그러다가 남녀 쌍방이 뜻이 서로 맞으면 별다른 의식이 필요 없이 자유롭게 결혼하여, 달과 별이 빛나는 하늘을 장막으로 삼고 푸른 풀이 깔린 대지를 침대로 삼을 수 있었으니, 누구도 그들의 행동을 간섭할 수가 없었다. 이런 것을 일컬어 '하늘이 맺어준 짝'이라고 하였다. 성대한 잔치 기간 동안에는 신을 모시는 아름답고 신기한 음악과 춤이 있어서 남녀 모두가 즐겁게 실컷 놀 수 있었다. 또 결혼을 했으나 아이가 없는 사람들도 다투어 사당에 찾아와 신께 아이를 점지해 달라고 빌었으므로 혼인의 신은 삼신할머니 노릇까지 하게 되었다.[58]

이자나미

거기서 이자나기가 그의 아내 이자나미에게 "너의 신체는 어떻게 생겼는가?"라고 묻자 이자나미가 "나의 신체는 갖추어 완성되어 아직 완성되지 않은 곳이 한 군데 있습니다."라고 답했다. 다시금 이자나기가 "나의 몸은 갖추어 완성되고 남은 곳이 한 군데 있다. 그러므로 내 신체의 남는 곳으로 네 신체의 부족한 곳을 찔러 막아 나라를 낳으려고 생각하는데 네 생각은 어떤가?"라고 말하자, 이자나미는 "네, 그것이 좋겠습니다."라고 말했다. 이렇게 두 신은 교합해서 아이를 낳는데, 여자인 이자나미가 먼저 말을 걸어 남자인 이자나기를 유혹했기 때문에 실패한다. […] 이렇게 실패하자 둘은 하늘에 올라가 천신의 지시를 청하였다. 그러자 여자가 먼저 유혹하는 말을 했기 때문에 좋지 않았다며 처음부터 다시 시작하라고 가르쳐주었다. 그렇게 해서 8도가 생겼다. […] 신들을 낳는 과정에서 이자나미가 마지막으로 불의 신을 낳다가 음부에 화상을 입고 죽게 된다. 그러자 이자나기는 "사랑스러운 나의 처 미코토요, 당신은 자신을 자식 하나와 바꾸려고 하는 것인가!"라고 한탄하며 허리에 차고 있던 칼로 불의 신을 베어버렸다. 그렇게 죽은 불의 신 몸에서 여러 신이 화생한다.

이자나기는 지하의 세계로 처 이자나미를 뒤쫓아가 "사랑스런 나의 처 미코토여, 나와 당신이 만든 나라는 아직 다 만들어지지 않았다. 그러니까 돌아왔으면 한다."라고 말했다. 그런데 이자나기가 약속을 어기고 '구더기가 우글우글 들끓고 있는' 이자나미의 모습을 보았기 때문에 이자나미는 화를 내며 돌아오지 않았고 남편인 이자나기를 살해하려 했다. 그러자 이자나기는 목욕재계를 하며 신들을 출현시키는데, 그때 아마테라스와 츠쿠요미, 스사노오가 탄생한다. 그러자 이자나기는 "나는 아이를 계속 낳다보니 끝에 가서 삼주의 귀한 자식을 얻었도다."라고 말하며 기뻐했다. […] 그것으로 나라를 낳는 일이나 신을 낳는 일이 끝난다. 이자나미는 황천에서 돌아오지 않았고 이자나기는 은퇴를 했기 때문에 두 신의 나라 만들기는 미완성으로 끝난 셈이다. […] 그리고 그 나라의 완성은 이자나기와 이자나미가 탄생시킨 신들이 스스로 움직이는 것에 맡겨진 것이다.[59]

웅녀

> 이때 곰 한 마리와 호랑이 한 마리가 있어 같은 굴에 살았는데,
> 항상 신웅환웅에게 빌기를 사람이 되기를 원한다고 하였다.
> 이에 신환웅이 신령한 쑥 한 심지와, 마늘 스무 개를 주면서 말하길,
> “너희들이 그것을 먹고, 백일동안 해를 보지 않으면, 다시 인간의
> 형상을 얻을 수 있을 것이다.” 곰과 호랑이는 그것을 받아서 먹었다.
> 삼칠일을 참고, 곰은 여자의 몸을 얻었고,
> 호랑이는 능히 참지 못해서 인간의 몸을 얻지 못했다.
> 웅녀는 그녀와 혼인하려는 자가 없어서,
> 오랫동안 매일매일 신단수 아래에서 임신하기를 기원했다.
> 웅환웅은 이에 임시로 인간으로 변하여 웅녀와 아들을 낳았는데,
> 그 이름을 단군왕검이라 하였다.

이 부분은 단군신화를 신화이게 하는 부분이면서 또한 신화적 해석에 다양한 주장이 제기된 부분이기도 하다. 지금까지 이 부분에 대해서 역사학계에서는 환웅을 도래한 농경민의 수장으로 보고 웅녀를 곰을 토템으로 하는 선주한 어렵부족으로 보아 환웅의 천신 숭배 집단과 웅녀의 곰 토템 부족이 하나의 통치집단이 되는 것으로 해석하였다. 구체적으로 환웅의 집단인 북몽골족과 웅녀 집단인 고아시아족의 통합에 의해 한민족의 원형인 한·예·맥이 형성되는 것으로 보았다.

이러한 연구에서 확인되는 것은 환웅의 집단이 농경 집단이면서 부계 사회였다는 것이며 웅녀의 집단은 수렵민이었고 모계 사회였다는 것이다. 그리고 곰이나 호랑이는 각기 동물을 토템으로 하는 집단을 나타내는 존재로 이해했다는 것이다. 그런데 이 부분에서 지금까지 주목하지 않았던 것이 일광금기에 대한 부분이다. 대체로 환웅의 집단은 천신 숭배 집단이라는 데 합의하고 있다. 그런데 천신은 태양신과 같은 개념으로 사용되기

도 한다. […] 주몽 신화에서는 유화가 일광을 받고 잉태하여 주몽을 출산한다. 여기서 일광은 해모수의 분신으로서 태양을 숭앙하는 해모수 집단을 나타낸 것으로 볼 수 있다. 그렇다면 일광을 기피하여 인간이 된 웅녀가 출산한 단군은 주몽과는 다른 성격의 집단을 대표하는 존재라고 볼 수 있다. 고구려 건국 신화에서 해모수 집단과 단군 집단은 서로 도읍터를 쟁탈하기 위해 각축을 벌였다. 해모수는 태양 숭배 집단이 분명하다. 그렇다면 일광 금기는 해모수 집단과의 접촉을 엄금한 것이라는 해석이 가능하다.[60]

주

35. 김산해, 『최초의 신화 길가메쉬 서사시』, 서울: 휴머니스트, 2015, 307-313면.
36. 큰 글 성경 편찬위원회, 「창세기」, 3장, 『큰 글 성경』, 서울: 아가페출판사, 2008.
37. 위의 책, 「창세기」, 4장.
38. 호머, 『오디세이아』, 천병희 옮김, 고양: 숲, 2006, 23-24면.
39. 장 마르칼, 『아발론 연대기』, 제6권: 성배의 기사 퍼시발, 서울: 북스피어, 2005, 298-299면.
40. 위의 책, 378-379면.
41. 작자 미상, 『니벨룽겐의 노래』, 허창운 옮김, 파주: 범우사, 1990, 175-181면.
42. 서규석 편저, 『사자의 서』, 파주: 문학동네, 1999, 201-202면.
43. C. 라자고파라차리, 『라마야나』, 허정 옮김, 서울: 한얼미디어, 2005, 78-80면.
44. 정재서, 『정재서 교수의 이야기 동양 신화』, 서울: 황금부엉이, 2004, 180-182면.
45. 민병훈 역저, 『일본의 신화와 고대』, 서울: 보고사, 2005, 26면에서 민병훈은 마츠리 즉 축제에 대해 "일반적으로 악신들의 악행에 대해서 신성한 질서를 회복하기 위하여 하는 행위"라고 개념 규정한다.
46. 위위 책, 25면.
47. 위의 책, 28면.
48. 위의 책, 40-41면.
49. 서대석, 『한국신화의 연구』, 서울: 집문당, 41-42면.
50. 조철수, 『수메르 신화』, 파주: 서해문집, 2005, 367면.
51. 위의 책, 368면.
52. 큰 글 성경 편찬위원회, 앞의 책, 「창세기」, 3장.
53. 신일희, 『유한의 빛』, 대구: 계명대학교출판부, 1999, 89면.
54. 위의 책, 97면.
55. 작자미상, 『니벨룽겐의 노래』, 218-221면.
56. 서규석 편저, 앞의 책, 72-73면.
57. C. 라자고파라차리, 앞의 책, 147-148면.
58. 위앤커, 『중국신화전설 1』, 전인초 · 김선자 옮김, 서울: 민음사, 2001, 68-69면.
59. 코우노시타 카미쯔, 『고사기와 일본서기』, 권오엽 · 권정 역, 서울: 제이앤씨, 2005, 58-61면.
60. 서대석, 앞의 책, 48-49면.

제3장
문명과 문명의 만남

고대 근동에서 그리스·로마로

일반적으로 메소포타미아에서 인류 최초의 국가가 등장한 것으로 알려져 있다. 이런 의미에서 수메르는 메소포타미아 중의 메소포타미아이다. 수메르 문명이 세상에 알려지기 시작한 것은 19세기 후반 프랑스와 미국 탐사대의 메소포타미아 지역 발굴 작업에 의해서이다. 설형문자로 쓴 점토판과 각종 청동 조각상, 그리고 둥근 통 모양의 인장 등이 해독되면서 그때까지 존재 여부조차 몰랐던 수메르 문명이 그 정체를 찬란하게 드러낸다. 수메르 법전은 바빌로니아의 함무라비 법전보다 앞서고 수메르의 양원제는 그리스 민주주의보다 먼저 운영되었다. 상형문자에서 설형문자로 진화한 수메르 문자를 채택한 아카드어가 고대 사회의 국제어가 되었고, 바빌로니아와 아시리아, 페르시아에서 계속 사용되다가 페니키아 문자와 그리스 문자를 거쳐 오늘날의 알파벳이 된다.

기원전 5000년경 티그리스 강과 유프라테스 강 '사이'에서 농경 생활을 하면서 태동한 수메르 문명은 기원전 3000년경 두 강 사이 전역에 도시 국가를 건설할 정도로 성장한다. 문명의 발달은 그때나 지금이나 양날의 검

일 수밖에 없다. 도시 문명이 꽃피는 이면에는 여러 가지 부작용이 생기기 마련이고 강력해진 도시들 간의 분쟁도 불가피해진다. 최초로 메소포타미아 전역을 통일한 사르곤 왕B.C. 2334-B.C. 2279의 아카드 제국과 아카드 제국 이후 이민족에 의한 분열을 수습하고 제국을 재통일한 우르남무의 우르 제3조 시대B.C. 2112-B.C. 2004까지 수메르는 전성기를 누리다가 기원전 2004년 엘람족의 침입을 받고 역사의 무대에서 사라진다.

수메르 멸망 후 메소포타미아 지역에서는 바빌로니아와 아시리아가 주도하는 오리엔트 문명이 전개된다. 사르곤 1세와 2세를 거치면서 팔레스타인과 이집트를 아우르는 신아시리아 제국을 탄생시킨 아시리아와 함무라비 왕 통치의 고바빌로니아가 번갈아가며 존속하다가 바빌로니아의 칼데아 왕조가 바빌론에서 아시리아인을 추방한다. 결국 기원전 612년에 바빌론을 수도로 하는 신바빌로니아 제국이 건설되면서 두 제국은 신바빌로니아에 흡수된다.

신바빌로니아 왕국은 기원전 605년 이집트와의 전투에서 결정적인 승리를 거두고, 시리아와 팔레스타인을 정복했으며, 특히 네부카드네자르 2세B.C. 605-B.C. 562때에는 예루살렘을 함락시킨다. 이때가 바로 신바빌로니아 제국의 전성기에 해당한다. 신바빌로니아의 수도 바빌론은 자연스럽게 당시 중동 지역의 핵심적이고 전설적인 대도시가 된다. 하지만 네부카드네자르 왕 이후 신바빌로니아는 급격히 쇠퇴한다. 바빌론 신 마르두크의 사제들과 왕의 첨예한 대립이 제국의 몰락을 가속화시키는데, 결국 기원전 539년 신바빌로니아는 페르시아에 의해 멸망한다.

페르시아의 다리우스 1세B.C. 550-B.C. 486는 바빌로니아 정복자인 키루스 대왕의 유지를 받들어 제국을 인더스 강 유역에서 서아시아와 지중해 동부, 이집트까지 확장시킨다. 기원전 6세기 말 페르시아 왕궁 페르세폴리스에는 28개 민족을 다스리는 다리우스 1세에게 조공을 바치기 위해 모여든 사람들로 붐빈다. 다리우스 1세를 비롯한 페르시아 왕들은 피정복자들에 대한 포용 정책이 결국 거대한 페르시아 제국의 초석을 닦는 일이라고 판단했는데, 페르세폴리스 왕궁 곳곳에서 아시리아와 바빌로니아, 그리고 이집트 양식의 건축물 또는 조각품을 발견할 수 있다.

전성기 때 다리우스 1세는 그리스 본토 침공을 계획하고 실행한다. 그 당시 아테네와 스파르타의 동맹 관계가 확고하지 못했기 때문에 아테네가 중심이 되어 페르시아의 공격에 맞서는데, 이 마라톤 전투에서 아테네가 승리한다. 본국으로 철수한 페르시아는 10년 후 크세르크세스의 선두 지휘 하에 훨씬 큰 규모로 그리스 본토를 재침공한다. 그 사이에 그리스도 스파르타 중심으로 30여 개의 도시 국가가 대규모의 동맹을 맺는다. 스파르타가 육군 지휘권을 아테네가 해군 지휘권을 가지고 페르시아의 침공에 대적한다. 페르시아 육군은 테르모필라이에서 이틀 동안 그리스 군을 공격하고 많은 병력을 잃는다. 하지만 그리스의 한 반역자 때문에 테르모필라이 전투에서 스파르타 왕 레오니다스는 전사한다. 한편 페르시아와 그리스의 해전에서는 양쪽 다 많은 전함을 잃는다. 결국 그리스 군이 살라미스 해협에 함대를 배치하고 후퇴하는 척하면서 페르시아 함대를 유인해 페르시아 해군을 대파한다. 크세르크세스는 살라미스 해전에서 그리스 군에게 대패한 후 귀국하여 하렘에서 칩거하다가 기원전 465년 살인집단에게 죽임을 당한다. 그리고 기원전 448년경에 아테네와 그 동맹국 및 페르시아 왕 아르타크세르크세스 1세B.C. 465-B.C. 425 사이에 협정이 맺어진다.

페르시아 아케메네스 왕조의 마지막 왕인 다리우스 3세B.C. 380-B.C. 330때 페르시아는 마케도니아 알렉산드로스B.C. 356-B.C. 323 왕의 대대적인 공격을 받는다. 알렉산드로스의 아버지 필립포스 2세B.C. 382-B.C. 336 치하 때 마케도니아는 그리스 변방의 작은 왕국에 불과했다. 하지만 필립포스의 아들인 알렉산드로스가 아버지의 계획에 걸림돌이 되는 아테네를 물리치고 코린트동맹스파르타를 제외한 모든 그리스 국가들이 마케도니아 왕 필리포스 2세의 주도에 따라 코린트에서 B.C. 337년에 결성한 동맹의 맹주가 됨으로써 그리스 전체를 손아귀에 넣겠다는 필립포스의 계획은 실현된다.

필립포스의 갑작스러운 죽음 이후 기원전 336년, 스무 살의 알렉산드로스가 그리스 북부 마케도니아 왕국의 왕으로 즉위한다. 알렉산드로스는 우선 오랫동안 내분을 겪고 있던 폴리스 세계를 정복한 후 페르시아 원정길에 오르는데, 페르시아의 다리우스 3세와 마케도니아의 알렉산드로스, 이 두 지배자가 이수스에서 강을 사이에 두고 맞붙는다. 수적으로는 페르시아 군대가 그리스 군보다 월등하게 많았지만 이수스 전투에서 다리우스 군대는 페르시아 군대의 공격에 제대로 된 반격도 한번 못해보고 항복한다. 이수스 전투에서 패배한 후 다리우스 3세는 알렉산드로스를 회유하고 최상의 조건으로 협상을 제안하지만 알렉산드로스는 이를 거절하고 기원전 331년, 4만의 그리스 동맹군을 이끌고 25만의 페르시아 군대를 공격한다. 결론적으로 다리우스 3세는 알렉산드로스의 상대가 되지 못했고 두 차례의 전투에서 모두 패배함으로써 페르시아 제국을 알렉산드로스에게 내어준다.

이제 알렉산드로스는 페르시아 각 지역에 자신의 이름을 딴 도시 알렉산드리아를 건설하여 경제적인 발전을 도모하고 그리스인들 역시 앞을 다투어 페르시아로 향한다. 서아시아와 이집트 지역의 알렉산드로스에 그리스인이 몰리고, 폴리스의 생활 양식과 문화가 전파되며, 상공업과 무역 또한 눈부시게 발전한다. 그리고 그 지역은 학문, 특히 자연과학의 중심지로서 후에 이슬람 학자들이 이슬람 과학을 꽃피우는 터전이 된다. 이렇게 그 지역이 그리스화 되어 광범위한 헬레니즘 세계를 구축하는데, 여기에서도 번영과 빈곤, 문명과 미개라는 동전의 양면이 공존한다는 것을 우리는 명심해야 한다. 다시 말하면 헬레니즘의 광명은 페르시아로 이주해 온 그리스인이나 그리스인과 손잡은 몇몇 소수 원주민의 몫이고 혹독한 노동이나 무거운 세금에 시달리는 그 밖의 원주민들은 헬레니즘의 광명에 가려져 있거나 암흑 속에 갇혀있었다.

기원전 323년 6월 알렉산드로스 대왕이 죽은 뒤 즉위한 왕들은 지지부진했고, 귀족들은 권력다툼에 혈안이 되어 있었으며, 알렉산드로스 대왕이 생전에 추진했던 계획들은 하나같이 중단된다. 결국 기원전 311년 프톨레마이오스B.C. 367경-B.C. 283는 이집트와 키프로스를, 안티고노스B.C. 382경-B.C. 301는 아시아를, 리시마코스B.C. 360경-B.C. 281는 트라키아를 수중에 넣으며 카산드로스B.C. 350-B.C. 297는 알렉산드로스 4세가 성년이 되는 기원전 305년까지 마케도니아와 그리스를 차지하게 된다. 그러다가 기원전 3세기 중엽에는 마케도니아와 시리아, 그리고 이집트가 헬레니즘 시대의 3대 세력 중심지가 되는데, 마케도니아의 필리포스 5세B.C. 238-B.C. 179와 시리아의 안티오코스 3세B.C. 242경-B.C. 187, 그리고 이집트의 프톨레마이오스 4세 필로파토르B.C. 244경-B.C. 205가 각각 새로운 군주로 등극한다.

기원전 264년부터 146년에 걸쳐 로마는 세 차례의 포에니 전쟁, 즉 카르타고와의 전쟁을 치르고, 기원전 215년부터 148년까지 마케도니아와 네 차례의 전쟁을 치른다. 기원전 146년경 로마는 카르타고를 멸망시키기로 작정하고 그리스를 속국으로 삼을 것을 결정한다. 로마는 테살리아를 침략한 자칭 마케도니아 왕을 처형시키고 마케도니아를 로마에 복속시키는데, 처음에는 그리스인들과 로마인들 사이에 충돌이 있었지만 차츰 그리스 동맹은 와해되고, 그리스의 민주주의는 폐지되며 권력은 부자들의 전유물이 된다.

기원전 2세기에서 1세기 사이 이집트와 시리아에서는 불미스러운 일이 자주 일어난다. 이때 이집트는 그래도 여전히 부유했고 계속해서 남쪽으로 영토를 확장하고 있었다. 시리아에서는 내분이 끊이지 않았는데, 기원전 130년과 129년 사이에 재결집한 파르티아인들이 왕을 죽이고 왕의 영토를 탈취한 후 시리아 왕국은 쇠퇴하기 시작했고 주변국으로부터 도전을 자주 받았다. 기원전 67년 로마의 폼페이우스B.C. 106-B.C. 48는 세계사에서 그 유명한 동방 정벌을 시작하는데, 이때 시리아와 유대가 로마 속주로 합

병되어 로마의 식민지가 된다. 그리고 그 후 그리스 세계도 로마의 지배를 받게 되고 이집트도 로마의 수중에 떨어진다.

기원전 48년, 율리우스 카이사르B.C. 100-B.C. 44와 폼페이우스가 테살리아의 파르살루스에서 대결하고 안토니우스B.C. 83-B.C. 30와 옥타비아누스B.C. 63-A.D. 14가 트라키아의 필리피에서 브루투스B.C. 85-B.C. 42 및 롱기누스B.C. 85-B.C. 42와 대결하는데, 그 중심에 이집트의 프톨레마이오스 왕조 마지막 왕 클레오파트라 7세B.C. 69-B.C. 30가 있다. 세계 정복의 야욕을 품고 있던 클레오파트라는 자신의 목적을 달성하기 위해 로마의 권력자와 결혼을 해야만 했다. 그래서 클레오파트라는 카이사르를 유혹하여 아들까지 낳고 그 다음에는 안토니우스를 사랑의 포로로 만든다. 하지만 세계의 패권은 카이사르 아우구스투스라는 칭호를 받은 옥타비아누스에게로 넘어간다. 알렉산드로스 대왕의 후계자들이 다스렸던 마지막 왕국 이집트는 결국 이렇게 로마에게 정복된다. 그리고 로마는 아우구스투스 황제의 통치 하에 200여 년간 팍스 로마나*Pax Romana* 아우구스투스가 내란을 수습하고 제정을 수립한 때부터 약 200년간 지속된 로마의 평화 시대를 구현한다.

로마가 지중해 일대의 패권을 장악하고 대제국으로 성장한 기원후 1세기 초반에 유대 땅 베들레헴에서 예수가 탄생한다. 예수는 유대교의 선민사상을 전면 부정하면서 신 앞에서는 만민이 평등하고 누구든지 하나님에 대한 믿음과 이웃에 대한 사랑을 실천하면 구원을 받을 수 있다고 가르친다. 로마의 빌라도 총독에 의해 예수가 십자가에 못 박혀 죽은 이후, 예수의 제자들은 예수를 크리스트, 즉 구세주로 믿고 예수의 가르침을 각지로 전파한다. 로마 제국이 위기를 맞이하는 3세기 이후 약자 편에 서 있는 크리스트교의 세력은 엄청나게 확산된다. 이에 로마 제국이 기독교를 대대적으로 박해하지만 그 세는 좀처럼 누그러지지 않는다. 마침내 313년, 콘스탄티누스 황제가 크리스트교를 공인하고, 공인된 지 80여 년 만에 크리스트교는 로마의 국교가 된다. 이로써 로마 제국은 크리스트교가 세계 종교로 성장할 수 있는 요람이 되고 헬레니즘과 헤브라이즘이 공존하면서 이후 서구 문명을 지탱할 두 기둥을 주조해 내는 용광로가 된다.

크리스트교를 국교로 삼은 후 황제의 권력을 중심으로 재기를 꿈꾸던 로마 제국이 375년 중앙아시아 유목민 훈족의 침략을 피해 라인강과 도나우강 북쪽에서 남쪽으로 대거 이동한 게르만족 때문에 다시 한 번 큰 위기에 봉착한다. 게르만족의 대이동으로 말미암아 서로마 지역의 게르만화가 급속도로 진행되는데, 말하자면 서로마 지역이 프랑크족과 반달족, 동고트족과 서고트족, 그리고 랑고바르드족 등으로 이루어진 게르만족 지역으로 바뀌고, 강력했던 로마 군단이 게르만족 출신의 용병들로 재편성된다. 결국 로마는 동서로 분리되고 방어능력이 없던 서로마 제국은 결국 476년에 멸망한다.

| 쉬어가는 코너 |
흉노족? 훈족?

중국 한나라B.C. 206-A.D. 220 때 유라시아에서는 최초의 기마군단인 스키타이에 이어 흉노 기마군단이 최초의 스텝제국을 세워 한나라가 세워지기 이전부터 초원지대를 장악하고 있었다. 흉노는 튀르크와 몽골, 만주와 퉁구스 등 소위 말하는 알타이족들을 중심으로 형성된 부족 연합체이다. 기원전 4세기 말 중국 전국 시대에 중국을 위협하기 시작하면서 흉노족이 역사에 등장하는데, 이들의 침략에 대비해 진나라가 기원후 221년에 만리장성을 구축하기에 이른다.

흉노 제국을 세운 선우 투멘에 이어 선우 묵돌B.C. 234-B.C. 174이 중국 북방 최대의 유목 민족 국가를 수립한 후 기원전 201년과 199년 사이에 중국을 침략하는데, 결국에는 한고조를 굴복시키고 매년 중국이 흉노에 조공을 바치는 조건으로 중국과 화친조약을 맺는다. 묵돌의 군사 원정 결과 흉노 제국의 영토는 만주 지방과 아랄해, 바이칼호, 그리고 티베트 고원에 이르기까지 확장된다.

기원전 174년 묵돌이 사망하자 그의 아들 노상 선우가 등극하고, 군신 선우가 그 뒤를 잇는데, 군신 선우 때부터 흉노가 약해지기 시작한다. 이를 틈타 후한의 광무제는 중앙아시아의 교역로를 확보하기 위해 당시 비단길을 장악하고 있던 흉노와의 화친을 깨고 흉노 정벌에 나선다. 이후 흉노는 제국 내 갈등이 심해지면서 남과 북으로 분열된다. 중국으로부터의 경제적인 지원이 중단되고 비단길에 대한 통치력을 상실함으로서 흉노는 기원후 155년 선비족과 연합한 중국 후한에 의해 멸망한다.

이렇게 아시아의 역사 무대에서 사라진 흉노족이 4세기에 훈족이라는 이름으로 유럽에 나타나는데, 물론 흉노족이 훈족이라고 하는 것에는 이론의 여지가 있다. 375년에 훈족은 흑해 북안의 동고트족을 무찌르고 이어 다뉴브강 하류의 서고트족을 위협하는데, 서고트족의 일부가 훈족의 압박을 피하여 남쪽으로 이주하는 것이 계기가 되어 게르만 민족의 대이동이 시작된다.

비잔틴 문명과 이슬람 문명

비잔틴 문명

476년 결국 서로마 제국은 멸망하고 동로마 제국만이 살아남는다. 동로마 제국은 수도를 콘스탄티노플로 옮기고 비잔티움 제국으로 거듭 태어나 유일한 로마의 계승자이자 크리스트교의 지배자로 행세한다. 유스티니아누스 대제483-565는 「로마법 대전」을 완성하고, 제국을 종교적으로 통일했으며, 북아프리카 반달 왕국과 이탈리아 동고트 왕국을 멸망시켜 로마 제국의 옛 명성을 되찾기도 했다. 새 모습으로 단장하고 웅장한 모습을 드러낸 이스탄불의 성 소피아 성당이 유스티니아누스 대제의 위세에 대한 상징이다. 유스티니아누스 황제 사망 후 비잔티움 제국은 7세기 전반에 사산 왕조 페르시아의 침략을 받고 이어 아라비아 반도 이슬람 세력의 공격을 받지만 결국에는 살아남아 10세기경에 다시 한 번 황금기를 맞이한다.

서로마 제국이 멸망한 후 크리스트교 유일의 문명국으로서 비잔티움 제국은 그리스 · 로마 문화와 전통을 계승하고 보존하여 이를 이슬람 세계와 서유럽으로 전파한다. 하지만 서유럽에서는 비잔티움 제국을 자신들과 상관이 없는 제국으로 여기고 로마 교황도 비잔티움 황제로부터 독립하고 싶어 했는데, 결국 로마 교회와 비잔티움 교회는 각각 로마 가톨릭 교회와 그리스 정교회로 분리된다.

서로마 제국 땅에 자리 잡은 대부분의 게르만 왕국들은 오래지 않아 멸망하지만 갈리아 지방의 프랑크 왕국은 예외적으로 지속적인 발전을 한다. 프랑크 왕국의 제상 카롤루스 마르텔688-741은 732년 이슬람 군대의 침략을 물리침으로써 크리스트교를 이슬람으로부터 지켜내고 그의 손자 카롤루스 대제742-814는 로마 교황으로부터 서로마 황제로 인정받는다. 비잔티움 황제의 항의에도 불구하고 로마 교회와 프랑크 왕국이 이렇게 연대함으로써 로마 제국을 계승한 또 하나의 문명 세계가 서유럽에서 그 서막을 연다. 하지만 카롤루스 대제 사후 프랑크 왕국은 동 · 서부, 중부로 분열되고 훗날 각각 독일과 프랑스, 이탈리아가 된다.

9세기에서 10세기에 걸쳐 마자르족과 이슬람 세력, 그리고 바이킹족이 서유럽을 침략해 온다. 그중에서 노르웨이와 덴마크의 바이킹족이 서유럽

지역을 휩쓸면서 서프랑크 왕국에 눌러 앉고, 스웨덴의 바이킹족은 동쪽 슬라브족을 공격해서 키예프 공국을 세우는데, 이 키예프 공국이 후에 러시아로 발전한다. 거의 1세기에 걸쳐 이민족의 침략을 받고 그것을 수습하는 과정에서 10세기 중반 서유럽 지도의 판도는 상당히 바뀐다. 특히 오늘날의 프랑스에 해당하는 서프랑크에서 소위 말하는 봉건 제도가 도입되고 동프랑크 왕국과 영국 등지로 파급되는데, 이로써 서유럽은 정치적인 분열과 종교적인 통일이 공존하는 본격적인 중세로 접어든다.

11세기 로마 가톨릭 교회는 영주의 세력권으로 나뉜 서유럽을 통합시키는 구심점으로 작용하는데, 1077년 카노사의 굴욕 사건으로 황제에 대한 교황의 권위가 확보된다. 이민족의 침입으로 어수선했던 9세기 이후 막대한 토지와 재산을 보유하고 있던 교회는 황제나 국왕, 영주의 보호를 받는데, 이들이 성직자의 임면에 개입하면서 자격 없는 성직자를 임명함으로써 교회는 점점 타락한다. 그리고 이에 대한 반성으로 11세기에는 교회 개혁 운동이 일어나는데, 카노사의 굴욕 사건도 그러한 맥락에서 일어났다.

1095년 교황 우르바누스 2세1042-1099는 아랍인이 아닌 투르크인으로서 이슬람의 새 주인이 된 셀주크족을 성지인 예루살렘으로부터 몰아내기를 촉구하면서 십자군 전쟁의 포문을 연다. 1096년의 제1차 십자군 전쟁을 시작으로 1270년까지 총 일곱 차례 십자군 전쟁이 일어나는데, 13세기 말 결국 서유럽의 패배로 십자군 전쟁이 끝난다. 십자군 전쟁을 통해 교황과 기사의 힘이 크게 약화된다. 서유럽은 국왕 중심의 국가 체계를 마련할 수 있게 되고 비잔틴 제국과 이슬람 세계와 접촉함으로써 문화적, 경제적으로 자극을 받게 된다.

이슬람 문명

서아시아에서는 아케메네스 왕조의 영광을 되찾기 위해 이란인들이 세운 파르티아 왕조B.C. 250-A.D. 227와 사산 왕조 페르시아227-642가 차례로 흥망하면서 독자적인 문명을 형성한다. 사산 왕조의 페르시아는 로마와 중국 간의 무역을 중개하면서 동 · 서 교역로를 장악하고 있었는데, 전시에는 교역로를 봉쇄하여 로마를 압박하고, 평화 시에는 동 · 서 무역을 통제하면서 이익을 극대화할 수 있었다. 특히 호스로우 1세 치하531-579때 페르시아는 비단길뿐만 아니라 페르시아 만에서 인도양에 이르는 바닷길까지 장악하여 동 · 서 무역을 독점하였다. 그 결과 중국과 인도는 물론 비잔티움 제국과 돌궐에서도 페르시아로 사신을 보내 교류하였고, 이들 국가로부터 오는 모든 물자들이 페르시아에서 거래되었으며, 그리스의 철학과 자연과학, 인도의 문학 작품, 이슬람의 『아라비안나이트』 등도 소개, 번역되고 수집되었다.

기원전 92년에 파르티아 페르시아와 로마가 최초로 접촉하고, 로마 공화정 말기에 양국 간 전쟁이 처음 일어나며, 비잔틴 제국과 사산 왕조 사이에도 전쟁은 이어진다. 그리고 6세기 페르시아와 로마 간 대립은 아라비아 반도에 새 물결을 일으키는데, 양국 간의 전쟁으로 교역로가 막힐 경우 상인들은 지중해에서 홍해를 거쳐 인도양으로 가는 뱃길을 안전한 교역로로 생각한다. 그리고 그것마저 여의치 않은 경우 메디나에서 아라비아 반도를 횡단하여 인도양으로 가는데, 상인들과 외국인들의 왕래로 인해 교역로인 아라비아에 수많은 물품이 모였고, 종교와 학문, 문자 등 다양한 문화들이 소개되었으며 메카나 야스리브 같은 도시가 급속도로 발달하였다.

메카에서는 상인이었던 무함마드570-632가 신의 계시를 받고 새로운 종교인 이슬람교를 개창한다. 유일신 알라에 대한 절대 복종과 신 앞에서의 만민 평등을 주장한 무함마드는 622년 귀족들의 박해를 피해 야스리브로 피신한다. 이슬람에서는 이를 헤지라라고 하며 이 해를 이슬람의 기원 원년으로 삼는다. 630년 무함마드는 마침내 메카를 탈환하고 이어 아라비아 반도 전체를 통일한다. 무함마드 사후에는 이슬람 공동체의 최고 권력자이자 종교지도자인 칼리프의 시대가 이어지는데, 칼리프 시대는 팔레스타인과 시리아, 이집트, 페르시아 등을 정복하면서 영토를 확장한 정통 칼리프 시대와 이후 세습 칼리프 시대로 나뉜다.

661년 4대 정통 칼리프인 알리가 살해당한 뒤 메카의 귀족 우마이야 가문에서 칼리프가 나오고 그때부터 칼리프는 세습되는데, 세습 칼리프 시대의 칼리프는 제국의 황제에 버금가는 존재가 된다. 우마이야 왕조661-750 때 이슬람 세계는 동서로 중앙아시아와 북인도, 북아프리카와 이베리아 반도까지 영토를 확장하고 콘스탄티노플을 세 번이나 공격한다. 이 시기에 수도 다마스쿠스를 비롯해서 메디나와 예루살렘 등지에 아랍 색채를 띤 이슬람 문화가 확산되고 아랍어가 그리스어와 페르시아어를 대신해서 공용어가 된다.

8세기 중반, 한편에서는 마지막 정통 칼리프를 따르는 사람들이 시아파를 만들어 우마이야 왕조의 정통성을 부인하고, 다른 한편에서는 우마이야 왕조에 반대하는 아랍인과 페르시아인이 연합해서 아바스 왕조750-1258를 세운다. 아바스 왕조는 옛 페르시아 지역인 바그다드를 수도로 삼아 유럽과 아시아를 아우르지만 실제로는 바그다드의 칼리프와 바그다드 칼리프를 부정하는 후우마이야 왕조 칼리프, 파티마 왕조의 칼리프에 의해 분할 통치된다. 10세기에는 페르시아계 부와이 왕조932-1055가 최초의 시아파 왕조로서 바그다드를 정복하고 이때부터 아바스 왕조 칼리프는 종교적 권위의 상징적인 존재가 된다.

에스파냐에 있던 이슬람 후우마이야 왕조756-1031에서는 이슬람, 비잔티움, 그리스 문화가 섞인 수준 높은 문화가 형성된다. 예술과 학문의 도시로 유명한 수도 코르도바에서는 학자들이 이슬람 신학과 그리스 철학을 연구했는데, 이를 뒷받침하는 것으로서 라흐마 1세 때부터 만들기 시작한 대大 모스크와 알 하캄이 세운 대규모 도서관 등이 있다. 뿐만 아니라 후우마이야 왕조에서는 아랍인과 유럽인, 이슬람교도과 크리스트교도가 서로 어울려 공존할 수 있었다.

정통 칼리프 알리와 무함마드의 딸인 파티마 사이에서 태어난 후손만이 칼리프가 될 수 있다고 믿는 시아파가 세운 파티마 왕조909-1171는 4대 칼리프인 알 무이즈 치하에서 이집트와 모로코를 포함한 북아프리카 지역 대부분을 장악하고 시리아까지 세력을 넓힌다. 그리고 969년 이집트를 무혈 정복한 후에 수도를 카이로로 옮긴다. 파티마 왕조의 칼리프는 우마이아 왕조나 아바스 왕조 칼리프에 비해 종교적인 권위가 강했고 카이로에 있는 알 아즈하르 모스크는 이슬람 신학의 중심지가 된다.

지중해와 인도양을 하나로 묶는 이슬람 세계는 말 그대로 전 세계를 무대로 정복 활동과 상업 활동을 했고, 그 결과 전 세계의 우수한 문화들이 다양하게 이슬람 세계로 흘러든다. 아바스 왕조의 수도 바그다드는 유럽과 아시아를 잇는 동 · 서 무역의 중심지가 되고 세계의 시장으로 부상하면서 10세기에 인구 150만이 넘는 세계 최대의 도시가 된다. 바그다드에는 중국으로부터 온 자기와 비단, 종이, 인도산 향신료, 중앙아시아로부터 온 보석과 유리, 스칸디나비아 반도산 모피, 그리고 아프리카산 상아 등 전 세계의 특산물들이 차고 넘쳤다.

11세기 중반까지 이슬람 세계의 주인은 무함마드와 그 후계자인 아랍인들이었는데, 이제 투르크인이 이슬람 세계의 새로운 주인으로 등극한다. 1055년 투르크인 토그릴 베그1037-1063(재위)가 셀주크족을 이끌고 와서 바그다드를 점령한다. 이때 바그다드에는 아바스 왕조의 칼리프가 통치하고 있었는데, 칼리프는 토그릴 베그에게 술탄이라는 칭호를 부여한다. 이제 서아시아에서는 칼리프가 종교적인 권위를 상징하고 술탄이 실질적인 제왕으로 군림한다. 서아시아 이슬람 세계를 재통일한 셀주크 투르크는 비잔티움 제국의 영토 아나톨리아 반도를 차지하고 비잔티움의 황제를 체포한다. 그리고 이것이 계기가 되어 십자군 전쟁이 일어난다.

시리아와 이집트의 무슬림들이 십자군과 전쟁을 벌이고 있는 동안 동쪽에서는 몽골 칭기즈 칸의 군대가 쳐들어오고1162-1227 1258년에는 칭기즈 칸의 손자 훌라구1258-1265(재위)가 바그다드를 점령한다. 바그다드를 지배하게 된 몽골은 이슬람으로 개종하고 훌라구가 세운 일 한국은 서아시아와 중앙아시아, 러시아, 중국에 이르는 몽골 제국의 한 부분이자 이슬람 제국의 수호자가 된다. 뿐만 아니라 이슬람은 북아프리카와 서아프리카로 전해져 그곳의 문화와 뒤섞여 독특한 이슬람 문화를 만들어 낸다.

실크로드 문명_동·서양을 잇다

기원전 7세기 중후반에 서아시아에 스키타이라는 이름이 처음 등장한다. 기원전 8세기 말부터 7세기에 이르기까지 서아시아에는 아시리아 외에도 신흥 국가들이 많이 생기는데, 그때 이미 독자적인 문화를 가지고 있었던 스키타이는 메디아와 동맹을 맺고 아시리아와 맞서고 있었다.

기원전 4세기경 흑해 북부 연안에서 후기 스키타이 문화가 발달하고 있을 때, 카스피해 북방 초원에서는 사르마타이라는 새로운 유목민의 세력이 발흥한다. 이 사르마타이족은 여인국인 아마존의 여전사들과 스키타이 청년들 사이에서 태어난 것으로 알려져 있다. 아마존국의 법에 의하면 아마존 여전사들은 종족 번식을 위해 전쟁에서 포로로 데리고 온 남성들과 동침을 한다. 그래서 낳은 아이가 아들이면 아버지와 운명을 같이하게 하고 딸이면 아마존국의 여전사로 키운다. 돈 강 유역에 사르마타이 문화 유적들이 분포해 있고 그 당시에 대국인 중국이나 로마와 교류한 흔적도 있다.

중국이 통일 제국을 꿈꾸던 기원전 3세기 후반, 북방 초원에서도 흉노가 동호와 월지를 제압하고 나머지 군소 집단을 장악함으로써 통합의 기운이 감돌았다. 흉노의 묵특 선우가 동호와 월지를 정복한 여세를 몰아 만

리장성 이북에 있던 초원의 유목민을 하나로 통합한다. 그때 마침 한나라가 중국을 통일했기 때문에 양국 간 충돌은 불가피했고, 그때부터 중국과 북방 유목민과의 대립구도가 형성되기 시작한다.

흉노에 이어 선비가 몽골의 초원지대를 지배하는데, 1세기경 북흉노 세력을 흡수하면서 강력하게 부상한다. 선비의 단석괴가 선비계 부족을 통합한 후, 사방으로 위세를 떨치는데, 북쪽 이민족의 침입을 막으면서 남쪽으로는 후한의 북쪽 변방을 약탈하고 동쪽의 부여와 서쪽의 오손을 물리친다. 그 결과 선비는 흉노에 버금가는 위세를 떨치게 되는데, 비교적 중국 문화와 친숙해진 선비는 이후 중국 본토의 역사에 깊이 개입하게 된다.

3세기 말에서 4세기 초, 진대에서 일어난 팔왕의 난291-306에 일어난 서진의 내란. 군사력 강화를 이유로 여덟 명의 왕이 흉노와 선비를 비롯한 유목민을 중국 역사에 끌어들임을 계기로 흉노계와 선비계 유목민들이 중국의 중부까지 진출해서 독자적인 왕조를 세우게 되는데, 이렇게 해서 5호 16국 시대가 열린다. 진나라 멸망316 후 중국에서는 동진이 중국을 지배하는데, 이 시기에 동아시아 지역에서 기마 유목민의 침략에 의한 민족 대이동이 이루어진다.

4세기 중반 실크로드 서쪽에서도 훈족으로 불리는 기마 유목민이 카스피 해와 흑해를 습격하고 375년에 흑해 북쪽에 살고 있던 게르만 계통의 동고트 왕국을 침략함으로써 소위 말하는 게르만 민족의 대이동이 촉발된다. 376년에는 오늘날 루마니아 지역의 서고트에 압박을 가하는데, 서고트의 주류들이 로마의 발렌스 황제에게 로마 제국의 영내로 들어가게 해 줄 것을 요청하는 과정에서 훈족이라는 이름이 처음으로 로마에 알려진다.

4세기 말에서 5세기 초에 걸쳐 훈족은 중부 유럽뿐만 아니라 카프카스 산맥을 넘어 로마 제국 동쪽 끝과 사산조 페르시아까지 약탈을 위한 원정을 감행하는데, 특히 블레다 사망 후 아틸라406-453 단독 지배 하에서 훈족은 맹위를 떨친다. 아틸라는 카스피 해에서 발트 해에 이르는 대제국을 건설하고, 447년 이후 서로마 영내로 침입하며, 451년에 서로마-서고트 연합군과 프랑스 북부에서 격돌한다. 이때 서고트 왕이 전사하고 훈도 큰 타격을 입는데, 아틸라의 갑작스러운 사망으로 제국도 맥없이 무너진다.

6세기 중엽 이후 투르크계 유목민은 점점 더 세를 확대하여 몽골 고원 북부에서 카스피 해 연안까지 영토를 확장한다. 이 무렵 철륵이라는 이름으로 중국 사서에 등장하는 이들의 또 다른 이름은 돌궐이다. 철륵과 돌궐을 구분하자면 전자는 투르크계 유목민에 대한 총칭이고 후자는 투르크계 유목민 중 특정 민족이 세운 나라의 이름이다. 돌궐은 무한553-572때 몽골 고원에서 카스피 해 북쪽 연안까지 세력을 뻗는데, 남쪽으로 유연의 잔당을 축출하고, 동쪽의 거란과 북쪽의 키르기스를 차례로 정복하며, 서쪽으로는 투르판 분지와 오아시스 정주지, 그리고 소그디아나의 여러 도시를 정복한다. 무한과 타발572-581(재위), 사발략이 대카간으로 즉위하지만 대카간과 소카간들 사이에 대립은 계속되고 거기다 수나라가 돌궐의 분열을 지속적으로 책동했기 때문에 사발략 이후의 카간들은 수나라 말기까지 수나라의 신하 국으로서 책봉을 받는다.

동돌궐의 힐리620-630(재위) 카간이 이제 막 건국된 당나라를 자주 침략했지만 동돌궐 내부 분열과 철륵계 부족들의 반란, 그리고 변덕스러운 날씨 등으로 말미암아 목적을 달성하지 못한다. 결국 630년에 힐리가 당에 항복함으로써 동돌궐돌궐 제1제국은 종말을 고한다. 이후, 당의 '기미지배'로부터 벗어나고자 했던 쿠틀룩이 중심이 되어 돌궐이 다시 한 번 일어서는데, 그 이후를 돌궐 제2제국이라고 한다. 빌게 카간의 사후 돌궐 제국은 붕괴하기 시작하여 745년 돌궐 최후의 카간이 살해됨으로써 결국 멸망한다.

9성九姓철륵이라 불리는 아홉 부족 가운데 하나가 위구르족인데, 이들이 돌궐을 물리치고 최종적으로 몽골 고원의 패권을 장악한 것으로 알려져 있다. 당나라가 안사의 난755-763을 겪고 있을 때 위구르가 당나라에 도움을 주는데, 이것을 명분으로 삼아 한때 위구르가 장안과 뤄양에서 약탈을 자행하기도 한다. 위구르가 건설한 도성이나 대규모의 농업활동, 지배

계층의 정주화, 그리고 약탈에서 교류로의 전환 등으로 미루어 볼 때 위구르는 분명 이전의 유목 국가들과 다른 면모를 보인다.

당나라가 혼란에 빠지면서 중국 본토를 넘보는 유목민들은 약탈의 범위를 넘어 정복을 꿈꾼다. 그중에 거란족의 야율아보기가 요하 상류 몽골 고원 동쪽 초원에 살던 거란족을 통합하여 나라를 세우고 이름을 요나라로 바꾼다. 요나라의 목표는 중국 본토를 장악하는 것이었고, 실제로 송나라와의 대립에서 요나라가 승리를 거둔다. 유목민으로서 최초의 정복 왕조를 세운 요나라는 동 · 서 교역을 활발하게 하였는데, 그 결과 요나라가 서방에 '키타이'로 알려져 있다.

여진족 아구타가 흩어진 부족들을 결집해서 요나라와 싸워 이긴 후 이름을 금이라고 바꾼다. 금나라를 세운 여진족은 원래 발해의 일족인 말갈족으로서 만주 동쪽에서 유목 생활을 하면서 고려와 국경을 접하고 있었다. 요나라에게 빼앗겼던 연운 16주를 되찾기 위해 전략적으로 금과 손을 잡은 송나라가 요를 차지한 후 금을 배신했기 때문에 금나라가 송나라의 수도를 점령한다. 이로써 화북 지방 전체가 금나라의 수중에 들어가고 향후 150여 년간 중국에는 화북의 금과 강남의 남송이라는 두 나라가 서로 대치한다.

13세기 초까지 몽골 고원에는 통일 정부가 들어서지 못하고 있었는데, 그 이유는 고비 사막 남쪽의 요나라와 금나라가 강력한 정권의 출현을 의도적으로 방해하고 있었기 때문이다. 12세기 후반에 몽골 고원 각지에는 투르크-몽골계 유목 집단들이 여기저기 나뉘어져 각축전을 벌이고 있었는데, 그 무렵 몽골 공원 동북부에 있던 비교적 규모가 작은 집단에서 테무진이 태어난다.

1205년 테무진이 반反테무진 연합 세력을 물리치고 몽골 고원 전 지역을 거의 통합하는데, 그 공로를 인정받아 1206년 칭기스 칸으로 추대된다. 호라즘 샤조의 군주 무함마드를 추격하다가 카프카스 산맥을 넘어 흑해 북방의 칼가 강변에서 러시아 연합군과 만나 이들을 물리치는데, 이것이 몽골이 유럽에 가한 최초의 충격이다. 1223년 다시 서하 정벌에 나선 칭기스 칸은 1227년 음력 8월 15일에 파란만장한 생을 마감한다.

테무진 사후 테무진의 셋째 아들 우구데이가 명실상부한 몽골의 대칸이 된다. 우구데이는 1235년 몽골 고원 중앙부에 수도 카라코룸을 건설하는데, 카라코룸은 금나라 정복 후 새롭게 세워진 제국의 위상에 걸맞은 도시이다. 우구데이 치하의 몽골 제국은 군사적인 확장과 정복지 경영이라는 두 마리 토끼를 잡는다. 한편으로 국가 통치 기구의 정비를 위해 위구르인을 임명하고, 호라즘 출신의 무슬림을 등용하며, 키타이족과 여진족에게 핵심적인 행정 업무를 맡기고 다른 한편으로 1237년 러시아의 여러 공국을 정복하고, 1240년에는 키예프를 함락시키며, 1241년에는 폴란드-독일 연합 기사단과 헝가리 군을 격파한다. 그리고 그 여세를 몰아 비엔나 교외까지 진격한다.

우구데이 사후 1251년 툴루이의 장남 뭉케가 대칸의 자리에 오르고 뭉케에 의해 쿠빌라이가 등용되는데, 뭉케 사후 쿠빌라이가 자신의 지지자들만으로 쿠릴타이를 개최하여 황제로 추대되고 원나라의 세조가 된다. 쿠빌라이가 1271년 국호를 대원으로 바꿈으로써 중국사의 원나라1271-1368가 성립된다. 쿠빌라이는 지금의 베이징 땅에 제국의 수도를 건설하도록 명령하고 건설 중인 수도를 대도로 불렀는데, 대도의 가장 큰 특징은 내륙 도시이면서 항구를 가지고 있다는 점이다. 칭기스 칸 때부터 무슬림과 몽골의 협력 관계가 성립되었고, 쿠빌라이는 더 적극적으로 무슬림 상인을 국가 경영에 참여시킨다.

몽골인과 무슬림 상인들 간의 긴밀한 협력 관계는 칭기스 칸 정권 수립 이전으로 거슬러 올라가는데, 중앙아시아 서쪽 지역의 몽골 왕족들이 일찌감치 이슬람을 수용함으로써 지배층의 이슬람화가 급속도로 이루어진다. 이슬람교로 개종함으로써 칸들은 전쟁과 외교, 통치와 경영 등에 무슬림 군주라는 새로운 정통성을 부여받고 백성들 다수가 집단적으로 개종하는데 결정적인 영향을 미친다.

유라시아의 동쪽과 서쪽 끝을 아우르는 몽골 제국의 출현으로 동 · 서간 대대적인 인적 교류가 이루어진다. 동아시아에서 중앙아시아의 오아시스 중심 정주지대와 초원을 거쳐 서아시아, 그리고 러시아 남쪽에 이르는 광대한 지역이 몽골 제국의 지붕 아래 들어와 다국적이고 다양한 집단의 사람들이 조직적으로 이동하고 왕래한다. 그리고 이러한 현상은 몽골 제국 내에서만 나타나는 것이 아니라 주변국들에게도 직접적인 영향을 미친다.

몽골군에 의한 투르크화도 본격적으로 진행되는데, 투르크계 유목민들이 몽골군의 공격을 피하여 아나톨리아 반도로 이주하고, 그 결과 11세기에 아나톨리아 지역에서 급속도로 투르크화가 이루어진다. 12세기 후반부터는 몽골의 침략으로 이란과 아프가니스탄에서 많은 무슬림들이 유입되어 투르크계 무슬림들의 북인도 침략이 본격화된다.

몽골 제국의 출현으로 말미암아 동양과 서양의 교류가 본격화되는데, 역참이 정비되고 안전한 교통로가 확보되면서 유라시아 동서를 자유롭게 왕래하는 여행객의 수가 늘어나고 각국의 항구 도시를 연결하는 해상로가 활성화되면서 몽골 제국은 세계적인 교통의 요충지가 된다.

몽골 제국을 축으로 하는 상업망은 이탈리아 상인과 비잔틴 상인의 참여로 지중해 세계까지 확장되는데, 그러한 교류가 바탕이 되어 14세기 후반부터 이탈리아에서 르네상스가 본격적으로 전개된다고 해도 과언이 아니다. 또한 쿠빌라이 사망 후 이슬람을 수용한 몽골 제국이 맘루크조와 유대 관계를 맺어 한반도와 일본, 북아프리카를 포함하는 대규모 경제벨트가 조성되고 물건과 사람, 그리고 사상과 문화 등이 활발하게 교류된다.

불교 문명과 아시아

알렉산드로스의 침입 이후 인도 내에서 발아하기 시작한 민족의식을 바탕으로 마우리아 왕국의 찬드라 굽타가 인도를 통일한다. 그는 알렉산드로스의 갑작스러운 죽음으로 혼란에 빠진 서북 인도를 평정하고 이어 인더스 강 유역에서 그리스 세력을 완전히 몰아낸다. 하지만 마우리아 왕조 멸망 후 인도는 이민족의 잦은 침입으로 분열되어 있다가 중앙아시아로부터 넘어온 쿠샨족이 북인도의 거의 대부분 지역을 차지하면서 쿠샨 왕조를 연다.

쿠샨 왕조는 카니슈카 왕 때 전성기를 맞아 최대의 영토를 확보하고 간다라 지방을 중심으로 중앙아시아에 이르는 대제국을 건설한다. 이 시기 쿠샨 왕조는 페르시아와 인도, 그리고 중국을 연결하는 무역로를 독점함으로써 경제적인 번영을 누린다. 독실한 불교 신자였던 카니슈카는 불탑과 사원을 세우고 불교 경전을 편찬했으며 그의 후계자 후비슈카는 불상을 세우고 화폐에 불상을 새기는 등 불교 보호와 불교 전파를 위해 많은 노력을 한다. 이런 맥락에서 쿠샨조가 불상 제작을 비롯한 간다라 미술의 형성에 깊이 관여했다고 보기도 한다.

또한 이 무렵 불교의 흐름에 새로운 변화가 생긴다. 소수의 고행자들만이 도를 깨우쳐 보살이 될 수 있다고 믿는 소승 불교와 더불어 모든 중생이 부처가 될 수 있다는 것을 인정하여 보살의 범위를 넓히고 중생 구제의 가능성을 높이자는 대승 불교가 탄생한다. 이때부터 불교의 대중화가 이루어지고 부처에게 일종의 신적인 위상이 부여되는데, 그만큼 수많은 중생에게 신앙과 구원의 대상이 절실했던 것이다.

쿠샨 왕조가 멸망한 후 4세기 초에 찬드라굽타 1세가 북인도를 지배하면서 굽타 왕조를 세우고 찬드라굽타 2세는 쿠샨족과 투르크족 같은 이민족을 몰아내고 북인도를 통일한다. 이때부터 인도가 영토적·문화적인 면에서 오늘날의 면모를 갖추기 시작한다. 데칸 고원을 포함한 중부 인도를 차지하기 위해 혼인을 통한 인척 관계를 맺고 동쪽으로는 중국, 한국, 일본까지, 서쪽으로는 로마로 이어지는 육로와 바닷길을 차지하여 무역을 독점한다.

이때부터 주요 도시에 대학이 세워지고 학문과 사상, 그리고 종교가 장려된다. 인도의 서사시 『마하바라타』도 이때 집대성되고, 인류 역사에 길이 남을 자연과학적인 업적의 흔적들도 발견된다. 이때 벌써 지구 구형설을 주장하는 사람도 있었고 공비어있음 개념을 바탕으로 숫자 0을 발명하기도 했다. 그리고 굽타 왕조 시대를 거치면서 브라만교와 불교와 민간 신앙의 혼합 형태인 힌두교가 탄생한다.

훈족을 비롯한 여러 이민족의 침략과 이동으로 북인도의 불교 교단이 크게 타격을 입고 이때 파괴된 사원들을 재건하는 과정에서 힌두 사원의 색채가 가미되어 인도 불교 고유의 문화적인 기틀이 마련된다. 뿐만 아니라 이들의 침략으로 불안해지고 어수선해진 사회적 분위기를 바로잡기 위해 더 강력한 구심점이 필요하기 때문에, 찬드라굽타 2세는 스스로를 신격화하고 엄격한 신분 제도인 카스트를 강화한다.

굽타 왕조는 6세기 말부터 쇠퇴하고, 8세기에는 유럽 대륙에서부터 중국까지 해상무역에 나선 이슬람 세력과 부딪치기 시작하며, 10세기 말에는 중앙아시아 투르크계 이슬람 세력의 공격을 받게 된다. 아프가니스탄에 터를 잡은 가즈나 왕조의 마흐무드 왕998-1030년(재위)은 십 수차례 인도를 침략하여 힌두 사원을 파괴한다. 인도를 이슬람화하고 노예화하기 위해 침략하는 이슬람 세력들을 인도인들이 중앙아시아로 진출할 수 있는 기회로 받아들였기 때문에 인도의 이슬람화는 급속도로 진행된다.

가즈나 왕조를 무너뜨린 구르 왕조 무함마드 왕은 12세기 말에 인도 내륙을 침입하고 델리를 손아귀에 넣은 후 본격적인 인도 정벌에 나서면서 수많은 신전을 파괴한다. 무함마드는 타라오리 전투에서 승리한 후 자신의 노예 아이바크를 점령지에 남겨 두고 귀환하는데, 무함마드 사후 아이바크가 이슬람의 중심지인 바그다드의 칼리프에게 술탄의 칭호를 받아 인도에 노예 왕조를 세운다. 이렇게 이슬람 세력이 인도의 중심부에서 독자적인 이슬람 왕국을 세워 인도가 이슬람화 된다. 거기다가 힌두교와 카스트 제도에 의한 신분 차별에 신음하던 하층민들이 알라신 앞에서의 만민 평등을 주장하는 이슬람의 교리를 적극적으로 받아들여 인도에서의 이슬람화는 가속화되고 그 범위도 점점 더 확산된다.

불교에 힌두교의 색채가 강하게 가미되기 전, 인도가 이슬람화되기 전 쿠샨 왕조에서는 기존의 불교가 가지고 있는 특수성과 제한성을 뛰어 넘으면서 보편성과 대중성을 지향하는 불교의 움직임이 생겨난다. 대승 불교의 태동으로 인해 그 '수레'의 크기와 내용을 기준으로 소승 불교와 대승 불교라는 불교의 대표적인 양대 종파가 형성된다. 대승 불교의 대두와 확산으로 말미암아 소승 불교가 약화되거나 사라지는 것이 아니라 둘 다 나름대로의 정통성을 주장하고 서로의 주장을 인정하면서 독립적인 위상을 구축한다.

자기 해탈과 아라한이라는 최고 성자가 되어 열반의 경지에 오르는 것을 목적으로 하는 소승 불교는 석가 당시의 수행 전통을 준수하면서 스리랑카, 미얀마, 태국, 라오스, 캄보디아 등 동남아시아 중심으로 그 전통을 지켜오고 있다. 그래서 소승 불교를 남방 불교라고 한다. 반면 개인의 수행과 해탈보다 중생의 구원과 보살이라는 새로운 이상적인 인간상을 제시하는 대승 불교는 인도 북부지방에서 확립된 후 지금의 파키스탄과 아프가니스탄을 거쳐 실크로드를 통해 중앙아시아에서 중국으로 전파되고, 이후 한국과 일본으로 전파되어 크게 발전한다. 그래서 대승 불교를 북방 불교라고도 한다.

북인도의 대부분과 서인도 북반, 중앙아시아와 아프가니스탄을 포함하는 광대한 지역을 지배했던 쿠샨 왕조의 카니슈카 왕 치하에서 불교 보호 내지 장려 정책이 적극적으로 시행되었고 이때 각지에서 불탑과 사찰이 건립되었다. 그리고 쿠샨 왕조의 영토가 크게 확대되어 중국과의 거리가 좁혀졌기 때문에 이 시기부터 인도의 학승들이 중국으로 건너가 불전 번역에 종사하였다.

불교가 중국으로 전래된 시기에 대해서는 여러 가지 설이 있지만 1세기경으로 보는 것이 일반적이다. 처음에는 뤄양과 장안을 비롯한 북부지역으로 불교가 전래되고 차츰 남부로 교세가 확장된다. 2세기 중반에 안식국중국에서 페르시아에 있던 파르티아를 일컫는 말에서 온 지루가참이 『반주삼매경』이라는 대승경전을 번역하고 서진 시대265-317에는 축법호가 『정법화경』과 『광찬반야경』 등을 번역한다. 당시 불교는 당대 중국 사상계를 주도하고 있던 노장사상을 바탕으로 수용되는 양상을 보이는데, 불교에서 말하는 공空을 노자사상의 무無와 비교하거나 대비하기도 했다. 불교의 윤회사상과 인과응보의 개념이 적극적으로 도입되어 불교가 중국인의 생활에 깊이 침투하게 된다.

한국에는 고구려 문자왕 때 용수의 삼론종을 비롯하여 법상종 · 화엄종 · 천태종 · 진언종 · 율종 · 선종 등이 이에 속한다. 이러한 종파들에 의하여 한국에서는 대승 불교가 마침내 독자적인 불교의 형성과 발전에 이르게 된다.

한국에 불교가 전래된 공식적인 시기는 고구려 제17대 소수림왕 때372이다. 하지만 왕실 간의 교류 훨씬 이전에 민간인들에 의해 불교가 우리나라에 전파되었을 것으로 짐작된다. 바닷길을 통해 보다 쉽게, 직접적으로 중국과 교류할 수 있었던 백제는 중국의 동진으로부터 불교를 받아들인다. 제15대 침류왕384 때 동진에 있던 인도출신의 승려 마라난타가 개인적인 자격으로 백제에 건너오고 침류왕이 친히 그를 맞이하는데, 이것이 계기가 되어 백제에서는 사찰을 짓고 승려를 배출한다. 지리적으로 중국과의 직접 교류가 힘들었던 신라에 불교가 전해진 것은 고구려를 통해서였고 신라 제23대 법흥왕 때527 이차돈의 순교를 계기로 신라에서 불교가 공인된다. 하지만 신라에 불교와 승려가 들어온 흔적은 그 이전부터 발견되는데, 법흥왕 이전 눌지왕417-458(재위)때 이미 승려 묵호자가 언급된다.

이렇게 전래되어 발전한 한국 불교의 특징은 삼국 시대와 고려, 조선 시대를 막론하고 국가의 위기상황에 직면하여 호국적인 성격을 강하게 띠고 특히 원효 이후에는 여러 갈래의 종파를 통합하기 위해 노력한다. 뿐만 아니라 한국 불교에는 민간 신앙과 도교적인 신앙, 심지어 티베트 불교적인 요소도 함께 녹아있다. 불교의 역사에서 한국 불교가 차지하는 위상은 한국 불교의 일본 전래에서 증명된다. 한국 불교가 중국 불교를 단순히 모방해서 일본에 전한 것이 아니라 중국으로부터 전래된 불교를 나름대로 이해하고 수용하여 독자적인 관점의 불교 사상을 창출해서 일본에 전했고 일본도 그렇게 불교를 받아들였기 때문에 일본 불교 역시 나름대로의 독자성을 지니고 있다.

일본 불교 역시 한국 불교와 마찬가지로 기본적으로는 중국 불교의 테두리 안에서 전개된다. 6세기 초 일본은 백제와 문화적으로 친밀하게 교류를 하고 있었는데, 6세기 중반 백제의 성왕이 불상을 일본에 보내면서 불교를 받아들일 것을 권한다. 일본 내 지지파와 반대파의 각축 끝에 스이코 덴노 섭정기인 쇼토쿠 세자 때594 일본 불교의 초석이 다져진다. 이때 고구려와 백제로부터 건너간 한국 승려들이 일본 불교의 지식층을 형성하는데, 그중에 혜총과 혜자는 쇼토쿠 태자의 스승이 되기도 한다. 나라 시대710-780에는 화엄종도 수입되어 그 시대의 대표 종교가 되고 헤이안 시대794-1185에는 중국으로부터 천태종과 진언종이 들어와 일본 불교의 주류에 편승한다.

참고문헌

논문

강진옥:「'마고할미' 설화에 나타난 여성신 관념」,『韓國民俗學』 제25집, 3-47면. 민속학회 1993.

김동수:「한국신화를 통해 본 일본강림신화의 서사구조-일향신화의 서사구조분석을 중심으로」.『人文科學研究』 제8집, 159-177면. 동덕여자대학교 인문과학연구소 2002.

김문태:「신의 이름과 인간의 숭앙태도: 한국의 건국신화를 중심으로」,『신학과사상』 제32호, 75-96면. 가톨릭대학교 신학과사상학회 2000.

김채수:「일본의『고사기(古事記)』신화와 메소포타미아의 수메르신화」,『日本文化研究』 제40집, 147-176면. 동아시아일본학회 2011.

김화경:「석탈해 신화의 연구」,『語文學』 제69호, 205-227면. 한국어문학회 2000.

김화경:「일본신화의 역사와 구조: 타까마노하라계〈高天原系〉신화와 이즈모계〈出雲系〉 신화의 관계를 중심으로 한 고찰」,『口碑文學研究』 제11집, 25-61면. 한국구비문학회 2000.

김화경:「한 · 일 신화의 비교 연구: 일본 서남 제도의 일광 감응 신화를 중심으로 한 고찰」,『口碑文學研究』 제14집, 203-228면. 한국구비문학회 2002.

김후련:「일본신화와 천황제 이데올로기」,『일본문화연구』 제29호, 7-26면. 한국외국어대학교 일본연구소 2006.

______:「일본 영웅신화의 구조와 논리」,『역사문화연구/외대사학』 제22집, 217-240면. 한국외국어대학교 역사문화연구소 2005.

______:「일본의 여신신화와 여음숭배」,『종교와문화』 제10호, 91-125면. 서울대학교 종교문제연구소 2004.

문명재:「일본 신화와 설화를 통해 본 神의 세계」,『국제지역연구』 제3권 4호, 37-64면. 한국외국어대학교 국제지역연구센터 1999.

문무병:「제주신화 속의 여신(女神)들」,『탐라순력』 창간호, 39-47면. 탐라문화보존회 2000.

박계옥:「주몽신화에서의 홍수모티프 연구」,『인문학연구』 제32집, 195-217면. 조선대학교 인문학연구원 2004.

박상란:「여성 신화의 원리」,『韓國文學研究』 제19집, 461-484면. 동국대학교 1997.
박수미:「고조선과 고구려 건국신화의 구조주의적 분석」,『국학연구』 통권18호, 397-426면. 한국국학진흥원 2011.
박진권:「독일문학의 그리스 신화 추구」,『외국문학연구』, 통권25호, 135-155면. 한국외국어대학교 외국문학연구소 2007.
백도근:「한국인의 심성과 단군신화」,『形而上學』 제4집, 115-131면. 토마스학회 1996.
변승구:「시조에 나타난 신화 소재의 수용 양상과 의미: 중국 신화를 중심으로」,『韓國文學研究』 제41집, 5-42면. 동국대학교 2011.
서경희:「무속신화 속의 여성: '제석본풀이'를 중심으로」,『溫知論叢』 제6집, 115-137면. 온지학회 2000.
서조면;「일본신화의 세계구조: '고사기'를 중심으로」,『日本研究』 제12호, 107-129면. 한국외국어대학교 일본연구소 1998.
설중환:「건국신화의 순환구조에 대한 역학적 고찰」,『어문론총』 제38호, 145-180면. 한국문학언어학회 2003.
심재관:「이것도 저것도 아닌 것에 대한 인도인의 사유: 논리와 신화 속에 나타난 '역설' 혹은 '애매함'의 포착」,『동서사상』 제13집, 1-20면. 경북대학교 동서사상연구소 2014.
이민용:「『황금가지』와 겨우살이 가지, 그리고 사회적 치유의 내러티브- J. G. 프레이저의 게르만 신화 〈발드르의 죽음〉 해석을 중심으로」,『독일언어문학』 제9집, 251-274면. 한국독일언어문학회 2013.
이인택:「중국 영웅 신화의 비교 분석」,『人文論叢』 제18집, 57-99면. 부산대학교 2000.
이재광:「중국의 신화와 역사: 고대 왕조신화의 역사화를 중심으로」,『정신문화연구』 통권78호, 57-73면. 한국학중앙연구원 2000.
이종근:「수메르 법전승과 성서의 왕권신수설」,『한국기독교신학논총』 제92집, 29-55면. 한국기독교학회 2014.
______:「수메르 우루-이님기나 법과 히브리 법의 사회 정의 고찰」,『舊約論壇』 제28집, 142-161면. 한국구약학회 2008.
이종욱:「신라의 초기국가를 보는 눈: '100년 통설'인가, '새로운 역사'인가?」,『新羅文化』 제21집, 65-81면. 동국대학교 신라문화연구소 2003.
이죽내:「한국 신화에서 본 모성상」,『心性研究』 통권3호, 89-102면. 한국분석심리학회 1987.
이지영:「주몽신화를 통해 본 건국신화 속의 건국과정의 두 양상: 시조모에 대한 새로운 인식」,『한국문화연구』 통권10호, 235-294면. 이화여자대학교 한국문화연구원 2006.
이찬구:「단군신화의 새로운 해석: 무량사 화상석의 단군과 치우를 중심으로」,『新宗教研究』 제30집, 183-231면. 한국신종교학회 2014.
이창수:「『古事記』 및 『日本書紀』 神代卷에 나타난 韓國像: '스사노오'와의 관계성을 중심으

로」, 『日本思想』 제17호, 55-80면. 한국일본사상사학회 2009.
이창수: 「아마테라스(天照大御神)는 女神인가?: 『古事記』를 중심으로」, 『比較文化研究』 제9권 2호, 53-77면. 경희대학교 비교문화연구소 2005.
_____: 「日本神話의 변용과 체계화-국토창생신화를 중심으로」, 『日本研究』 제45호, 195-216면. 한국외국어대학교 일본연구소 2010.
장영란: 「고대 그리스의 위대한 어머니 신화에 나타난 철학적 세계관-그리스 신화의 우주생성론을 중심으로-」, 『철학연구』 제55집, 67-89면. 철학연구회 2001.
전문태: 「한민족 신화의 神 · 人 관계: 신의 이름과 인간의 숭앙태도를 중심으로」, 『陶南學報』 제19집, 201-227면. 도남학회 2001년.
정영훈: 「한국종교사 속에서의 단군민족주의」, 『新宗教研究』 제8집, 61-83면. 한국신종교학회 2003.
정재서: 「중국 신화의 역사와 구조: 반고신화를 중심으로」, 『口碑文學研究』 제11집, 179-199면. 한국구비문학회 2000.
정진선: 「중국 소수민족 신화와 상상의 '중국' 만들기」, 『중국소설논총』 제23집, 87-99면. 중국소설연구회 2006.
정진홍: 「한국신화의 여성상징 연구: 삼국유사의 기이편을 중심으로」, 『亞細亞女性研究』 제23집, 333-354면. 숙명여자대학교 1984.
최용수: 「아시아 지역 무속의례의 신화수용 연구: 한국, 일본, 인도의 疫神을 중심으로」, 『한민족어문학/영남어문학』 제46집, 103-144면. 한민족어문학회 2005.
최원호: 「창세신화에 나타난 신화적 사유의 재현과 변주: 차세, 홍수, 문화의 신화적 연관성을 통해」, 『국어교육』 제111호, 451-480면. 한국어교육학회 2003.
추병식: 「탈현대의 모성 신화: 성적 혹은 도덕적 매력」, 『진리논단』 제6호, 525-544면. 백석대학교 2001.
한국학중앙연구원: 『한국민족문화대백과사전』. 성남: 한국학중앙연구원, 1997.
현용준: 「한국신화에서 본 세계구조」, 『白鹿語文』 제9집, 59-72면. 백록어문학회 1992.
홍금주: 「중국 신화를 통해 본 중국 고대서사의 특징」, 『中國文學』 제44집, 21-35면. 한국중국어문학회 2005.
Painton, Frederick: 「Europe: how fast? how far?」, *Time Magazine*, 12. 09. No. 49. 1991.

단행본

가브리엘, 마크 A.: 『이슬람, 서방세계와 문화충돌』, 최상도 옮김. 서울: 글마당, 2009.
가즈코, 사에구사: 『(여성을 위한)그리스 신화』, 한은미 옮김. 서울: 시아출판, 2002.

강종식: 『(다시 보는) 일본신화』. 부산: 부산대학교출판부, 2001.
강준희: 『오늘의 신화』. 서울: 새미, 2001.
계연수 편저: 『환단고기』. 대전: 상생출판, 2012.
곽박 주: 『산해경』, 임동석 역주. 서울: 동서문화사, 2011.
괴테: 『괴테 시 전집』, 전영애 옮김. 서울: 민음사, 2009.
권오엽: 『광개토대왕비문과 일본의 기기신화記紀神話』. 서울: 보고사, 2001.
그르지마일로, 그룸: 『몽골과 오랑캐 유목제국사』, 김기선 · 조혜경 엮어 옮김. 서울: 민속원, 2008.
길희성 외: 『경전으로 보는 세계종교』. 서울: 전통문화연구회, 2001.
김난주: 『(융 심리학의 관점으로 본) 한국의 신화』. 파주: 집문당, 2007.
김동섭: 『신화 어떻게 이해할 것인가』. 서울: 만남, 2006.
______: 『신화의 이해』. 서울: 신아사, 2013.
김두진: 『韓國古代의 建國神話와 祭衣』. 서울: 일조각, 1999.
김라옥 편: 『신화의이해』. 서울: 학이당, 2000.
김무조: 『한국신화의 원형』. 서울: 정음문화사, 1998.
김산해: 『수메르, 최초의 사랑을 외치다』. 서울: 휴머니스트, 2007.
______: 『신화는 수메르에서 시작되었다: 인류 정신세계의 원형을 찾아서』. 서울: 가람기획, 2003.
______: 『최초의 신화 길가메쉬 서사시』. 서울: 휴머니스트, 2015.
김선자: 『(만들어진 민족주의) 황제신화』. 서울: 책세상, 2007.
______:『(신화연구가 김선자의) 중국 소수민족 신화기행』. 파주: 안티쿠스, 2009.
김열규: 『한국인의 신화: 저 너머, 저 속, 저 심연으로』. 서울: 일조각, 2005.
김영남: 『시조 신화 연구: 한국 신화학의 「근대성」극복을 위하여』. 서울: 제이앤씨, 2008.
김용호: 『신화, 이야기를 창조하다』. 서울: 휴머니스트, 2009.
김의숙 · 이창식: 『한국신화와 스토리텔링』. 서울: 북스힐, 2008.
김익두: 『이야기 한국 신화』. 서울: 한국문화사, 2007.
______: 『한국신화』. 서울: 한국문화사, 2005.
김익두 · 허정주: 『한국 신화 이야기』. 파주: 지식산업사, 2012.
김재용 · 이종주: 『왜 우리 신화인가: 동북아 신화의 뿌리, 천궁대전과 우리 신화』. 서울: 동아시아, 1999.
김종렬: 『대륙의 꿈 주몽』. 서울: 베틀북, 2005.
김중순: 『다문화시대의 이슬람, 그 반역의 역사』. 안양: 소통, 2013.
김창성: 『사료로 읽는 서양사 2 중세편』. 서울: 책과함께, 2014.
김헌선: 『한국의 창세신화: 무가로 보는 우리의 신화』. 서울: 길벗, 1994.

김현자: 『신화, 신들의 역사 인간의 이미지』. 서울: 책세상, 2004.
______: 『천자의 우주와 신화: 고대 중국의 태양 신앙』. 서울: 민음사, 2013.
김형준: 『인도 신화』. 파주: 청아, 2012.
김호동: 『몽골제국과 세계사의 탄생』. 파주: 돌베개, 2010.
______: 『몽골제국와 고려』. 서울: 서울대학교 출판문화원, 2007.
김화경: 『일본의 신화』. 서울: 문학과지성사, 2002.
______: 『한국 신화의 원류』. 서울: 지식산업사, 2005.
김후련: 『일본 신화와 천황제 이데올로기: 신화와 역사 사이에서』. 서울: 책세상, 2012.
나경수: 『한국의 신화: 역사와 예술 그리고 사유의 근원』. 서울: 한얼미디어, 2005.
남경태: 『(누구나 한번쯤) 철학을 생각한다: 길가메시에서 하버마스까지 흐름을 꿰는 서양 철학사』. 서울: 휴머니스트, 2012.
노부야키, 다케루베 외: 『켈트. 북구의 신들』, 박수정 옮김. 서울: 들녘, 2000.
노성환: 『일본 신화와 고대한국』. 서울: 민속원, 2010.
______: 『한일 신화의 비교 연구』. 서울: 민속원, 2010.
다센트, 조지 웨브: 『(한권으로 읽는) 북유럽 신화 이야기』, 이은정 옮김. 서울: 자음과 모음, 2005.
도시코, 고바야시: 『5천년 전의 일상: 수메르 인들의 '평범한' 이야기』, 이수경 옮김. 서울: 북북서, 2010.
동아시아고대학회 편: 『동아시아 여성신화』. 서울: 집문당, 2003.
라자고파라차리, C.: 『라마야나』, 허정 옮김. 광주: 한얼미디어, 2005.
레비-스토로스: 『신화학』, 임봉길 옮김. 파주: 한길사, 2005.
류경희: 『인도신화의 계보』. 파주: 살림, 2015.
류터, 로즈마리 R.: 『가이아와 하느님: 지구 치유를 위한 생태 여성학적 신학』, 전현식 역. 서울: 이화여자대학교출판부, 2000.
링컨, 브루스: 『신화 이론화하기: 서사, 이데올로기』, 김윤성 · 최화선 · 홍윤희 옮김. 서울: 이학사, 2009.
마르칼, 장: 『아발론 연대기, 제6권: 성배의 기사 퍼시발』. 서울: 북스피어, 2005,
만치니, R · 리차르델리, P.: 『이슬람. 역사 · 종교 · 문화』, 김영경 옮김. 서울: 사계절, 2003.
모건, 마이클: 『잃어버린 역사, 이슬람』, 김소희 옮김. 서울: 성균관대학교 출판부, 2009.
민병훈 역저: 『일본의 신화와 고대』. 서울: 보고사, 2005.
박경옥: 『아하! 서양사』. 서울: 휴머니스트, 2013.
박규태: 『아마테라스에서 모노노케 히메까지: 종교로 읽는 일본인의 마음』. 서울: 책세상, 2005.
박문호: 『몽골. 박문호의 자연과학 세상 해외탐사학습』. 파주: 엑셈, 2013.

박상란: 『신라와 가야의 건국 신화』. 파주: 한국학술정보, 2005.
박원길: 『조선과 몽골』. 서울: 소나무, 2010.
베일리, 그레그 외: 『미솔로지카: 세계의 신화, 신화의 세계. 1』, 박인용 옮김. 서울: 생각의나무, 2009.
보브친, 하르트무트: 『무함마드는 이렇게 말했다』, 염정용 옮김. 서울: 들녘, 2005.
뷔르지, 파스칼: 『이슬람 세계』, 윤인숙 옮김. 서울: 현실문화, 2011.
브라운, Ch. v.: 『논리 거짓말 리비도 히스테리』, 엄양선 · 윤명숙 옮김. 서울: 여이연, 2003.
사라스바티, 스와미 치트아난다 엮음: 『인도신화』, 김석진 옮김. 서울: 북하우스, 2002.
샌다스, N. K.: 『길가메시 서사시』, 이현주 옮김. 서울: 범우사, 1999.
서규석 편저: 『사자의 서』. 파주: 문학동네, 1999.
서대석: 『한국 신화의 연구』. 서울: 집문당, 2001.
서울대학교종교문제연구소: 『신화와 역사』. 서울: 서울대학교출판부, 2003.
선정규: 『중국신화연구: 신화로 본 고대 중국인의 사유세계』. 서울: 고려원, 1996.
세이지, 이토: 『신이神異의 나라 중국의 신화와 전설』, 박광순 옮김. 서울: 넥서스, 2000.
송건호: 『그리스 로마신화: 고전에서 인생의 길을 묻다』. 서울: 북팜, 2011.
______: 『그리스 로마신화: 신화에서 배우는 지혜로운 이야기』. 서울: 북마당, 2009.
송종성: 『신화 · 설화 그리고 역사』. 서울: 서림재, 2005.
송호정: 『단군, 만들어진 신화』. 서울: 산처럼, 2004.
스콰이어켈트, 찰스: 『신화와 전설』, 나영균 · 전수용 옮김. 서울: 황소자리, 2009.
시친, 제카리아: 『수메르, 혹은 신들의 고향』, 이근영 옮김. 서울: 이른아침, 2006.
______: 『시간이 멈추는 날: 수메르 점토판에 새겨진 지구와 인류의 마지막 운명』, 이재황 옮김. 서울: AK, 2011.
신동욱: 『신화와 원형』. 서울: 고려원, 1992.
신동흔: 『살아 있는 우리 신화: 우리 신들의 귀환을 위한 이야기 열두 마당』. 서울: 한겨레신문사, 2004.
신일희: 『유한의 빛』. 대구: 계명대학교 출판부, 1999.
신화아카데미: 『세계의 영웅신화』. 서울: 동방미디어, 2002.
______: 『세계의 창조신화』. 서울: 동방미디어, 2002.
심슨, 재클린: 『유럽 신화』, 이석연 옮김. 서울: 범우사, 2003.
아리안 에슨: 『신화와 예술』, 류재화 옮김. 서울: 청년사, 2002.
아츠히코, 요시다 · 노리코, 후루카와: 『일본의 신화』, 양억관 옮김. 서울: 황금부엉이, 2005.
아침나무: 『(상식으로 꼭 알아야 할) 세계의 신화』. 서울: 삼양미디어, 2009.
안인희: 『게르만 신화 바그너 히틀러』. 서울: 민음사, 2003.
안진태: 『신화학 강의』. 서울: 열린책들, 2001.

암스트롱, 카렌: 『신화의 역사』, 이다희 옮김. 파주: 문학동네, 2005.
______: 『이슬람』, 장병옥 옮김. 서울: 을유문화사, 2003.
애플게이트, 멜리사 리틀필드: 『(벽화로 보는)이집트 신화』, 최용훈 옮김. 서울: 해바라기, 2002.
엘리아데, 미르치아: 『신화와 현실』, 이은봉 옮김. 파주: 한길사, 2011.
오세정: 『한국 신화의 생성과 소통 원리』. 파주: 한국학술정보, 2005.
왕국량: 『東아시아文學 속에서의 韓國漢文小說 硏究』, 고려대학교민족문화연구원 엮음. 서울: 월인, 2002.
우드, 줄리에트: 『켈트: 삶, 신화 그리고 예술』, 이연희 옮김. 서울: 들녘, 2002.
웨더포드, 잭: 『칭기스 칸, 잠든 유럽을 깨우다』, 정영목 옮김. 파주: 사계절, 2005.
위앤커: 『중국의 고대신화』, 정석원 역. 서울: 문예출판사, 1988.
______: 『중국신화사 上, 원시신화에서 위진시대까지』, 김선자 · 이유진 · 홍윤희옮김. 서울: 웅진지식하우스, 2010.
______: 『중국신화사 下, 당송시대에서 소수민족 신화까지』, 김선자 · 이유진 · 홍윤희옮김. 서울: 웅진지식하우스, 2010.
______: 『중국신화전설 1』, 전인초 · 김선자 옮김. 서울: 민음사, 2001.
______: 『중국신화전설 2』, 전인초 · 김선자 옮김. 서울: 민음사, 1998.
윌슨, 마빈 R.: 『기독교와 히브리 유산』, 이진희 역. 서울: 컨콜디아사, 1995.
유재원: 『신화로 읽는 영화 영화로 읽는 신화』. 서울: 까치글방, 2005.
이경덕: 『신화, 우리 시대의 거울』. 서울: 다른세상, 2010.
______: 『우리 곁에서 만나는 동서양 신화』. 파주: 사계절, 2006.
이경윤 편: 『세계의 신화와 전설 사전』. 고양: 다인북스, 2012.
이경재: 『신화해석학』. 서울: 다산글방, 2002.
이도열 · 김성호: 『탈, 신화와 역사』. 서울: 예나루, 2014.
이도흠 엮음: 『신화/탈신화와 우리』. 서울: 한양대학교 출판부, 2009.
이명권: 『베다, 인류 최초의 거룩한 가르침』. 파주: 한길사, 2013.
이승한: 『쿠빌라이 칸의 일본 원정과 충렬왕』. 서울: 푸른역사, 2009.
이어령: 『한국인의 신화』. 서울: 서문당, 1996.
이영임: 『신화 속 인생, 인생 속 신화: 신화가 우리에게 가르쳐주는 것들』. 서울: 열대림, 2007.
이윤기: 『길 위에서 듣는 그리스 로마 신화: 이윤기와 함께 떠나는 신화 여행』. 서울: 작가정신, 2002.
이은구: 『인도의 신화』. 서울: 세창미디어, 2003.
이인택: 『신화, 문화 그리고 사상』. 울산: 울산대학교출판부, 2004.

______: 『중국 신화의 세계』. 서울: 풀빛, 2000.
이종길: 『동북아의 건국신화: 창조론과 남녀 결합생식론의 재현양상을 중심으로』. 한국구비문학회, 2001.
이지영: 『한국 건국신화의 실상과 이해』. 서울: 월인, 2000.
이치란 · 한정섭: 『성서 속의 성서 신화 속의 신화』. 가평: 불교통신교육원, 2012.
이희수: 『이슬람과 한국문화』. 파주: 청아출판사, 2012.
______: 『톡톡 이슬람』. 서울: 검둥소, 2010.
이희철: 『터키 신화와 성서의 무대, 이슬람이 숨 쉬는 땅』. 서울: 리수, 2011.
일연: 『삼국유사』, 김원중 옮김. 서울: 민음사, 2015.
임금복: 『한국 신화 새롭게 쓰기』. 서울: 모시는사람들, 2012.
임봉길 외: 『세계 신화의 이해』. 서울: 소화, 2009.
임재해 외: 『한국신화의 정체성을 밝힌다』. 파주: 지식산업사, 2008.
임재해: 『민족 신화와 건국영웅들』. 서울: 민속원, 2006.
작자 미상: 『니벨룽겐의 노래』, 허창운 옮김. 파주: 범우사, 1990.
장영란: 『(장영란의) 그리스 신화: 상징과 이미지 읽기』. 서울: 살림, 2005.
______: 『신화 속의 여성, 여성 속의 신화』. 서울: 문예출판사, 2001.
______: 『위대한 어머니 여신. 사라진 여신들의 역사』. 서울: 살림, 2003.
장원철: 『한국 신화를 찾아서』. 서울: 한솜미디어, 2002.
장주근: 『(풀어쓴) 한국의 신화』. 서울: 집문당, 1998.
전인초 · 정재서 · 김선자: 『중국신화의 이해』. 서울: 아카넷, 2002.
정규영: 『(나일강의 선물) 이집트』. 서울: 여름언덕, 2003.
정근: 『마고 할미』. 서울: 보림, 2000.
정승석 편역: 『신 · 자연 · 인간의 화음 리그베다』, 서울: 김영사, 1984.
정연규: 『수메르 이스라엘 문화를 탄생시킨 한민족』. 서울: 한국문화사, 2004.
정재서: 『정재서 교수의 이야기 동양 신화: 중국편. 1-2』. 서울: 황금부엉이, 2004.
조성기: 『(새롭게 읽는) 한국의 신화』. 서울: 동아일보사, 2002
조승연: 『(인도에서 만나는) 종교와 문화』. 서울: 민속원, 2005.
조철수: 『(고대 메소포타미아에 새겨진) 한국 신화의 비밀』. 서울: 김영사, 2003.
______: 『메소포타미아와 히브리 신화』. 서울: 길, 2000.
______: 『수메르 신화』. 파주: 서해문집, 2003.
______: 『수메르 신화: 인류의 역사시대를 시작한 수메르 사람들의 이야기』. 파주: 서해문집, 1996.
조현설: 『동아시아 건국 신화의 역사와 논리』. 서울: 문학과 지성사, 2003.
______: 『마고할미 신화 연구』. 서울: 민속원, 2013.

______: 『우리 신화의 수수께끼』. 서울: 한겨레출판, 2006.
조홍근: 『마고할미로부터 7만년』. 서울: 글로벌콘텐츠, 2015.
짜빨라, 마르꼬: 『희년의 기원: 수메르인들의 쐐기문자판에서부터 기원후 1000년 아랍인들의 수사본까지』, 박요한 영식 옮김. 서울: 성바오로, 1999.
차용준: 『종교문화의 이해, 제1권: 단군신앙 · 민간신앙 · 巫巫신앙 문화편』. 전주: 전주대학교 출판부, 2002.
차창룡: 『인도신화기행: 인도 여행은 언제나 신화여행일 수밖에 없다』. 파주: 북하우스, 2007.
최복현: 『신화 드라마: 한장으로 보는 그리스 신화 계보도』. 서울: 풀로엮은집, 2009.
최상욱: 『니체, 횔덜린, 하이데거, 그리고 게르만 신화』. 파주: 서광사, 2010.
최영길: 『아랍에서 출발한 이슬람의 역사와 문화』. 서울: 세창출판사, 2009.
최원오: 『(이승과 저승을 잇는 다리) 한국신화』. 서울: 여름언덕, 2004.
최현 편: 『이집트 신화』. 서울: 범우사, 1993.
카미쯔, 코우노시타: 『고사기와 일본서기』, 권오엽 · 권정 역. 서울: 제이앤씨, 2005.
카슨, 라이오넬: 『고대 도서관의 역사: 수메르에서 로마까지』, 이희영 옮김. 서울: 르네상스, 2003.
캠벨, 조지프: 『동양신화』, 이진구 옮김. 서울: 까치, 2003.
______: 『서양신화』, 정영목 옮김. 서울: 까치, 1999.
______: 『신화와 인생: 조지프 캠벨 선집』, 다이앤 K. 오스본 엮음, 박중서 옮김. 서울: 갈라파고스, 2009.
______: 『신화와 함께 하는 삶』, 이은희 옮김. 서울: 한숲, 2004.
______: 『신화의 이미지』, 홍윤희 옮김. 파주: 살림, 2006.
______: 『신화의 힘』, 이윤기 옮김. 서울: 고려원, 1993.
______: 『원시신화』, 이진구 옮김. 서울: 까치, 2003.
콜럼, 패드라익: 『(세상종말전쟁) 라그나뢰크』, 강경희 옮김. 서울: 여름언덕, 2004.
크레이머, 새뮤얼 노아: 『역사는 수메르에서 시작되었다』, 박성식 옮김. 서울: 가람기획, 2002.
크리스티, 앤소니: 『중국 신화』, 김영범 옮김. 파주: 범우, 2011.
큰 글 성경 편찬위원회: 『큰 글 성경』. 서울: 아가페출판사, 2008.
테츠너, 라이너: 『게르만 신화와 전설』, 성금숙 옮김. 서울: 범우사, 2002.
퍼거스 플레밍 외: 『영생에의 길: 이집트 신화』, 김석희 옮김. 파주: 이레, 2009.
표정옥: 『현대문화와 신화』. 서울: 연세대학교 출판부, 2006.
하진희: 『(천상에서 내려 온) 갠지스』. 서울: 여름언덕, 2003.
한국학중앙연구원: 『한국민족문화대백과사전』. 성남: 한국학중앙연구원, 1997.

허홍식: 『한국 신령의 고향을 찾아서』. 파주: 집문당, 2006.
현경미: 『인도, 신화로 말하다』. 서울: 도래, 2015.
호머: 『오디세이아』, 천병희 옮김. 고양: 숲, 2006.
히로코, 사카모토: 『중국 민족주의의 신화: 인종 · 신체 · 젠더로 본 중국의 근대』, 양일모 · 조경란 옮김. 서울: 지식의풍경, 2006.
Krause, F.: *Die Edda des Snorri Sturlusan*. Stuttgart: Philipp Reclam jun. GmbH & Co, 1997.
http://www.yeojufocus.co.kr/sub_read. html(검색일: 2015년 3월 23일)
http://www.yonhapnews.co.kr/bulletin/2014/09/24/0200000000AKR201409241890 00083. HTML?from=search(검색일: 2016년 1월 14일)
https://ko.wikipedia.org/wiki/%EC%98%A4%EC%98%A8(검색일: 2015년 4월 15일)